河南林业大事记

（1978～2000）

河南省林业厅　编

黄 河 水 利 出 版 社

图书在版编目(CIP)数据

河南林业大事记:1978～2000/河南省林业厅编. —郑州:黄河水利出版社,2010. 11

ISBN 978－7－80734－925－9

Ⅰ. ①河…　Ⅱ. ①河…　Ⅲ. ①林业经济—大事记—河南省—1978～2000　Ⅳ. ①F326. 276. 1

中国版本图书馆 CIP 数据核字(2010)第 204588 号

组稿编辑:韩美琴　电话:0371－66024331　E－mail:hanmq93@163. com

出 版 社:黄河水利出版社

地址:河南省郑州市顺河路黄委会综合楼 14 层　邮政编码:450003

发行单位:黄河水利出版社

发行部电话:0371－66026940、66025050、66028024、66022620(传真)

E-mail:hhslcbs@126. com

承印单位:河南省瑞光印务股份有限公司

开本:787 毫米×1 092 毫米　1/16

印张:24

字数:418 千字　印数:1—1 000

版次:2011 年 2 月第 1 版　印次:2011 年 2 月第 1 次印刷

定 价:　128.00 元

编委会名单

凡　例

一、指导思想。《河南林业大事记》是《河南省林业志》的重要组成部分。大事记的编写以马列主义、毛泽东思想、邓小平理论、“三个代表”重要思想和科学发展观为指导，运用辩证唯物主义与历史唯物主义的观点，坚持存真求实的原则，准确地记录河南林业发展过程中的大事、要事、新事。服务当代，惠及后代。

二、体例。采取编年体为主，辅以记事本末体，按时间发生的先后顺序，一事一记，有简明标题，以便于阅读和检索。日期不详的，记于本月末或年末。对持续(或间隔)时间较短的同一件事，即依次记述其始末；对持续(或间隔)时间较长的，则按照事件发生和发展的过程分别记述。凡收录的大事，原则上记述其发生的时间、地点、人物活动事件梗概及其结果，力求保持事件的准确完整。

三、收录标准。以河南省林业工作开展活动为主线体，主要收录范围、内容如下：

1. 林业工程建设。包括平原绿化、防沙治沙、太行山绿化、淮河防护林、长江防护林等工程的规划、设计、施工、完成情况和投资、效果等。

2. 林业管理工作。包括林业发展规划的制定与实施，森林防火、森林病虫害防治与检疫、国有林场和森林公园管理等工作的监督与检查，林业技术与设备的更新改造、重大林地纠纷与火灾事件等。

3. 森林资源管理与利用。包括森林资源清查与管理、木材运输许可、野生动植物保护、相关费用征收标准等。

4. 科技与教育。包括科学技术研究、科技交流，科技成果获国家、省、厅奖励项目，科技拔尖人才培养、职工教育培训、林业学校管理等。

5. 河南省林业厅及厅属单位行政机构的设置、撤并、调整、变更；河南省林业厅(正、副职)负责人任免、奖惩等人事变动事项；高、中、初级专业技术人员职称评审、任免等事项。

6. 全省有关林业的重要会议和学术会议的内容简记。

7. 中共中央和国家领导、省(部)领导及省林业厅领导对林业工作的视察、调研活动和主要讲话内容等。

8. 外国要人、学者、专家及国内专家、学者来河南进行的林业考察或学术交流活动，河南省林业厅组织的外出学习、考察、学术交流活动等。

9. 河南省及相关部门制定颁布的有关林业建设与管理的法规、条例、办法等。

10. 全国妇女联合会、全国绿化委员会、林业部和河南省政府、省绿化委员会、省妇女联合会及省林业厅等表彰的劳动模范、三八绿色奖章获得者、先进集体、先进个人等。未完成林业建设任务的单位受到惩处的情况等。

四、资料来源。大事记资料主要来自河南省林业厅原始档案、省地方志有关林业的专著和文献记载，林业厅各职能部门及地方林业部门提供的专题资料和林业厅《林情信息》、《林情简报》等。凡收录的资料均经考证核实，一般不再注明出处。

五、文体文风。行文使用语体文、记述体；文字采用简化体。

六、记事断限。上限自 1978 年起，下限断至 2000 年，和《河南省林业志》的记录年限保持一致。

七、称谓。名称书写首次出现用全称，同时加括号注明简称，其后用简称。人名除引文外，直书其姓名，必要时加职衔。地区、行政区划、行政机构名称书写按当时称谓记述。

八、计量单位。为尊重历史，除面积保留使用“亩”以外，其他计量单位均按 1984 年 2 月 27 日国务院颁布的《中华人民共和国法定计量单位》的规定进行了统一；行文的计量单位名称均用汉字表示，如 10 公里、15 立方米等。

九、标点符号。以 1995 年 12 月 13 日国家技术监督局发布的《标点符号用法》为依据。

目　录

1990 年

1991 年

1992 年

2000 年

1978 年

河南省委副书记郑永和代表省委作全省植树造林动员讲话

1 月 1 日 在全国植树造林电话会议之后，河南省接着召开电话会议，省委副书记郑永和代表省委作了植树造林动员讲话，号召全省人民积极行动起来，迅速掀起植树造林高潮；要求各级党委要加强对林业工作的领导，进一步落实各项林业政策，切实抓好育苗工作，注意造林质量，建立健全护林制度。各级党委和有关部门的领导都要和机关干部一起参加造林活动，带头搞好植树造林工作。

省农业局召开苹果良种区域座谈会

1 月 13 日 省农林局在郑州果树所召开由 14 个协作单位和郑州果树所参加的苹果良种区域化座谈会。会议认为河南省苹果生产存在的突出问题是晚熟品种比例太大，要求各地制定发展苹果良种的规划，有计划育苗，采取科学办法，尽快实现河南省苹果良种化。

省委省军区领导及机关干部参加植树造林活动

1 月 29 日 《河南日报》刊登省委、省军区负责同志带领省直机关干部、省军区直属机关干部和战士 2 300 多人到郑州郊区植树造林的消息。参加植树造林活动的省委、省军区领导同志有：省委第二书记胡立教、省委书记戴苏理、省委副书记郑永和、省军区副司令员李士林和副政委杨光隆、韩万煜等。

省农林局在安阳召开全省林业育苗现场会

2 月 27 日 省农林局在安阳地区召开全省林业育苗现场会，推广安阳地区大抓林业育苗的经验，安排部署春季全省育苗工作。

省农林局召开全省松杉病虫害防治座谈会

3 月 6 ~ 10 日 省农林局在新县召开全省松杉病虫害防治座谈会。会议总结了全省松杉病虫害防治情况和经验，要求各地认真贯彻“预防为主，积极消灭”的方针，发现问题及时解决，做到有检查、有总结。同时，认真搞好药械防治，提高防治质量。

河南省平原地区绿化领导小组成立

3月18日 河南省平原地区绿化领导小组成立，省革命委员会(以下简称革委)农办副主任刘应祥任组长，省农林局党的核心小组副组长张士修任副组长。

省农林局召开全省枣柿主要产区病虫害防治座谈会

4月7~12日 省农林局在内黄县召开全省枣、柿主要产区病虫害防治座谈会。

河南省林业局成立

5月20日 中共河南省委、省革委决定撤销省农林局，成立河南省林业局，史宏泉任局长，蒋超、徐世杰、刘运夫任副局长。

省林业局发出关于组织油桐垦复大会战通知

7月25日 省林业局发出《关于组织油桐垦复大会战并使用好补助费的通知》，要求各地抓住“7月挖金、8月挖银”的时机，组织油桐垦复大会战。特拨出油桐垦复补助费50万元，每亩补助5角至2元，要求做到专款专用，管好用好油桐垦复补助费。

全省木本油料会议召开

8月19~23日 全省木本油料会议在郑州召开，参加会议的有10个地区林业局、部分地区计划委员会(简称计委)、粮食局、供销社和部分县、公社的负责同志，共95人。会议通过学习，就发展木本油料生产和分配等一系列方针、政策、规划和措施进行了交流、探讨。会议认为：今后河南省油料生产应该贯彻草本和木本并重、发展食用油料和工业油料并重的方针，大力发展木本油料，花大气力抓好木本商品油料基地建设。要求山区社队普遍建立自给性的食用油料林，鼓励社员在房前屋后种植木本油料树。根据河南省情况，会议提出到1985年全省达到450万亩木本食用油料林、200万亩油桐林的目标。会议要求：明确林权，合理分配收益；搞好采收和收购；认真落实奖售政策；对生产木本油料的生产队，根据不同条件，有的做到粮油双贡献，有的在粮食自给的基础上以发展油料为主；国家扶助社、队发展木本油料的资金和物资要保证专款专用；油桐、油茶种子由粮食部门解决，核桃、花椒种子由供销部门解决，其他需要由外地引进的种子以林业部门为主解决。会议强调：要加强木本油料的经营管理和科学研究，提高单位面积产量，争取 3 年内实现全省桐油自给，逐步实现食用油料木本化。

省计委等四部门联合召开木本油料会议

9 月 河南省计委、林业局、粮食局、供销社在郑州联合召开木本油料会议。《河南日报》刊载《向食用油料木本化进军》的新华社记者文章，并配发新华社编者按。编者按指出：解决我国 8 亿人民的吃油问题，提出食用油料木本化，这是发展农业的一个带战略性的问题。建议各地把它作为一项大政策来抓。要因地制宜作出规划，从资金、物资等方面加以扶持，从技术上加以指导。做到思想落实、政策落实、组织落实。实干、大干 3 年、5 年或 10 年，在本世纪内实现食用植物油料生产现代化和木本化。

波兰果树专家来豫参观

9 月 11～14 日 波兰人民共和国果树专家一行 3 人来河南参观。专家们先后参观了郑州果树所、郑州市园林场和岔河大队及禹县张楼、小韩、康城和柳树沟 4 个大队的果园。

我国代表在世界林业大会上介绍商丘农桐间作经验

10 月 16～28 日 在印度尼西亚首都雅加达召开的第八次世界林业会议上，我国代表以《河南商丘地区农桐间作》为题作了发言。

省林业局等单位转发关于大力开展冬季植树造林的通知

12 月 20 日 省林业局、共青团河南省委转发共青团信阳地委《关于大力开展冬季植树造林的通知》。通知指出：发动青少年参加植树造林活动，对培养青少年爱祖国、爱人民、爱劳动的共产主义美德有着重大意义。各级团委和林业局要密切配合，把植树造林活动组织好。学生除参加全民性的义务劳动外，给国营单位和社队造林要给付一定报酬，并注意劳逸结合和安全。

国家林业总局在信阳召开南方用材林基地建设座谈会

12 月 25～31 日 国家林业总局在河南省信阳召开南方用材林基地建设

座谈会。与会人员认真学习了党的十一届三中全会公报，总结了一年来的工作，交流了经验，讨论了如何紧紧跟上全党工作重点的转移，努力加快现代化用材林基地和油料林基地建设等问题。

1979 年

省公安局等 7 部门重申武器弹药管理的有关规定

1 月 2 日 省公安局、国防工业办公室、林业局、体委、省军区司令部、政治部、后勤部发出《关于重申武器弹药管理的有关规定的联合通知》。通知指出：猎枪及弹药仍由省林业局和公安部门负责管理，但“不得自行处理出售武器、弹药和武器零件”。要求各单位要有领导分管此项工作，并切实加强领导，保证武器、弹药的安全。对严重失职，造成枪支弹药丢失、被盗者要追究责任，严肃处理。

全省护林造林电话会议召开

2 月 5 日 省委副书记郑永和和省革委农办张申等 4 位副主任以及省直有关局委 24 个单位的负责人，各地、市、县主管林业的党委、革委负责同志和有关单位的负责人等共约 4000 人收听了全国护林电话会议。全国电话会之后，河南省召开了全省护林造林电话会议。省林业局副局长蒋超在全国电话会上汇报了全省的林业情况。

全省经济林生产座谈会召开

2 月 8 日 省林业局召开全省经济林生产座谈会。会议回顾分析了 1978 年的林业生产形势：1978 年全省营造木本油料林 28 万亩，垦复 30 多万亩。由于自然灾害及“文革”的影响，1978 年全省干鲜果品产量仅 6 亿公斤。会议认为：要完成 1979 年全省干鲜果品 7.5 亿公斤的生产计划，必须下决心抓好木本油料林基地建设，狠抓增产措施。

省林业局等单位转发关于搞好部队营区绿化的联合通知

2 月 9 日 省林业局、武汉军区后勤部营房部、河南省军区后勤部联合转发国家林业总局、中国人民解放军总后勤部《关于搞好部队营区绿化的联合通知》，指出搞好部队营区绿化，对改变营区自然环境、增加指战员身心健康、加强战备都有重要意义；要求各单位抓住春季植树造林季节，继续大力植树造林，各级林业部门在种苗、技术等方面予以大力支持。

全省林业育苗会议召开

2 月 20 日　全省林业育苗会议在新乡地区原阳县召开。会议学习了王任重、张平化在听取国家林业总局汇报时的讲话和罗玉川部长在全国护林电话会上的讲话，传达了全国林木良种工作会议纪要精神，听取了原阳县委发展林业的经验介绍，参观了原阳县林业育苗现场，着重研究了完成 1979 年春季造林育苗任务的措施，要求各地抓好苗圃管理，注意培育优良品种。会上还按地区分组，对育苗工作取得成绩的单位进行了评议，原阳、内黄、兰考、淮阳、通许、长葛、泌阳、光山、唐河、临汝等 10 个县和 43 个公社、大队、林场、苗圃被评为 1978 年育苗选进单位。

省林业局下发通知号召林业系统录用毕业生支援西藏

2 月 22 日　省林业局发出《关于林业系统录用社来社去毕业生支援西藏的通知》。通知指出：根据国务院[1978]143 号、农林部[1978]农林(科)字第 169 号文件精神，分配给河南省林业系统 30 名“社来社去”毕业生援藏指标。要求各级林业部门和林业院校认真做好宣传工作，保质保量地满足西藏对林业技术人才的要求。凡具备通知所规定要求的高、中等院校“社来社去”毕业生均可报名，经考试择优录用。

省林业局等单位转发
关于大力开展植树造林绿化祖国的联合通知

2 月 24 日　省林业局、煤炭局、河务局、基本建设委员会、水利局、交通局、郑州铁路局联合转发国家三部一委一局《关于大力开展植树造林绿化祖国的联合通知》。通知要求：铁路两侧属于铁路局征用的土地，由铁路部门栽树，为该部门所有，集体和个人不得侵犯；公路、地方窄轨铁路、河渠两侧的绿化，仍采用国队合作造林，国家出树苗，社、队出劳力栽种和管护，收入按比例分成；水库周围由水利部门负责绿化，林权归水利部门；水库上游库区绿化由林业、水利部门组织群众绿化，谁种谁有，争取 1985 年前实现全部绿化；城市绿化由城建部门负责，其他地区绿化由地、市、县组织有关部门统一规划，分工负责；煤矿系统今后仍实行国营和国、队合作两种造林形式。

省林学会第一届理事会诞生

2 月 26 日 省林学会选举产生第一届理事会。徐国梁任理事长、刘运夫、蒋建平、肖位贤、周乾峰、谭永润为副理事长。共有会员 245 人。

省革委发出大力开展春季植树造林的通知

3 月 4 日 省革委发出《迎接植树节，大力开展春季植树造林的通知》。通知要求：大力宣传《中华人民共和国森林法》(以下简称《森林法》)和绿化祖国的重大意义；在植树节前后，各地、市、县组织社、队、场、水利、交通、煤炭等部门，开展造林突击周、突击旬活动；在植树节这一天，各行各业动员广大职工参加义务植树劳动；各地、市、县革委要加强领导，组织有关部门成立春季植树造林领导小组，各级领导干部要带头植树造林，并使植树造林成为制度年年坚持下去。

全省林业育苗会议召开

3 月 7 日 省林业局在原阳县召开全省林业育苗会。《河南日报》发表消息并同时转载了《人民日报》社论，题目是《加速绿化祖国，实现林茂粮丰》。

赵凤歧任省林业局局长

3 月 8 日 省委常委会研究决定，任命赵凤歧为省林业局局长。

省领导参加植树造林活动

3 月 12 日 全省军民踊跃参加植树节活动，省委常务书记、省革委副主任刘杰，省委书记、省革委副主任戴苏理，省委书记乔明甫，省委副书记、省革委副主任、中共郑州市委第一书记于一川，省委常委宋玉玺、郭坦等领导在省会郑州邙山岭参加了植树造林活动。省委第一书记、省革委会主任、省军区第一政委段君毅在栾川县城关公社上河南大队，省委书记、省革委副主任李庆伟在南阳县源河公社五里堡大队分别和当地群众一起参加了植树造林活动。省军区司令员尚坦、省军区政委龙潜以及省军区其他负责人在邙山参加了植树造林活动。

省林学会召开第一次理事会

3 月 12 日 《河南日报》报道了省林学会在郑州举行第一次理事会的消

息。会议选举了理事长、秘书长和常务理事，并进行了学术交流。

全国栲胶原料调查小组召开会议

3 月 14 ~18 日　全国栲胶原料调查小组在郑州召开会议，安排对河南栲胶原料调查事宜。调查组由河南省林业局组织，由河南南阳、陕西商洛、辽宁辽阳、河北青龙、山西侯马栲胶厂、南京野生植物厂等单位的人员组成。

全省竹子生产会议召开

3 月 15 ~19 日　省林业局、供销社在郑州召开全省竹子生产会议。参加会议的有各地、市及竹子主产县林业局、供销社负责人，有关国营林场、林业科学研究所及重点产区公社、大队、生产队的代表等共 131 人。会议学习了《森林法》和国务院《护林布告》，传达了王任重副总理在延安青年植树造林大会上的讲话，总结了河南省竹子生产的成绩和经验，表彰了先进。会议认为：近年来，河南省毛竹面积虽然由 1 万多亩发展到 5 万亩，年产毛竹 8 万根，乡土竹发展近 40 万亩，年产竹材 3 000 多万公斤，有了一定的发展，但仍处于发展慢、单产低、管理粗放状态，远远不能适应现代化建设需要。今后必须加强领导，使竹子生产在稳定的基础上，进一步夺取高产。

省林业局上报河南省用材林基地造林补助费使用情况

3 月 20 日　省林业局向省革委上报《河南省 1978 年用材林基地造林补助费使用情况报告》。报告称：1978 年国家投资河南省用材林基地补助费 270 万元(其中北方 178.6 万元)，用于杉木造林 91.4 万元。经检查验收，14 个主要造林基地县共完成造林 106.95 万亩，其中杉木林 22.87 万亩，抚育幼林 212 万亩，育苗 33.32 万亩；造林补助费用于育苗、整地和造林补助 155.73 万元，抚育费 23.87 万元，社队办林场补助 13.8 万元；用于奖励、验收和 1979 年购种及其他购置 77.34 万元(总计 270.24 万元)。

省林业局下发关于林业在职干部培训规划的意见

3 月 25 日　省林业局向各地、市、县林业(农林)局、洛阳林校、汝南园林学校发出《关于林业在职干部培训规划的意见》，要求加强对在职干部的培训，丰富专业知识，提高经营管理能力；培训对象以各级林业机关的在职领导干部和技术人员为主，每期不少于一个月；1981 年前轮训一遍，侧重于普及培训；1982～1985 年轮训第二遍，着重点放在提高培训，普遍达到中专水平；省、地、市林业部门举办的培训班一般都要开设造林、植物、生理、森林保护、木本粮油、经营管理等课程。

省林业局上报 1979 年春季林业育苗工作情况

3 月 25 日 省林业局向林业部、省革委农办报送 1979 年春季林业育苗工作报告。截至 4 月底，全省育苗面积达 76 万亩(包括留床苗 35 万亩)，为 1979 年计划任务 100 万亩的 76%。春季林业育苗工作的特点：一是领导重视、动手早、抓得紧；二是速生良种比重大、质量高，面积比较实在。全省大约有育苗专业队(组)2 万多个，专业劳力 15 万多人。

省粮食局和林业局调整森林清查外业人员粮食补助

3 月 27 日 省粮食局、林业局发出《关于参加森林资源连续清查野外勘察人员粮食补助的联合通知》，指出：资源清查外业勘察是一项艰苦的工作，属重体力劳动。参照 1976 年 5 月 15 日省计委、财政局、粮食局、农林局、商业局的联合通知精神，从各地、市、县抽调参加由省林业局统一组织的森林资源连续清查野外勘察人员(固定职工)，在外业期间，本人原口粮标准每天不足 0.75 公斤者，差额部分，须持原单位口粮标准证明，由外业勘察时所在县(市)林业部门提出名单、时间，由当地县(市)粮食部门给予补助。

省林业局下发关于国营林场木材生产及供应问题的通知

3 月 30 日 省林业局发出《关于国营林场木材生产及供应问题的通知》。通知指出：河南省 1979 年木材生产已全部纳入国家计划，各国营林场 1979 年的木材生产任务将由省统一下达。通知要求：国营林场生产木材必须以省计委下达的生产指标为准，地、县不准层层加码。采伐必须严格执行国家计划和国有林采伐规程；国营林场生产的木材全部列入国家统一分配计划，任何部门和单位不得无计划动用林场木材；国营林场生产的木材全部交由物资部门按国家统配计划调拨供应，具体调拨供应办法待商定后另文下达，下达前各地区不要动用木材；1978 年地区调拨给各用材单位的木材，截至年终未供应的指标一律作废，林场 1978 年年终剩余存材全部抵作 1979 年供应任务；加强木材运输管理，运出县境的地方木材，必须由县林业部门发给运输证明，运出省境的木材由省林业部门发给证明。

省林业局下发关于建立森林资源连续清查体系的通知

3月31日 省林业局发出《关于建立森林资源连续清查体系的通知》，指出：河南省建立森林资源连续清查体系的主要任务是在山区58个县(市、区)，采取以数理统计为基础的抽样方法，以省为总体，设置固定样地7806个，进行实地测量、调查，埋设水泥标桩一万余根；对全省"四旁"树和平原县(市、区)的各类森林，作一次临时性清查，并建立省级森林资源档案。通知对森林资源连续清查工作进程进行了明确：当年5月做好试点与技术培训工作，6月开展外业工作，1980年底完成任务，不误全国数字汇总。通知要求：大力开展宣传工作，使各级领导和群众了解这项工作的重要性，统一思想认识，领导和支持这一工作的顺利进行；以省林业局野外勘察设计队为主，从洛阳林校应届毕业生中抽调120人组成一支精干的专业队伍；对固定样地和样地标志严加保护；抽调人员的劳保用品、野外津贴、口粮标准问题，按照国务院和河南省有关规定执行；经费和临时工工资，统由省林业局野外勘察设计队支付。

河南日报发表加紧完成今春植树造林任务的短评

4月6日 《河南日报》报道了安阳地区大抓春季植树造林的消息，同时发表了题为《加紧完成今春植树造林任务》的短评，号召各地再努一把力，再加一把劲，把植树造林真正作为改造自然的一项伟大事业来办，认真落实党的林业政策，采取集中力量、集中时间、领导动手、全民动员的办法，经过一两个突击活动，全面完成1979年春植树造林任务。

省林业局公布机构设置情况

4月7日 省林业局发出通知：经省革委编委会豫编[1979]90号文件批准，省林业局机构设置有：办公室、计财处、森工处、营林处、经济林处、政工处、野外勘察设计队、林业技术指导站，自1979年4月10日开始启用印章。

省林业局就开封地委关于贾鲁河国营林场破坏情况的批示向省委提出意见

4月13日 省林业局向省委就开封地委对中牟县委《关于贾鲁河国营林破坏情况的检查报告》的批示提出意见，认为：开封地委的批示对大肆破坏中牟国有林的严重违法行为是错误的这个前提未加以肯定，单以群众需要土地为由，对哄抢国营林场的林木不予追究退赔，把占林场的土地归群众所有，违反了《森林法》第一和第十四条规定。因为处理不当，现在那里还有继续毁林占地的现象发生。为此，建议省委责成开封地委撤销所发文件，制止当地群众停止毁林占地，对已毁之林、已占之地，待省、地派检查组进一步调查落实后，根据实际情况，进行处理；对当地群众的困难，可通过合法渠道解决。

省财政局和林业局下拨森林保护费

4 月 16 日 省财政局、林业局发出《关于分配和使用好森林保护费的通知》，对分配给各地、市的 34.4 万元森林保护经费进行了安排。要求各地认真总结经验教训，摸清虫情，搞好技术培训，务求达到预期防治效果。要专款专用，不得挪用，治虫款直接拨给社、队；经济林当年可见效益的，其治虫费用由受益单位负责；太行山区连年危害严重的黄楝小蜂，应发动社、队尽快防治。

全省地市林业局局长会议召开

5 月 4 日 省林业局召开全省地市林业局长会议。会上，与会人员汇报了春季林业生产和贯彻《森林法》的情况，共同讨论修改了省林业局代省革委起草的《关于贯彻落实森林法的实施要点》，交流了经验，统一了认识。据会议统计，初步确定以林为主的县有 10 个、公社 248 个、大队 4 505 个。会议指出：有的地方已经减免了粮食增购任务，受到群众欢迎，但目前破坏森林的情况尚未得到有效制止，存在着处理积案难、处理集体性毁林案件难，处理破坏国有林案件难的情况。为此，蒋超副局长在总结讲话中要求，当前要继续搞好《森林法》的宣传贯彻和落实工作，同时抓好育苗、造林，尽快把全省的森林资源连续清查体系建立起来，促进河南林业的发展。

联合国粮农组织考察组来豫考察

5 月 7 ~ 13 日 联合国粮农组织派出的林业为农业服务考察组一行 21 人（来自 13 个国家）来河南考察林业。省林业局副局长刘运夫陪同考察。考察组考察了郑州市市容；参观了邙山提灌站；在禹县考察了张楼的苹果园，阁街、余王的农桐间作，柳树沟、灵泉寺的治山造林；在鄢陵县考察了农田林网和县林业科学研究所，对河南林业取得的成绩给予了高度评价，称赞

“看到了掌握了自己命运的人民的力量”，“非常好，非常完美”，“科学研究与生产结合起来了”。

全国栲胶原料调查小组提交河南栲胶原料调查报告

5 月 9 日 由河南南阳、陕西商洛、辽宁辽阳、河北青龙、山西侯马栲胶厂和南京野生植物厂等人员组成的全国栲胶原料调查小组在对河南省栲胶原料进行调查以后，向全国供销总社土产果品局、林业部林产工业局提交了《河南栲胶原料调查报告》。本次调查共进行了 40 余天，调查范围涉及 8 个地区、32 个县和 4 个重点社队，初步摸清了河南栲胶原料的情况。调查小组认为：河南栲胶原料主要为橡碗和化香果，年产量为 12 105 吨。目前存在的主要问题是：经营管理不统一；原料价格差别大，生产不进行成本核算，造成生产厂成本提高；原料流向不合理，造成经营混乱和运输困难。建议：将拷胶原料进行统一定点分配；把橡碗列为二类物资，由国家统一分配；尽量统一价格。

省林业局发文调整洛阳林校 77 届教学计划

5 月 13 日 省林业局发文调整洛阳林校 77 届教学计划。因无劳动指标，77 届学生虽于 1979 年已完成计划课程的学习，但不能提前毕业，仍按原计划 1981 年春毕业。为了巩固已学到的专业和基础理论知识，并使学习的理论知识与生产实践紧密结合起来，省林业局要求将一些课程的教学实习时间和生产实习时间集中起来，进行森林资源清查。

省林业局等单位联合召开全省生漆生产收购工作会议

5 月 18 ~ 21 日 省林业局、供销社在西峡县联合召开全省生漆生产收购工作会议。参加会议的有 5 个地区、16 个县的林业、供销部门和两个基地县革委的负责人，以及重点基地社和先进社、队的代表共 230 人。会议对河南省生漆生产几起几落的情况和经验教训进行了回顾与总结。据统计，1950 年全省收购生漆 150 担，1957 年收购 1 078 担，1962 年收购 102 担。“文革”后，全省生漆收购量一直徘徊在 400 ~ 500 担。1978 年全省收购 778 担。目前全省漆树已发展到 1 500 万株。会议在肯定成绩的同时，也指出了生漆生产、收购工作中存在的问题。这些问题是：资源分散，不能很好利用；造林质量差，成活率低，成林慢；市场管理存在漏洞。会议推广了西峡县的“六定”(定漆路、定质量、定时间、定任务、定报酬、定补助)、“两奖”(保质保量完成任务者，从割漆总额中提取 5% 奖给漆农；超额完成任务者，再从超额部分提 10% ~15% 奖给漆农)、“一罚”(完不成任务者，从差额部分罚 3%)制度。

省林业局请求林业部协助解决晋豫两省边界林权纠纷

5 月 24 日 省林业局向林业部报告，请求协助解决山西、河南两省边界林权纠纷问题，报告指出：据河南省修武县国营林场报告，该场与山西晋城、陵川交界处，历年来不断发生毁林事件。据不完全统计，毁林面积 15 000 余亩，砍伐树木约 65 万株。为此，请求林业部组织两省有关人员共同前往现场处理毁林案件，并协商解决林权纠纷问题，保护国家森林资源。

河南日报宣传光山治山造林经验

5 月 25 日 《河南日报》发表文章，报道光山县治山造林、发展山区林业的经验，并以《要像光山县那样大搞治山造林》为题发表短评，指出：一个县的林业能不能搞上去，关键在领导，在于领导是否认识到林业的重要性。光山县委从实践中体会到，发展农业必须发展林业，失去了林业也就失去了农业。光山县把林业作为农田基本建设的一项重要内容，采取专业队与群众运动相结合的方式，造一片林，建一个林场，做到造林高标准，管理高质量，所以在较短时间就实现了荒山造林上“纲要”。相信光山县能做到的事情，其他地方经过努力也一定能够做到。

全省林木种子工作座谈会召开

6 月下旬 全省林木种子工作座谈会召开。各地区、郑州市林业局以及省农林科学院的负责人参加了会议。会上传达学习了《全国林木种子工作会议纪要》精神和《全国林木种子经营管理试行办法》。省林业局局长赵凤岐在会上讲话指出：全省已建立了毛白杨、泡桐等各种类型林木良种繁育基地 17 处，面积 2 100 多亩。在调剂种子方面，地、县种子库发挥了很大作用。但在整个林业生产中，林木种子工作仍是个薄弱环节。他要求各地认真贯彻全国林木种子工作会议精神，真正把种子工作作为林业生产上带根本性的基本建设来抓。采取两条腿走路的办法实现林木良种化。一方面发动群众广泛开展优选活动；另一方面抓好良种基地建设。今后林木种子生产、收购应一律按计划统一管理。各级林业部门要有一位领导主管林木种子工作，并在林业局或林技站设立种苗科(组)，固定 3 ~5 人专抓。

省林业局组织全省林业育苗大检查

6月28日至7月30日　省林业局组织部分地、市林业局长和主管种苗的负责人共45人参加全省林业育苗大检查。检查人员分5组(片)，共检查了25个县(郊区)、70个公社、118个大队。经检查：原报面积3 363亩，落实面积3 279亩，为原报面积的97.4%。检查结束时，全体参检人员在新郑县进行了汇报总结，评选出内黄县、温县、民权县、杞县、新郑县、临汝县、方城县、鹿邑县、禹县、光山县、上蔡县、郑州市、洛阳市、平顶山市舞钢区、开封市郊区柳园口公社等15个县、市、区、社为育苗先进单位，并颁发了奖旗。

联合国粮农组织群众造林考察组来河南考察

7月12~15日　由联合国粮农组织林业司执行服务科科长韩维尔·普拉托·拉马拉多(西班牙人)为组长，卡特逊(美国人)为副组长，泰国、印度、菲律宾、巴基斯坦、孟加拉国、缅甸、尼泊尔、斯里兰卡、斐济、巴布亚-新几内亚等10个亚太国家的21人组成的联合国粮农组织群众造林考察组，对河南省的城市绿化和平原绿化进行了考察。考察组先后参观了郑州的市区绿化和治沙造林，在鄢陵县考察了农田林网和"四旁"植树，在禹县考察了治山造林、泡桐科研基地和桐粮间作等情况对河南省山区梯田造林成效表示赞赏，称其："工程浩大，像座小长城。"组长普拉托说："你们的造林成绩很大，其他国家一定会得到应有的益处。"

省财政局和林业局下拨油桐油茶垦复补助专款

7月26日　省财政局、林业局联合发文，向许昌、驻马店、信阳、南阳、洛阳等地拨款28.5万元，作为油桐、油茶垦复补助款，要求必须专款专用，保证垦复质量。

省教育局和林业局要求各级学校积极参加林业建设

8月1日　省教育局、林业局联合转发中央教育部、林业部《关于各级学校要积极参加林业建设的通知》。要求各级各类学校在冬春造林季节，组织宣传《森林法》，及早动手，把植树造林做为勤工俭学的一项重要内容来抓。要因地制宜，在美化校容的同时兼种多种用材树种。建议在县、市范围内，开展社与社、区与区、校与校之间植树造林竞赛活动，以推动各级各类学校的造林营林工作。

全省林业财务会议召开

8 月 18 ~22 日 全省林业财务会议在郑州召开，各地、市林业（农林）局主管财务工作的负责人参加了会议。会议指出：为了进一步加强林业财务管理，充分发挥各项资金的效果，必须着手做好以下几项工作：建立健全财务管理制度，开展一次财务大检查。尽快提出各级林业机构设置和人员编制规模，严格控制盲目扩增机构、人员。从现在起，除国家计划分配的林业大专院校毕业生或经上级批准的少量归队林业技术干部外，一律暂停增人。如继续进人，应由分配单位解决工资。提高国营林场、园艺场经营管理水平。各国营林场、园艺场全部实行企业管理，加强经济核算，加强对财务工作的领导。各地、市、县林业（农林）局要有一位局长分工抓财务工作。

全省林业区划工作会议召开

8 月中、下旬 省林业区划领导小组在郑州召开全省林业区划工作会议。省林业局、河南农学院、省农业科学院林业科学研究所、省农业局、中国农业科学院郑州果树研究所等协作单位的负责人参加了会议。会议研究，初步把河南省一级区划分为：淮南山地垄岗用材经济林区（AⅠ）；伏牛山南坡水源、用材、经济林区（AⅡ）；南阳盆地农田防护、薪炭林区（AⅢ）；淮北易涝洼地砂姜黑土防护林区（BⅣ）；豫东北平原防护林区（BⅤ）；豫西伏牛山北坡用材林、经济林区（BⅥ）；豫西黄土丘陵水土保持、用材林区（BⅦ）；太行山地水源、经济林区（BⅧ）等 8 个区，同时进行了 15 个二级区的划分。会议拟定了河南省《开展林业区划工作的意见（草稿）》，决定全面开展河南省林业区划工作，并要求在省一级、二级区划的基础上，继续摸清各区的自然情况和社会经济情况，进一步补充区划的科学依据。会议还研究了贯彻林业部《关于组织编写〈中国森林〉的通知》的意见，成立了《中国森林》河南编写组，省林业局副局长石振邦担任组长，蒋建平、谭永润、夏祥云任副组长。

省林业局向林业部报请设置森林检察机构

9 月 7 日 省林业局向林业部行文，请求《设置森林检察机构》。根据河南省现有情况，拟在 22 个国营林场内设置森林检察机构，其中地区派出级 6 个，县级派出级 16 个，共 99 人。

省林业局通知开展用材林油料林基地造林规划设计

10 月 12 日　省林业局向有关地、县林业局发出通知：根据林业部召开的全国基地林建设会议安排，河南省决定对用材林、油料林基地县开展造林规划设计。确定在信阳县进行试点，培训技术骨干，各县选派负责造林基地工作的技术干部参加试点工作，外业时间计划两个月。

信阳开展基地造林规划设计试点工作

10 月下旬　根据林业部召开的南方 14 省用材林、油料林基地会议精神，按照南方用材林、油料林基地县造林规划设计原则和要求，河南省林业局决定在信阳县进行基地造林规划设计试点工作。参加试点工作的人员以省林业局野外勘察设计队为主，省林业局营林处、经济林处派出干部共同参与，信阳、南阳、驻马店地区林业局及洛阳行署嵖山基地指挥部和 31 个基地县、市主抓基地建设的技术干部，共 41 人参加。此外，信阳县还组织 14 名知青参加了试点工作。历时 50 天，完成了全县 21 个公社荒山宜林面积 27. 3万亩的外业调查任务。

表彰林业劳动模范和青年造林积极分子

11 月 16 日　省林业局、团省委在光山县召开全省林业劳动模范和青年造林积极分子表彰大会。出席会议的人员共 700 人。省委、省政府向大会发了贺电。林业部副部长汪滨、省委副书记戴苏理、省林业局局长赵风歧、团省委书记刘玉洁等领导在会上讲话。会议回顾了河南省林业建设历史，表彰了先进。对全省林业劳模和青年造林积极分子提出了更高的要求，希望大家同心协力为绿化中州而奋斗。

省林业局更名省林业厅

11 月下旬　经省革委批准，省林业局更名为省林业厅。

河南日报发表重视林业、发展林业的社论

11 月 24 日　《河南日报》第一版报道全省林业先进集体、劳动模范和青年造林突击手大会在光山召开的消息，同时刊登了省委、省政府给大会的贺电，并以《重视林业，发展林业》为题发表社论。社论强调，只要各级党委加强领导，对林业做到思想上有位置、组织上有班子、计划上有盘子、物资

供应上有路子，像抓粮食和水利一样，年年坚持抓下去，林业建设一定会出现一个新局面。

省委召开全省山区工作座谈会

12 月 2 ~7 日 省委召开全省山区工作座谈会。参加会议的有西峡、栾川、新县、桐柏、鲁山、登封、辉县等 7 个县的领导或农办负责人等。会议回顾了新中国成立 30 年来山区经济建设正反两方面的经验，初步总结了三中全会后山区工作的发展情况和当前存在的问题。会议要求：省里应迅速确定以林为主的县，各地、县也应迅速确定以林、牧为主的公社和大队；省委对山区以林、牧为主的县实行粮食包干，一定五年不变；以林、牧为主的县、社、队，在粮食生产上，应以现在农田精耕细作为主，除确有条件的地方可以造地外，一般不要盲目劈山造地、闸河造地，严禁毁林开荒、陡坡开荒；适当提高和调整林牧产品及名贵土特产的价格，并适当提高奖售标准。林、牧、副等多种经营方面的政策，应当把时间上的稳定性和方法上的灵活性结合起来。在林业生产上，应把植树造林同群众的直接利益结合起来，采用多种办法加速绿化；应明确肯定社、队林场和责任山、自留山、零星果树、小竹园、小果园实行连系产量，管护到人，超产归己等多种经营形式。保证社员在房前屋后或生产队指定地方植树的产权，发放林权证。会议还提出应加强领导，真正贯彻对山区分类指导的原则；建议省和有山区的地区建立山区建设委员会或领导小组，由主要领导干部挂帅，吸收有关部门负责人参加，每年召开两次山区工作会议，针对山区特点，加强对山区的领导和帮助；财贸部门要加强山区农副产品的扶植和收购工作，把工作的着重点转到支持、扶植生产上来；有关部门应对山区的投资和在物资分配上给予适当照顾，对用材林基地、木本油料基地建设，每亩补助 5 元的种苗和工具费；分给社队一部分长期无息贷款用于造林；对在山区工作的行政干部、教师、医生和技术人员实行山区津贴制度。

赵凤歧出席商丘地区林业劳模青年造林突击手大会

12 月 19 日 省林业厅厅长赵凤歧出席商丘地区林业劳动模范、青年造林突击手大会并讲话，要求各级要加强对林业的领导，抓好造林的几个主要环节，注意发挥林业劳动模范和青年突击手的作用。

林业部决定在河南信阳建纤维板厂

12 月 21 日　林业部林产局在北京召开林产工业 1980 年新建厂座谈会。会议研究决定 1980 年在河南省信阳市新建 2 000 吨纤维板厂一座，并指定该厂由林业部林产工业设计研究院负责设计。

河南省林业厅印章启用

12 月 31 日　省林业厅下发通知，由河南省人民政府颁发的“河南省林业厅”印章从 1980 年 1 月 1 日起启用。

1980 年

林业部教育局复函确认林校 77 届和 78 届毕业时间

1 月 9 日 林业部教育局函复省林业厅，根据国务院[1979]122 号文件规定，洛阳林校、汝园林学校 77、78 届学生如果按教学计划已经学完规定课程，可分别于 1980 年 7 月底和 1981 年 2 月底前毕业。

省林业厅召开全省红枣生产会议

1 月 9 月 全省红枣生产会议在镇平召开。有关地、县林业局及枣树研究单位负责人参加了会议。根据统计，全省枣树面积为 950 万亩、3 800 万株，1979 年产鲜枣 8 000 万公斤。会议要求：加强领导，落实政策；狠抓综合管理，挖掘增产潜力；大建枣炕，做好炕枣准备；开展科学试验，注意选择优良品种；推广农枣间作。

省林业厅上报 1979 年用材林基地建设情况

1 月 10 日 省林业厅向林业部上报《关于 1979 年用材林基地建设情况的报告》。根据报告中所提供的统计资料：1979 年河南省用材林基地造林计划 80 万亩，完成 75. 28 万亩，其中刺槐 36. 85 万亩，杉木 21. 5 万亩；抚育幼林 90. 9 万亩；育苗 14. 69 万亩。国家投资基地造林补助款 225. 5 万元，其中用于南方杉木林基地 95 万元，北方坑木林基地 130. 5 万元。经过检查验收，符合验收标准的有 70 万亩，占 93. 12%；经过抚育后达到验收标准的有 4 万亩。

省林业厅印发 1979 年全省林业种苗工作总结

1 月 18 日 省林业厅印发《1979 年全省林业种苗工作总结》。总结中称：1979 年全省育苗 76 万亩，年终保存 62. 8 万亩，总产量 19 亿株。冬季可出圃 39. 4 万亩，约 12. 5 亿株。可供"四旁"用苗 3. 51 亿株，大面积造林用苗 9 亿株；采集各类林木种子 150 多万公斤，根条 2 500 万公斤。支援兄弟省、市白榆、刺槐、国槐、构树种子 40 多万公斤，泡桐和沙兰杨根、条 35 多万公斤。全省建立母树林 1. 3 万亩，种子园 1 800 亩，采穗圃(条、根)2. 7 万亩，各种良种鉴定对比林 3 000 亩，品种对比林 770 亩。17 个良种基地种子园整地 2 000 亩，定植 400 亩，生产优良苗木 100 多万株，间伐母树林 2 000 亩。

省军区召开部队营区绿化工作会议

1 月 21 ~ 22 日　省军区在郑州召开部队营区绿化工作会议。会议对省军区机关、部队 1979 年一年植树 11 万多棵，在营区绿化工作上取得的良好成绩给予了肯定，也指出有些单位对这项工作重视不够，仍有大片空地闲置，有的单位重栽轻管等问题；要求营区绿化工作加快步伐，做好宣传、规划、栽植、管护等工作，抓住当前大好时节，迅速掀起一个植树造林绿化营区新高潮。会议表彰了一批绿化先进单位。省军区副司令员杨宗毅出席会议并讲话。

省林业厅向省政府建议制止乱砍滥伐林木破坏农田林网现象

1 月 19 日　省林业厅向省人民政府上报《关于制止当前乱砍滥伐林木、破坏农田林网的报告》。报告中介绍了入冬以来部分地区由于林业政策落实不好而出现的一股毁林歪风。据许昌、驻马店、信阳 3 个地区林业局报告，襄城、禹县、许昌、临颍、西平、确山、上蔡、平舆、正阳、息县等县乱砍滥伐树木，破坏农田林网和路林、堤林的情况相当严重。建议广泛深入地宣传贯彻《森林法》和国务院《关于保护森林制止乱砍滥伐的布告》，宣传保护森林、发展林业的重大意义，树立护林光荣、毁林可耻的新风尚；进一步贯彻落实党的林业政策，加强林木管理，建立成材林采伐审批制度；对已破坏的路林、堤林、渠林和农田林网，应发动群众，总结经验教训，认真贯彻护林有功者奖、毁林者罚的政策，限期栽上树木。

省林业厅向林业部报送关于昝申全提案的处理意见

1 月 24 日　省林业厅向林业部报送《关于昝申全同志提案的处理意见》。处理意见认为：全国人大代表昝申全关于“国家林场占有附近生产队的林区应当退回”的提案，经认真调查落实，不存在国营林场侵占集体山林和生产队无坡无林问题。1957 年国营林场和生产队为了经营方便，本着平等互利的原则进行了合理调整，手续完备，并非平调。省林业厅同意西峡县林业局的调查报告和西峡县委、南阳地区行政公署的处理意见，山林归属问题不再作变动。

省军区等 6 部门发出关于开展植树造林的联合通知

1 月 26 日 河南省军区后勤部、省总工会、省妇联、共青团河南省委、省教育厅、省林业厅发出《关于开展植树造林的联合通知》。通知指出：1980 年植树节即将来临，为了进一步发挥部队、民兵、妇女、青少年和职工在植树造林中的突击作用，特要求组织广大职工、部队指战员、民兵、妇女、青少年认真学习、宣传、贯彻《森林法》和国务院护林布告，学习中共中央关于农业问题的两个文件，提高对植树造林、绿化祖国重大意义的认识；搞好规划，明确任务，由青少年、妇女、民兵、职工营造的林木，可命名为各种“纪念林”；切实搞好春季育苗工作，凡有条件的部门、团体和单位，都要本着自己采种、自己育苗、自己造林的精神，积极建立苗圃；搞好林木的保护管理，提倡护林光荣、毁林可耻的新风尚；认真落实林业政策，在植树造林活动中，既要有必要的义务劳动，又要注意给予合理的劳动报酬；加强领导，科学造林，保证质量。

徐枫任河南省林业厅副厅长

1 月 29 日 省委决定任命徐枫为省林业厅副厅长。

省林业厅向林业部报送河南省国营林场抚育间伐工作情况

1 月 29 日 省林业厅向林业部国营林场局报送《河南省国营林场抚育间伐工作总结》。总结中称：河南省国营林场亟待抚育间伐的中、幼龄林面积 75 万亩，占有林地面积的 24.8%。1979 年首次列入国家计划，下达抚育间伐面积 12 万亩，规格材 2 万立方米，修路 60 公里。下拨专用设备解放牌汽车 14 部，汽吊一部，油罐车一部。一年来由于各级领导的重视和广大林业职工的积极努力，共完成抚育间伐面积 66 977 亩，占计划任务的 55.8%；生产规格材 22 591 立方米，超计划任务 13%；产非规格材 74 989 立方米；修路 121 公里，超计划任务一倍。存在的问题：一是投资下达晚，林场生产不好安排；二是调查研究不够，有的林场分配任务不尽合理；三是间伐出材质量不高，调销不畅；四是修路任务加大，抚育用款紧张，无流动资金，木材积压，资金周转不开；五是需要间伐的中、幼龄林面积较大，任务紧迫。

省林业厅通报西平县酒店公社岳林大队典卖青山情况

2 月 6 日 省林业厅 1980 年《情况反映》第 1 期印发《西平县酒店公社岳

林大队出现典卖青山》的文章。文章称：岳林大队以 1.5 万元将本大队 230 亩林子卖给栗园沟大队于某，于某通过舞阳交易所以 3.5 万元转手倒卖给平顶山矿务局供销处坑木场，砍伐 83 卡车。此外酒店公社收购小头直径 3 厘米的小径材 71.1 万根，引起大量砍伐幼林。

省政府批转林业厅关于制止乱砍滥伐林木破坏农田林网的报告

2 月 10 日　省人民政府以豫政[1980]24 号文，批转省林业厅《关于制止乱砍滥伐林木、破坏农田林网的报告》。指出：当前不少地方乱砍滥伐林木、破坏农田林网的情况相当严重，如不引起高度重视，坚决刹住这股毁林歪风，势必造成更大损失。各级政府要严肃处理毁林案件。对于带头乱砍滥伐的干部，除退回原物或作价赔偿外，要根据情况轻重，给予必要的纪律处分。对于投机倒把者，要处以适当罚金。对于一贯偷盗林木、毁坏林木的严重犯罪分子，必须依法严惩。

省林业厅印发赵凤歧在全省林业电话会议上的讲话

2 月 12 日　省林业厅印发《赵凤歧同志在全省林业电话会议上的讲话》。赵凤歧在讲话中，对 1979 年冬以来各地认真贯彻省林业劳动模范和青年造林突击手大会精神，开展冬季造林活动，截至 1 月中旬已取得造林 45.5 万亩、“四旁”植树 3 665 万株、营造农田林网 302 万亩、农桐间作 264.8 万亩、育苗 2.59 万亩的成绩给予了肯定；对进度不快、一些地方出现毁林歪风等问题提出了批评。要求：进一步提高对农、林、牧三者辩证关系的认识；认真落实林业政策，用政策调动群众造林的积极性；加强现有林木的管护，切实制止乱砍滥伐现象，搞好森林防火；努力做好种苗工作。

全省林业育苗工作会议召开

2 月 24 日　经省人民政府批准，省林业厅召开全省林业育苗工作会议。会议总结了 1979 年的林业育苗经验，讨论安排了 1980 年的育苗任务，研究制定了搞好育苗工作的措施。

省林业厅转发林业部举办第三期训练班的通知

3 月 1 日　省林业厅转发林业部《关于委托中南林学院举办第三期训练班的通知》，要求各行署林业局按林业部通知规定指派一名局长前往干训班学习。

省委省政府召开植树造林广播大会

3 月 4 日 省委、省政府召开植树造林广播大会，省长刘杰在大会上作了重要讲话。省委、省政府、省军区以及各厅局负责人出席了大会。会议号召全省人民立即行动起来，打一场植树造林的人民战争。

河南日报发表加速绿化的评论员文章

3 月 5 日 《河南日报》发表题目为《加速绿化，促进四化》的评论员文章，号召全省人民动员起来，植树造林，加快林业建设步伐。

河南日报发表关于全省栽植公路行道树的文章

3 月 9 日 《河南日报》发表文章，报道 1979 年冬和 1980 年春全省栽植公路行道树的情况。根据文章报道，1979 年冬至 1980 年春，全省共栽植公路行道树 76 万株。

省领导参加义务植树活动

3 月 12 日 省委第一书记段君毅、第二书记胡立教、省长刘杰以及省政府、省军区负责人，冒雨雪到郑州郊区参加义务植树活动。

省林业厅要求贯彻中央关于植树造林的指示精神

3 月 15 日 省林业厅印发《关于学习中共中央　国务院〈关于大力开展植树造林的指示〉的通知》，要求各级林业部门要把学习中共中央、国务院关于大力开展植树造林的指示，学习王任重副总理在首都植树造林动员大会上的讲话，学习刘杰省长在省造林动员大会上的讲话作为大事来抓，根据中共中央、国务院关于扩大森林面积、提高森林覆盖率的要求，结合当地情况，制订出规划和措施，切实做到计划采伐、合理采伐、综合利用。间伐国有林要报省批准。要研究林业生产责任制方面存在的问题，调查总结林业内部比例失调的情况，制定调整改革的意见。

省林业厅印发开展林木良种资源清查和选优方案

3 月 20 日 省林业厅印发《开展林木良种资源清查和选优方案》。方案包括：良种资源普查和优选的主要内容、方法步骤及优树的基本标准等。

西华和鸡公山林场被确定为林业部直接联系单位

3月30日　根据林业部种苗局要求，省林业厅决定将国营西华林场、信阳鸡公山林场作为河南省与林业部直接联系单位。

全省春季造林和育苗电话会议召开

3月31日　省林业厅召开全省春季造林和育苗电话会议，省林业厅厅长赵凤歧在会上作《乘胜前进，扩大战果，保质保量完成春季植树造林育苗任务》的讲话，指出：省委、省政府召开全省春季植树造林广播动员大会以来，全省各级党、政、军领导带头，广大人民群众积极参加，迅速掀起了一个声势浩大的群众性的植树造林高潮。全省已造林178万亩，“四旁”植树2亿株，育苗28万亩。今春植树造林的特点是：起步早，行动快，规模大，质量好。问题是部分地区出现一股毁林歪风，有的地方育苗不足。要求集中力量切实抓好春季林业育苗，加强林木保护，加强经济林的管理，以优异的成绩向“十二大”献礼。

全省农田林网效益观测技术座谈会召开

4月3日　全省农田林网效益观测技术座谈会在博爱县召开，会期10天。会议总结交流了河南省营造农田防护林网的经验，安排了开展防护效益观测、改进农田林网和农桐间作规划设计、培养该项工作技术人才等工作任务。

省林业厅印发加快实现苹果良种化的意见

4月4日　省林业厅印发《关于加快实现苹果良种化的意见》。

省林业厅向林业部推荐速生丰产林重点林场

4月9日　省林业厅致函林业部造林局，在《关于推荐我省营造速生丰产林重点林场与部建立联系的函》中，确定河南省睢县国营榆厢林场、舞阳县国营石漫滩林场、光山县白雀公社大尖山林场、禹县褚河公社余王大队林场等四个林场与林业部建立联系。

省林业厅向林业部报送白榆种子外调情况报告

4月12日　省林业厅向林业部种苗局报送《白榆种子外调情况报告》。

报告称：1976 年至 1979 年，河南省先后从新乡地区调出白榆种子 68.97 万公斤，其中 1976 年支援 10 个省（市、区）26 个县 8.18 万公斤，1977 年支援 8 个省（市、区）51 个县 33.33 万公斤，1978 年支援 9 个省（市、区）41 个县 21.92 万公斤。1979 年因自然灾害减产，支援 60 个县 5.54 万公斤。1980 年和本省已联系的有 9 个省（市、区），共需种子 38.15 万公斤。

省政府批转关于解决木材供需矛盾问题的报告

4 月 17 日 省政府批转省计委、林业厅、财政厅、物资局《关于解决我省木材供需矛盾问题的报告》，指出木材是当前国家短线统配物资，供需矛盾比较突出。为了适应国民经济发展的需要，必须贯彻自力更生的方针，大抓开源节流，积极发展林业生产，尽快提高木材的自给能力。各级物资、林业、木材管理部门，要管好用好木材，加强对地方木材的统一收购和管理工作，充分发挥各方面的积极性，使有限的资源更好地为工农业生产建设服务。

省财政厅和林业厅下发社队造林补助费使用管理办法

4 月 18 日 省财政厅、林业厅下发《关于印发〈河南省社队造林补助费使用管理办法〉（试行）的通知》。通知要求：为了管好用好社队造林补助费，加快河南省荒山、荒地造林绿化工作，根据财政部、林业部有关指示精神，结合本省具体情况，制定《河南省社队造林补助费使用管理办法（试行）》，请各地认真贯彻执行。

省政府要求加快铁路绿化工作

4 月 22 日 省人民政府豫政[1980]70 号文对郑州铁路局和各地、市、县政府，省直有关单位作出批复，要求加速铁路绿化工作：今后铁路两侧均改为国营造林。对以往路造队护和焦枝线上的国队合作林，采取以下办法：一是京广、陇海及其支线两侧栽种的树木，今后仍归铁路部门所有。1976 年以来，铁路部门拿树苗、社队投工栽的树木，由铁路部门付给栽植工本费，树木归铁路部门所有。二是焦枝线营造的国队合作林按有关文件规定执行。三是今后凡是铁路部门征用的土地，要保证铁路部门建设和造林。铁路沿线地、市、县要配合铁路部门搞好造林、护林。路林采伐时的副材，归护林员所属生产队和参与采伐的社队。过去下达的文件，凡与《森林法》、国务院护林布告和此文精神有抵触者，一律以此件为准。

省财政厅和林业厅下发多种经营周转金使用管理办法

4月22日 省财政厅、林业厅下发《关于颁发〈国营林场开展综合利用多种经营周转金使用管理办法〉的通知》。通知中称：为了支援国营林场开展综合利用，多种经营，财政部拨给河南省一批专用周转金，为了管好用好这笔资金，特拟定使用管理办法，请各地贯彻执行。

省政府批复建立宝天曼和牧虎顶森林保护区

4月23日 省人民政府对省林业厅、南阳地区行署、内乡县革委会、省直有关单位作出关于建立宝天曼、牧虎顶森林保护区的批复，同意把南阳地区内乡县国营万沟林场中的宝天曼、牧虎顶林区划出一部分作为森林保护区，成立伏牛山宝天曼森林自然保护区管理所，属省林业厅领导。

河南林业发展规划初稿编制完成

5月上旬 省林业厅编印《河南林业发展规划》(初稿)。规划指出：新中国成立以来，河南省历年造林保存面积为1 700万亩，成幼林总面积为3 400万亩，保存“四旁”树木22亿株，营造农田林网和农桐间作面积4 000万亩(其中农桐间作1 300万亩)。全省木材蓄积量7 000万立方米，森林覆盖率为12.3%。近几年社队和国家采伐利用木材约200万立方米。全省年产干果5 000多万公斤、木本油料2 000多万公斤。年平均造林保存面积约60万亩。目前全省有2 500万亩荒山宜林地和大量的“四旁”隙地没有绿化。今后林业建设的方针是：平原、山区一齐抓，以造林为主，造、育、管和综合利用相结合，大力发展泡桐、毛白杨等速生树种，努力提高森林覆盖率和木材蓄积量。

省计委和林业厅下达国营林场木材生产计划

5月3日 省计委、林业厅印发《关于下达1980年国营林场木材生产计划的通知》。通知中称：为弥补木材供应缺口，今年安排国营林场木材生产计划48 000立方米，其中抚育间伐面积16.6万亩，出材31 000立方米；采伐木材27 000立方米。为了保证国营林场青山常在，维持生态平衡，除了大搞植树造林、绿化宜林荒山和及时对采伐迹地更新造林外，还必须严格控制采伐量，不得层层加码，任何单位或个人不得以任何借口计划外采伐和调拨木材，防止过伐。

全省地市林业局长会议召开

5 月 7 日 省林业厅召开全省地市林业局长会议，副厅长蒋超在会上发表讲话，指出：夏季林业生产要抓好育苗，加强新造幼林管理和经济林管理，搞好雨季造林，完成木材生产任务；要按照《森林法》和党中央、国务院关于大力开展植树造林的指示，搞好林业长远规划；要加强国营林场的管理。

戴苏里书记在地市林业局长会议上讲话

5 月 10 日 省委书记戴苏理在全省地市林业局长会议上发表讲话，对 1979 年冬和 1980 年春植树造林运动取得的成绩给予了肯定，指出冬春已完成造林 261 万亩，“四旁”植树 2.8 亿株，育苗 86 万亩。但全省发展不平衡，毁林事件不断发生。要求正确理解并贯彻农、林、牧、副、渔全面发展的方针，认真落实林业政策，调动各方面造林积极性；要科学育苗，加强领导，健全林业机构，取得更大的成绩。

省林业厅发布王莽寨林场修路塌方造成伤亡事故通报

5 月 26 日 省林业厅发布《关于王莽寨林场修路塌方造成伤亡事故的通报》。通报称：5 月 15 日上午，国营嵩县王莽寨林场在该场杏子沟林区修路施工中发生了一起塌方事故，造成 4 人死亡。为吸取教训，要求各地对职工进行一次安全生产教育。施工单位要加强对安全生产的领导，发动群众进行一次安全大检查，杜绝类似事故再次发生。

省农业厅和林业厅向省政府呈文调整民权农林场管理体制

5 月 28 日 省农业厅、林业厅向省人民政府呈文，对民权农林场管理体制作出调整。民权农林场系 1968 年由民权农牧场、民权林场、民权林垦场和商丘地区苗圃 4 个单位先后合并而成。由于业务不对口，影响了生产的发展。为了便于建立农工商、林工商联合企业，由省农业委员会(简称省农委)副主任张增敬主持，商丘地委书记兼专员张兴典、副书记兼副专员吴凌泽参加，经省农业厅、林业厅共同协商，撤销商丘农林场，分别成立民权林场、民权农场。在调整时，本着有利于防风固沙、有利于农业发展的原则，双方在处理问题时，既尊重历史，又面向现实，互谅互让，适当处理。两场分开后均归商丘地区领导，省农业厅、林业厅负责投资和业务指导。

省财政厅和林业厅下发通知追加林业事业费

6月4日　省财政厅、林业厅下发《关于追加林业事业费的通知》，根据当前林业生产情况，追加各地区护林防火、社队造林补助费等林业事业费69.9万元。通知指出：护林防火经费为国营林场购置通信器材、灭火机及建瞭望台专项经费，必须专款专用。

林业厅就鲁山部分社队强占瓜分国有林区情况向检查院提出控诉

6月9日　根据《中华人民共和国刑事诉讼法》第五十九条，省林业厅就鲁山县张店公社赵庄大队、让河公社邓寨大队强占瓜分国有林区1 200亩、毁林开荒811亩事件向河南省人民检察院提出控诉。上述情况省林业厅于6月6日向省农委以及戴苏理、崔光华副省长写了紧急报告，6月7日崔光华副省长批示："由林业厅呈请省政法部门处理"。

省林业厅等单位下发地方木材标准(草案)

6月12日　省林业厅、物资局联合下发《关于下达我省〈地方木材标准试行(草案)〉的通知》。通知指出：为了贯彻省政府[1980]68号文件精神，挖掘地方木材资源，做好木材生产、收购工作，本着充分利用森林资源、简便易行的原则，拟订了河南省"地方木材标准试行(草案)"，并从7月1日起试行。

省林业厅向林业部等部门报送河南省春季育苗情况

6月13日　省林业厅向林业部、省农委报送《河南省1980年春季林业育苗小结》。根据小结：1980年春河南林业育苗完成86万亩，其中新育63万亩。育苗在2万亩以上的县有6个，1万亩以上的县有18个，1 000亩以上的公社有400多个。为了搞好育苗工作，1979年冬和1980年春，全省先后培训5 000多人，自筹资金350多万元，拨放育苗专用化肥1万多吨。各地普遍建立了育苗责任制，大力推广"五定一奖"、联产到户经验。

省林业厅就商丘等国有林场管理权问题作出批复

6月14日　省林业厅批复商丘地区林业局，同意将国营商丘、虞城、程庄、榆厢等林场收归商丘地区林业局直接管理。

省林业厅向林业部报送国营林场春季造林工作总结

6 月 23 日 省林业厅向林业部报送《河南省国营林场春季造林工作总结》。总结中称：1980 年春全省国营林场共完成造林 10.4 万亩，育苗 1.3 万亩，幼林抚育 16 万亩次，成林抚育间伐 4 万亩，生产木材 1.3 万立方米。同时加强了种子园和母树林建设。目前已建种子园 600 亩(其中 1979 年冬和 1980 年春建 400 亩)；已建母树林 6 022 亩(其中 1979 年冬和 1980 年春建 3 550亩)。有计划地进行引种、育种、选育良种，不少国营林场已实现林木良种化。1979 年冬和 1980 年春共防治森林病虫害 32.2 万亩，其中生物防治 7.8 万亩，飞机防治 15.9 万亩。

省编制委员会批复同意成立河南省林产品经销公司

6 月 23 日 省编制委员会(简称省编委)作出关于成立林产品经销公司的批复，同意成立河南省林产品经销公司，公司性质为企业，编制 20 名；洛阳、南阳、信阳三地区成立分公司，均为自负盈亏单位，编制由所属地区编委自行确定。

罗玉川副部长接见河南林业劳动模范潘从正

6 月 26 日 林业部副部长罗玉川接见了河南省林业劳模潘从正，并征求潘从正对林业工作的意见。

省林业厅下发 1980 年林业基本建设计划

7 月 7 日 省林业厅下发《关于下达 1980 年林业基本建设计划项目的通知》。根据通知，1980 年中央和省分别安排河南省幼壮林抚育间伐面积10.6 万亩，生产规格木材 3.8 万立方米，修筑林区公路 95 公里、林道 40 公里，总投资 360 万元。

全省油桐油茶基地县汇报会议召开

7 月 8～12 日 省林业厅在郑州召开全省油桐、油茶基地县汇报会议。5 个地区 18 个县林业局和 6 个公社以及省粮食厅、物价局、省农林科学院等单位的负责人参加了会议。省农委副主任孙清淮到会并发表讲话。会议制定了全省油桐、油茶发展规划，讨论了有关发展油桐、油茶生产的政策，研究了开展夏季垦复抚育管理等问题，落实了 1980 年造林、整地、采种任务。

河南日报发表省委主要负责人关注山区林业建设消息

7 月 14 日　《河南日报》发表题为《省委领导同志在豫西山区调查后，强调山区建设应以林牧为主全面发展》的消息。消息称：最近，省委主要负责同志在听取了卢氏、栾川、嵩县等山区县的情况汇报后，一再强调，山区县要注意发挥山区优势，以林牧为主，全面发展，搞活经济，加快建设步伐。关于如何发展山区经济，提出五点意见：一是建设山区是实现“四化”战略问题。二是建设山区靠什么？一靠政策，二靠科学。三是山区建设的方针应该以林牧为主，全面发展。四是解决目前山区建设中的具体问题，要解放思想，打破框框，放宽政策，搞活经济。五是各级党委和政府要加强对山区建设的领导。

省林业厅召开部分县林木病虫害防治座谈会

7 月 14 ~ 18 日　省林业厅召开 10 地 1 市和部分县林木病虫害防治座谈会。会议传达贯彻了林业部《全国森林病虫害普查实施要点》，交流了经验，制定了下半年计划。上半年全省共防治林木病虫害面积 153 万亩，其中豫南 69. 6 万亩，豫东 20 万亩，枣区 63. 4 万亩，其他 518 万株。全省共用化学农药 434 吨、赤眼蜂 92 亿头、白疆菌 10. 45 万公斤。

省林业厅对黄石庵林场扩建纤维板车间初步设计作出批复

7 月 17 日　省林业厅作出《关于黄石庵林场扩建年产 2 000 吨纤维板车间初步设计的批复》，同意该设计方案，总投资为 220 万元，总建设面积 3 305平方米。

全省林木种子工作会议召开

7 月 21 日　全省林木种子工作会议召开，各地市和重点县林业局，各林木种子公司、种子库等 32 个单位的负责人参加了会议。省林业厅副厅长徐世杰参加会议并讲话。会议总结了一年来林木种子工作情况，研究确定了 1980 年林木采种任务。会议通报，一年来，全省共采集各类林木种子 250 万公斤，根、条 2 500 万公斤；改建母树林 3 500 亩，定植种子园 400 亩；建采穗(根、条)圃 3 800 亩。

省林业厅调整 1980 年全省主要树木种苗价格

8 月 4 日 省林业厅发出《关于下达 1980 年全省主要树木种、苗价格的通知》，对 1979 年制定的主要树木种、苗购销价格作了若干调整，制定出了 1980 年全省主要树木种、苗价格表，以适应林业生产的需要，提高广大群众采种、育苗的积极性。调整意见在全省林木种子生产会议上进行了讨论并征求了省物价局的意见。

省林业厅向省政府报告全省油桐生产情况

8 月 5 日 省林业厅向省政府呈送《我省油桐生产情况和问题》的报告。报告指出：桐油是河南省山区重要林产品之一，几年来生产有较大发展。1956 年全省收购桐油 148.5 万公斤；1976 年收购桐油 202 万公斤；1980 年面积达 150 万亩，产桐籽 900 万公斤，桐油产量 300 万公斤。目前有 1 000 多种工业品需要桐油。河南省年需桐油 600 万公斤。1979 年虽年产桐油 300 万公斤，但仅收购 141.5 万公斤。主要问题是：收购价格偏低，奖售偏少，奖售物资不对路。为迅速提高桐油产量，尽快达到桐油自给，建议提高价格；提高奖售标准；集中产区应参照食用油和棉产区标准定为经济区，供应吃粮标准，增加经济扶持。

省林业厅向林业部报送薪炭林资源概况和初步规划

8 月 7 日 省林业厅向林业部报送《薪炭林资源概况和初步规划》。全省林业用地 8 000 万亩，现有成幼林 3 400 万亩，“四旁”树木 22 亿株，营造农田林网和农桐间作 4 000 万亩，木材蓄积约 7 000 万立方米，森林覆盖率为 12.3%。现有薪炭林资源可分为三类：Ⅰ类：薪柴和秸秆较丰富，烧柴能解决 70% 的有 25 个县，占全省的 23%；Ⅱ类：薪柴和秸秆资源较少，能解决烧柴 40% ~70% 的约 35 个县，占 31%；Ⅲ类：烧柴严重不足，可解决 40% 以下的 51 个县，占 46%。全省现有薪炭林 222 万亩，加上秸秆，Ⅰ类区每年可解决 8 ~ 11 个月烧柴；Ⅱ类区可解决 7 ~ 8 个月烧柴；Ⅲ类区可解决 4 ~5个月烧柴。

信阳等地林业遭风雹灾害

8 月 8 日 当晚 20 时和 8 月 11 日 21 时，鹿邑县连续两次遭受大风和冰雹灾害。风力 8 ~ 10 级，风、雨、雹持续半小时，6 000 多亩林业苗圃受害；光山、固始、商城、淮滨等县社、队 1 200 多个林场遭受水灾，大水冲毁幼林 12 万亩，冲毁苗圃 7 000 多亩，倒塌房屋 3 200 余间，冲毁林区公路 400 多公里，损失达 200 万元。

省林业厅印发 1980 年平原绿化工作总结

8 月 9 日　省林业厅印发《河南省 1980 年平原绿化工作总结》。根据总结，全省农田林网累计达到 3 300 多万亩，农桐间作累计达到 1 100 万亩。

禹县 7 个公社遭冰雹灾害

8 月 13 日　晚 9 时，禹县县城及东古城等 7 个公社突遭冰雹灾害，1 400多亩林业苗圃受害，刮倒、刮断树木 51 500 株，该县郭连公社郭西大队一棵胸径 50 厘米的泡桐树被连根拔起，泡桐树压倒房屋，致一人死亡。

省林业厅呈报技术职称评定结果

8 月 27 日　省林业厅向林业部人事局、省农委科教处呈报《林业厅工程技术干部技术职称评定结果》。本次技术职称评定结果为：维持原工程师称号 2 人，晋升工程师 20 人，套改助理工程师 34 人，晋升助理工程师 8 人，套改技术员 6 人，推荐高级工程师 2 人。

省财政厅和林业厅联合下发关于追加林业事业费的通知

8 月 30 日　省财政厅、林业厅联合发出《关于追加林业事业费的通知》。通知规定：其中追加的病虫害防治费，主要用于扑灭病虫灾害，并适当用于预测预报和森林植物检疫。这次追加的林业事业费主要包括林木病虫害防治费、中等林业教育费和其他林业事业费，共计 76 万元。

县级林业资源调查和区划工作技术规程暂行办法出台

9 月初　省林业厅野外勘察设计队印发《河南省县级林业资源调查和区划工作技术规程(暂行办法)》。

省委省政府作出关于山区经济政策的若干规定

9 月 3 日　中共河南省委、省人民政府作出《关于山区经济政策若干规定》，确定山区以林为主，牧、农、副业全面发展的方针，改变过去那种片面强调“以粮为纲”单一经营的做法。要求大力发展林业和畜牧业，大搞多种经营，发展社队加工业，积极实行农商联营。

省林业厅《情况反映》印发临汝县乱捋刺槐叶毁林情况

9 月 10 日 省林业厅 1980 年《情况反映》第 4 期印发《临汝县乱捋刺槐叶毁林》文章。文章反映：入夏以来，临汝县的一些社队只管捋叶卖钱，不顾林木被毁，目前该县已采集晒干的刺槐叶达 100 万公斤，破坏刺槐林 13 000多亩，其中损失严重的达 10 500 亩。

省政府批复同意征用天目山林场马尾松林地

9 月 25 日 省人民政府对信阳地区行署、省林业厅作出批复，同意 33650 部队征用天目山林场马尾松幼林地 957 亩：具体征用和补偿办法按《森林法(试行)》第十四条规定办理。

省农委转发林业部关于加强护林防火工作的通知

10 月 3 日 河南省农委转发林业部《关于加强护林防火工作的通知》，指出：山火是森林最大、最危险的敌人，目前“秋分已过”，“寒露”来临，林区已进入护林防火警戒期，因此各地必须高度重视，切实加强对护林防火的领导，迅速建立和健全各级护林防火组织，深入宣传《森林法》和国务院护林布告，克服麻痹思想，防止森林火灾事故发生。

省林业厅请求追究外贸部门盲目收购刺槐叶造成毁林的责任

10 月 7 日 省林业厅向省委、省政府、省纪律检查委员会、省人民检察院呈送《关于请求追究外贸部门盲目收购刺槐叶造成大量毁林的责任的报告》。报告称：近几年来，外贸部门大量收购刺槐叶，致使刺槐幼林遭到严重破坏。去年，省林业厅向省委作了报告，省委书记戴苏理指示：今后不准再收购刺槐叶。今年外贸部门又擅自收购。据了解，尉氏县今年收购刺槐叶粉 120 万公斤，毁刺槐林 15 万亩；中牟县收购刺槐叶粉 26 万公斤，毁树 346 万株；临汝县收购刺槐叶粉 100 万公斤，毁林 1. 3 万亩；宜阳县收购刺槐叶粉 300 万公斤，毁幼树 300 万株。我们认为，这种作法是竭泽而渔，得不偿失。为了以法治林，建议应追究责任。

省财政厅和林业厅联合发文追加社队造林补助费

10 月 13 日 省财政厅、林业厅联合发出《关于追加社队造林补助费的通知》。通知指出：为了加快河南省林业建设步伐，尽快绿化宜林荒山，搞好平原林网化建设，追加洛阳、南阳地区飞播造林和新乡、周口、信阳平原社队造林补助费193万元。

省林业厅通知参加板栗核桃丰产林栽培技术训练班

10月13日　省林业厅通知禹县、卢氏、栾川、济源、登封、确山、新县、林县等林业局，各派一人参加林业部10月27日至11月11日在山东泰安举办的板栗、核桃丰产栽培技术训练班。

省林业厅和粮食厅批复信阳油茶油桐种子指标

10月14日　省林业厅、粮食厅就油茶、油桐种子指标批复信阳地区粮食局、林业局：发展油茶和油桐生产所需种子，主要依靠社队及社员个人间进行调剂解决。调剂后仍缺种的生产队，在保证完成省安排的食油和桐油调出任务的前提下，适当进行供应。

省林业厅要求做好林业近期和长期规划

10月15日　省林业厅印发《关于转发〈林业部副部长马玉槐在第四次平原绿化会议上的总结讲话〉的通知》，要求各地在贯彻第四次平原绿化会议精神的同时，在农业区划的基础上，以县为单位，做好林业近期和长期规划。要有分年度实施安排，制定出1981年的实施计划。关于农田林网和农桐间作的面积、“四旁”植树数量、森林覆盖率、木材蓄积量和采伐量等均需有明确的指标。

省林业厅和财政厅对国营林场多种经营周转资金作出分配

10月16日　省财政厅、林业厅联合下发《关于分配国营林场多种经营周转金的通知》。通知指出：为了支持国营林场开展综合利用，增加经济收益，根据各林场生产条件，确定供给多种经营周转金80万元。这笔资金由省林业厅通过农业银行向各林场办理直接拨款手续。该项经费省林业厅列入预算支出报销，到期收回后列预算外暂存，各林场作暂收款记载，不得列入决算。

河南省森林病虫普查技术交流会召开

10月16~29日　河南省森林病虫普查技术交流会在郑州召开，来自各有关单位的 153 人参加了会议。会上讨论修订了《河南省森林病虫普查方案》和《实施细则》，对该项工作的组织领导及实施情况、完成时间提出了建议。

河南省林产品经销公司印章启用

10 月 20 日 河南省林产品经销公司印章，自 1980 年 10 月 20 日开始启用。

省外贸局和林业厅通知停止收购刺槐叶

10 月 21 日 省外贸局、林业厅发出《关于今后停止收购刺槐叶的联合通知》，要求今后一律不准采集刺槐叶出售，外贸部门不再收购。各地要认真贯彻《森林法》和国务院《关于保护森林，制止乱砍滥伐的布告》精神。各级外贸、林业部门有义务模范执行国家的林业政策法令，坚持合理利用森林资源，严禁毁林搞副业，违者要追究责任，严肃处理；开展爱林护林教育，建立林业生产责任制，正确处理当前利益和长远利益的关系；积极开展植树造林，加快河南省林业建设步伐；对已遭到破坏的林木，加强保护管理，为林木尽快恢复生机创造条件。

省林业厅就全省林业育苗完成情况作出说明

10 月 22 日 省林业厅印发《河南省 1980 年林业育苗情况统计说明》。说明中称：1980 年全省林业育苗 86.37 万亩，由于自然灾害和管理问题，10 月中旬统计为 82.53 万亩，总产苗量 16 亿株，可出圃 12 亿株(51 万亩)。

省林业厅召开优树复选会议

10 月 22 日至 11 月 3 日 省林业厅在郑州召开优树复选会议。会后，与会人员分片到基层进行了抽查。

省林业厅就中牟县砖瓦厂占用林场土地问题作出批复

10 月 22 日 省林业厅批复开封地区林业局，同意中牟县砖瓦厂占用国营林场土地 229.75 亩，林木损失按 1979 年 4 月 25 日双方拟定的意见办理。

省编委批复林业勘察设计队编制

10 月 30 日 省编委向省林业厅作出《关于林业勘察设计队增加编制的

批复》，同意省林业勘察设计队（原省林业厅野外勘察设计队更名为此）在原编制 65 名的基础上，再增加 25 名。

省编委批复飞机播种造林队编制

10 月 30 日　省编委向省林业厅作出《关于飞机播种造林队编制的批复》，同意成立河南省林业厅飞机播种造林队，事业编制 15 名。

省林业厅通知参加南方重点省区护林防火训练班

11 月 1 日　省林业厅通知洛阳、南阳地区林业局，各派一人参加林业部 1980 年 11 月 25 日在四川温江地区举办的南方重点省区护林防火干部训练班。

联合国粮农组织派员考察河南林业

11 月 2 日　应中国林业部邀请，由联合国粮农组织派遣的孟加拉国国家计委林业处处长卡·拉赫曼先生来河南省考察林业。拉赫曼先后考察了郑州市绿化和花园口、尉氏县防风固沙林，禹县泡桐和治山造林及博爱县的农田林网等。

省编委批复宝天曼森林自然保护区管理所编制

11 月 6 日　省编委向省林业厅作出《关于伏牛山宝天曼森林自然保护区管理所编制的批复》，同意把南阳地区内乡县国营万沟林场中的宝天曼、牧虎顶林区划出一部分，成立伏牛山宝天曼森林自然保护区管理所，直属省林业厅领导，事业编制 20 名。

省林业厅发布河南森林资源破坏情况

11 月 11 日　省林业厅发布《河南森林资源破坏情况》，对河南省自古至今森林遭破坏的程度和原因进行了分析介绍，指出新中国成立后，虽然通过植树造林、封山育林等措施，全省森林覆盖率由新中国成立初期的 5% 提高到 12.3%，有林地面积达到 3 400 万亩，“四旁”树木 20 亿株，农田林网、农桐间作 4 000 万亩，但由于政策多变，不能因地制宜指导林业生产，破坏森林资源情况一直未能得到制止，强占侵犯国有林、过量采伐、毁林开荒、乱收乱购、政策不落实、山林火灾、毁林搞副业等现象依然存在。

省林业厅印发森林病虫普查技术交流会议纪要

11 月 14 日 省林业厅印发《河南省森林病虫普查技术交流会纪要》。对10 月 16 日至 29 日在郑州召开的全省森林病虫普查技术交流会的有关情况进行了通报。

省财政厅和林业厅联合下发关于追加林业事业费的通知

11 月 14 日 省财政厅、林业厅联合发出《关于追加林业事业费用的通知》，鉴于财政包干第一年林业事业费紧张的情况，追加经费 109 万元，主要用于举办林业事业、重点县办苗圃困难补助。

省林业厅通报豫西山区飞播造林情况

11 月 21 日 省林业厅 1980 年《情况反映》第 5 期印发《豫西山区飞播造林情况》，根据省林业厅与洛阳地区、卢氏县、栾川县、嵩县林业局及省民航局等单位联合组成的调查组 10 月对豫西山区 1979 年与 1980 年两年来飞播造林成苗情况进行的检查，两年共飞播造林 65. 6 万亩(有效面积 47. 4 万亩)，其中 1979 年飞播造林 20. 6 万亩，投资 37. 5 万元，每亩平均 1. 77 元；1980 年飞播造林 45 万亩，投资 79. 32 万元，每亩平均 1. 76 元。有苗率在 70% 以上的 20. 9 万亩；有苗率 50% ~69% 的 28. 4 万亩；有苗率 30% ~50% 的 13. 86 万亩。平均每亩存苗 594 株，多数为 300 株。1979 年飞播以油松为主，混有少量黑松、华山松、侧柏、漆树，其中主要成苗为油松、黑松，苗高 12 ~15 厘米。

省林业厅通报信阳地区毁林情况

11 月 21 日 省林业厅 1980 年《情况反映》第 6 期印发《信阳地区毁林情况》一文，对信阳地区部分地方毁林现象进行了通报。据该文介绍，11 月13 日晚，有 50 多人盗砍南湾林场松木檩杆 40 根；董家河公社木材市场，每天上市檩杆 5 000 根；8 月 21 日，商城县余子店大队因偷树、砍树、扛树路过的就有 5 000 多人；此外还有固始、罗山等县，毁林现象也很严重。

全省木本粮油冬管现场会召开

12 月 1 ~5 日 省林业厅在新县召开全省木本粮油冬管现场会议，参加会议的有 10 个地区、4 个市、44 个县的林业局负责人。省林业厅副厅长刘运夫在会上讲话，指出河南省经济林树种多，资源丰富，这几年有所恢复和发展，全省有油桐林150万亩、油茶林20万亩、山楂林300万亩、毛竹9万亩、漆树1 500万株。要求各地切实抓好经济林建设，通过抓管理、抓发展、抓科学种树，把产量和质量搞上去。

省林业厅通报舞钢区林场毁林事件

12月2日 省林业厅发出《关于舞钢区林场毁林事件的通报》。通报指出：国营舞钢区林场四林区负责人和林场生产股长私自决定让群众进入林区乱砍木材，毁坏幼林26 154株。这次事件是个别负责人失职行为所致，实属一起严重违法乱纪事件，后果严重，损失之大是建场以来少有的。对这一严重事件，舞钢区委十分重视，由该区公安局、检察院、林业局组成调查组认真调查处理。望各地从中吸取教训，引以为戒。

省政府召开林业紧急会议

12月9日 省政府召开林业紧急会议，贯彻国务院《关于坚决制止乱砍滥伐森林的紧急通知》精神。会议由省农委副主任孙清淮、冯明高主持，各地市林业局局长和省直有关20个单位的负责人参加。省委书记、副省长戴苏理到会作了总结，要求各地都要有一名专员或副专员、市长或副市长、县长或副县长抓林业工作。会议决定：立即停止采伐林木；严格进行木材统购统销；立即对社队木材加工厂进行整顿；建立木材检查站并加强管理；发放林权证；毁林开荒要限期退耕还林；落实林业生产责任制；严肃处理毁林案件。

戴苏理书记在省林业紧急会议上讲话

12月13日 省委书记、副省长戴苏理在省林业紧急会议上发表讲话，指出：目前许多地方乱砍滥伐树木、贩运倒卖木材成风，对森林资源破坏很严重。其原因：一是集市贸易管理不严，多头经营木材；二是建立农业责任制以后，林业生产责任制没有及时建立起来；三是没有很好贯彻《森林法》，没能以法治林；四是一些地方林权不清。要求坚决贯彻执行国务院《关于坚决制止乱砍滥伐森林的紧急通知》和省政府的通知精神，把制止乱砍滥伐作为最紧迫任务抓紧抓好；各级政府要组织有关部门，通力合作，制定一套行之有效的制度和管理办法，制止乱砍滥伐林木。

省政府通知要求认真贯彻国务院制止乱砍滥伐森林指示精神

12 月 13 日 省政府发出《关于贯彻国务院〈关于坚决制止乱砍滥伐森林的紧急通知〉的通知》和《关于切实搞好冬春植树造林的通知》，结合河南省的情况，制定了 8 项具体措施。

省林业厅厅长带队检查制止毁林情况

12 月 16 日 为贯彻国务院《关于坚决制止乱砍滥伐森林的紧急通知》的精神和省政府的有关要求，省林业厅抽出 4 名正、副厅长，分赴各地检查制止毁林情况。

省林业厅向林业部上报贯彻国务院紧急通知情况

12 月 16 日 省林业厅向林业部上报《关于贯彻国务院〈关于坚决制止乱砍滥伐森林的紧急通知〉情况的报告》，对河南省贯彻执行国务院紧急通知的情况进行了汇报。

省林业厅总结 1980 年国营造林抚育间伐工作

12 月 22 日 省林业厅印发《关于 1980 年国营造林、抚育间伐工作总结》。据总结：1980 年全年完成国营造林 12.8 万亩，占计划的 106.7%；采伐迹地更新造林 2.4 万亩，成活率在 85% 以上；幼林抚育 46.6 万亩，占计划的 116.5%；育苗 7 368 亩，其中新育 3 914 亩，产苗量达 16 511 万株。完成间伐 7.7 万亩，生产规格材 2 万立方米。修林区公路 106.6 公里。国家拨专款投资 260 万元。自筹资金间伐 2.5 万亩。全省完成木材生产 2.6 万立方米。完成上述任务主要抓了如下工作：①适时召开林场会议，总结检查布置工作；②抓规划设计，严格按要求施工造林、抚育间伐、采伐、修筑林区公路等；③抓“五定一奖”经济责任制；④抓引育良种措施，营造速生丰产林；⑤严格检查验收，保证工作质量；⑥举办技术训练班，为抚育间伐、永续作业创造条件。

省农委召开国营林场体制改革座谈会

12 月 22 ~ 29 日 省委、省政府委托省农委在郑州召开全省国营林场体制改革座谈会，25 个国营林场所在 6 个地区、19 个县的地、县委或行署、县政府的负责人，地、县林业局局长、场长等共 87 人参加会议。会议提出了当前林场存在的问题：一是已开发的林场过伐严重，上交木材无保证。历年累计采伐木材 100 多万立方米，上交省的不到 2 万立方米；二是平调林场物资钱款的现象严重；三是林场体制不合理，缺乏自主权。会议建议：今后林场的基建、事业费投资实行包干制，节约增收由林场支配，多种经营收入由林场安排，等外材可自行加工出售，有权拒绝任何单位或个人的摊派及强行安排人员；实行经济和劳动管理责任制；充分利用资源，变废为宝，物尽其用；实行民主管理；组织职工家属子女参加林场劳动。

省林业厅通报各地贯彻国务院紧急通知情况

12 月 26 日　省林业厅《林业简报》第 42 期印发《各地认真贯彻国务院〈关于坚决制止乱砍滥伐森林的紧急通知〉情况》，通报河南省贯彻执行国务院紧急通知的情况。

省林业厅通报商丘地区毁林情况

12 月 29 日　省林业厅 1980 年《情况反映》第 7 期印发《商丘地区毁林情况严重》一文。文中反映：1980 年以来，商丘全区毁林 60 余万棵；盗伐林木 591 起，毁树 12 000 余棵；滥伐林木 198 起，毁树 20 余万棵。夏邑、虞城、宁陵三县毁林现象尤为严重。

省林业厅上报国营林场体制改革座谈会情况

12 月 30 日　省林业厅向省委、省政府上报《关于国营林场体制改革座谈会议情况的报告》，对会议召开的情况及会议反映的当前国营林场存在的问题作了汇报。

第二次全省森林资源调查工作结束

12 月 30 日　第二次全省森林资源调查工作圆满结束。根据此次调查结果，河南省现有林业用地 5 759 万亩，其中有林地 2 130 万亩，宜林地 3 125 万亩，林木蓄积量 6 821. 9 万立方米。

1981 年

省林业厅向省委省政府报告贯彻国务院紧急通知情况

1 月 3 日 省林业厅向省委、省人民政府呈交《关于贯彻国务院〈坚决制止乱砍滥伐森林紧急通知〉情况的报告》。根据报告：省林业紧急会议后，地、市、县、社各级领导把制止乱砍滥伐作为一项紧迫任务来抓。据不完全统计，全省印发国务院通知达 25 万份；出动宣传车 70 多辆；抽调林业、物资、工商行政、公、检、法等有关部门 5 000 多人，组成 500 多个检查组，深入林区和毁林严重的地方调查毁林情况；及时处理了一批毁林案件，罚款、拘留了一批毁林违法者。各地采取暂停采伐、运输、收购木材，关闭木材自由市场；或凭证采伐、运输、出售木材，冻结无计划木材等方法，有效制止了乱砍滥伐和偷砍盗伐风。全省新建木材检查站 200 多处，增设护林点 1 200 多个。同时通过召开各种现场会和有线广播大会，进行大力宣传，提高了全社会的护林意识。

河南日报报道洪汝河流域护堤树木被毁情况

1 月 3 日 《河南日报》发表文章，报道 1980 年以来，洪、汝河流域由于沿河县、社、队放松领导，管理不力，以致护堤树木大量被毁，全年统计共私伐树木 200 万株；新植树木 44 万株，被毁达 13 万株。文章呼吁：当地政府应采取紧急措施，刹住这股毁林歪风。

省林业厅向林业部上报用材林基地建设情况

1 月 5 日 省林业厅向林业部上报《关于 1980 年用材林基地建设情况的报告》。根据报告：1980 年全省用材林基地完成造林 74.04 万亩，占计划的 92.55%；幼林抚育 167.79 万亩；育苗 9.23 万亩。国家投资补助款 210 万元。育苗用款 45.03 万亩；造林用款 107.7 万元；抚育用款 35.2 万元；社队林场补助及奖励等项支出 22.03 万元。1980 年底经检查验收，符合验收标准的(成活率在 75% 以上)有 65 万亩，占 87.79%；经抚育后达到标准的有 3.5 万亩。对符合验收标准的发给验收证明书。当前基地建设中存在的问题有：个别地方对基地建设仍不够重视；基地内社队办林场人员数量普遍下降；经费不足。

省政府调查栾川西峡两县林地权纠纷大面积毁林情况

1 月 5 ~ 18 日 省政府组织调查组，对栾川、西峡两县因林地权属纠纷造成大面积毁林的情况进行了调查。根据调查，该纠纷起因于栾川县某些人声称栾川县持有西峡县土地证 28 张，借故滥伐西峡林场森林，有的干部怂恿群众索要 8 万亩山林，一些基层干部还带头抢伐了 6.1 万亩山林，价值 1 000万元，制造了河南省最大的林权纠纷案。

省林业厅请求退还省林业干部学校校舍

1 月 9 日 省林业厅向省政府呈送《关于退还省林干校的请示报告》。报告陈述了省林业干部学校被占用及两年来林业厅多次向省农委、省政府书面报告并多次与郑州市委交涉要求退还省林业干部学校校舍至今仍未解决的情况，说明了省林业干部学校对全省林业干部培训的重要性，请求省政府责成郑州市人民政府尽快落实国务院退还被占校舍的有关文件精神，退还被占的省林业干部学校校舍。

省林业厅召开全省森林病虫普查领导小组成员会议

1 月 15 日 省林业厅在郑州召开全省森林病虫普查领导小组成员和各地市森林病虫普查办公室负责人会议，安排部署全省森林病虫普查工作。

全省平原绿化工作会议召开

1 月 21 日 全省平原绿化现场会议在新郑县召开。省农委副主任孙清淮主持会议。会议交流了平原绿化的经验，分析了河南省平原绿化的现状，强调了搞好平原绿化对于调节气候、促进农业生产的发展和解决平原地区民用木材需要、保护山区森林资源的重要意义，要求各地把平原绿化作为实现河南省木材自给、改造平原自然面貌的一项战略任务来抓，加快平原绿化的步伐。省林业厅厅长赵凤歧在全省平原绿化会上讲话，要求在全省平原地区掀起学新郑、赶新郑的植树造林高潮。

安阳纤维板厂在华北区劳动竞赛中名列第一

1 月 24 日 1980 年华北区纤维板社会主义劳动竞赛评比结果在郑州揭晓，河南省安阳纤维板厂名列第一。

省林业厅要求国营林场控制增加人员加强经济核算

1 月 27 日 省林业厅发出《关于国营林场控制增加人员加强经济核算的通知》，要求各国营林场紧缩开支，不经省林业厅批准，不得擅自增加职工；对不需要的人员，林场有权拒绝安置，违者经济负担自负。

河南日报发文呼吁健全农桐间作责任制

1 月 29 日 《河南日报》发表《健全农桐间作责任制刻不容缓》的文章。文中讲到：近两年来，农村普遍建立了各种形式的生产责任制，但是由于林业生产责任制没有跟上，一些地方发生了乱砍滥伐桐林的现象，使农桐间作面积和株数有所减少。文章介绍了睢县周堂公社、民权北关公社程庄大队及兰考县等地搞好农桐间作的先进经验，他们的共同特点在于因地制宜地实行了不同形式的责任制。

郑州铁路局发文要求搞好木材原料制品凭证运输

2 月 10 日 郑州铁路局发出《关于转发河南省人民政府木材、木制品和半成品运输限制的通知》，明确规定：各种木竹原料、制品，省内运输凭县以上林业局证明，省外运输和出口桐木凭省林业厅证明。

省林业厅转发林业部关于开展春季造林的通知

2 月 12 日 省林业厅转发林业部《关于抓紧准备适时开展春季造林的通知》，要求各地结合当地情况，作出具体行动部署，争取保质保量完成春季植树造林任务。

省林业厅上报 1980 年林木病虫害防治工作总结

2 月 13 日 省林业厅向林业部、省农委报送《1980 年林木病虫害防治工作总结》。根据总结：1980 年全省林木病虫害发生面积 270 余万亩，防治面积 170 万亩，共使用化学农药 580 吨，自繁自放赤眼蜂 97 亿头，自产自用白僵菌 10.5 万公斤。累计投入劳动日 76 万个，修复使用各种喷洒工具 3 500部，防治后收效较好，杀虫率在 80% 以上。

河南日报报道济源等地山林火灾情况

2 月 19 日 《河南日报》发表消息，报道济源、嵩县、鲁山、桐柏、方城、镇平、信阳 、叶县、渑池、新安、南召、泌阳、确山等县一些林区发生山林火灾情况。从1980年11月下旬至1981年1月底，这些林区先后发生山林火灾20多起，成灾面积12 000多亩，烧毁树木78万多株，给国家和集体造成很大损失。为了保护国家和人民财产安全，使森林资源免遭破坏，省人民政府发出通报，要求各地特别是林区，认真做好护林防火工作，迅速建立健全护林防火组织，严格执行防火法规，划分责任，订立公约，处理积案。为此报纸还发表题为《严防森林火灾》的短评，呼吁各地加强森林防火工作。

省政府印发开展植树造林月活动的通知

2月23日　省人民政府发出《关于开展植树造林月活动的通知》，决定3月1日至3月31日为植树造林突击月。要求各地广泛宣传植树造林的重大意义，进一步贯彻落实党的各项林业政策，积极参加植树造林月活动，保证每人每年栽活1~3棵树。各地要进一步贯彻国务院紧急通知，切实保护好现有森林。进一步加强对植树造林工作的领导。

河南日报发表关于植树造林的评论员文章

2月25日　《河南日报》就省人民政府通知开展植树造林月活动发表评论员文章，题目是《大家都要植树造林》，呼吁全省人民响应省政府的号召，在植树造林月期间，踊跃参加植树造林，尽快绿化中州大地。

省林业厅向省政府提交湖北红安与河南新县林地权纠纷处理经过的报告

2月26日　省林业厅向省政府提交《关于湖北国营红安天台山林场与河南国营新县林场林地权纠纷处理经过的报告》。报告称：该纠纷于1980年10月9日曾向省政府作过专题报告。1980年10月13日，省林业厅派员同湖北省林业局交换情况，并就处理方式进行了协商。1980年12月10日至15日，双方省、地、县林业局(厅)和林场代表共同到湖北省红安县进行了商谈。

省政府召开春季植树造林广播动员大会

2月27日　省政府召开春季植树造林广播动员大会。大会由副省长崔光华主持。省委书记、副省长戴苏理发表讲话，指出：当前应抓好以下几项工作：一要提高认识，振作精神，把林业搞上去；二要认真执行林业政策，进一步调动广大群众造林积极性；三是育苗、造林要注意科学，提高质量；四要加强林木管理，继续贯彻国务院《关于坚决制止乱砍滥伐林木的紧急通知》。出席广播大会的有省直各部委、各厅局，省军区直属单位，工、青、妇等群众团体，大专院校和郑州市的负责人。省军区、省工会、团省委、省妇联的负责人在大会上发了言。

河南日报报道山区飞播造林情况

2 月 27 日　《河南日报》发表文章，报道河南省拟开展山区飞播造林情况。据报道：全省 1981 年将在 10 个山区县的 28 个公社使用飞机播种造林，预计飞播面积为 100 万亩，比前两年有所扩大。

省教育厅发文要求教育系统开展植树造林活动

2 月 28 日　省教育厅下发通知，要求各地、市、县教育局、各大专院校、中等专业学校立即行动起来，植树造林，种植蓖麻，大力护林，进一步改善学校环境，增加经济收入，改善办学条件。

省林业厅建议鼓励城镇居民个人植树

3 月 6 日　省林业厅向省农委呈送《关于鼓励城镇居民个人植树的请示报告》，建议私有住宅周围个人所种树木归个人所有，可自行处理；公共住宅周围，在不影响城建部门和机关单位统一规划植树种花的前提下，个人植树归个人所有，但采伐利用时需经所在单位批准。

省林业厅向林业部报送国营林场工商综合经营工作总结

3 月 12 日　省林业厅向林业部国营林场局报送《河南省国营林场工商综合经营工作总结》。总结称：在“以林为主、多种经营、综合利用，以短养长”的方针指导下，河南省各国营林场普遍开展了多种经营活动，其中综合利用、林工商综合经营较好的林场有 60 个。实行产销见面(除洛阳地区龙峪湾林场，地区投资合办纤维板厂外)，收入一律不上交，留场用于扩大林业再生产和职工福利。三中全会以来，各国营林场认真贯彻“调整、改革、整顿、提高”的方针，加强经济管理，建立健全生产责任制，多种经营和综合利用总收入从 1979 年的 750 万元增加到 1 000 万元，增长 33.3%，其中纯利润 200 万元，占总产值的 20%，比 1979 年略高。

河南省自然保护区区划林业专业座谈会召开

3月12～15日　河南省自然保护区区划(林业专业)座谈会在郑州召开，参加座谈会的有省委区划办公室、省环境保护办公室、河南师范大学、河南农学院、新乡师范学院、省地理研究所、省林业勘察设计队等单位有关专业的12位讲师、助理研究员、工程师等。会上传达了全国自然保护区区划(成都)会议精神和中央自然保护区专业组负责人的讲话精神，讨论了自然保护工作的重要性和河南省自然保护工作开展情况。会议决定5月3日由上述单位联合组成专业队伍，对河南省黄柏山、鸡公山、太白山、太白顶、龙池漫、石人山、老君山、小秦岭、鳌背山等拟划自然保护区进行踏查。

省林业厅通报1980年全省毁林案件处理情况

3月13日　省林业厅印发《林业简报》第15期通报全省1980年毁林案件处理情况：1980年河南省发生大小毁林案件13 708起(据不完全统计，损毁林木5.6万多亩、1 459万多株)，已处理8 286起，占案件总数的60%；逮捕罪犯140人，刑事拘留485人，罚款38万元，有力打击了破坏林木的犯罪分子，乱砍滥伐林木现象得到基本制止。

省林业厅发布加强竹木运输管理规定

3月13日　省林业厅发出《关于加强木竹运输管理的通知》。通知规定：省内运输木材由县林业局发证明，省外运输木材由省林业厅发证明。从3月起，任何经销单位与外省签订木竹制品、半制品合同，必须经县林业局审查。各县对合同要认真审查，确实无害于森林、不影响当地人民生活和无倒卖贩运等情况，方可签署意见，然后由运输单位或个人携带合同和征收育林基金证明来省办理运输证明。凡介绍来省开证明者需按“木竹运输许可证”格式填清有关事项。

省政府召开电话会议安排春季造林工作

3月16日　省政府召开电话会议，传达全国林业会议精神，进一步动员全省人民掀起春季植树造林高潮，完成全省春季植树造林任务。

省林业厅征求河南省国营林管理条例意见

3月20日　省林业厅向各地寄发《河南省国营林管理条例》(征求意见

稿)，征求意见。

省林业厅要求国营林场开展成林抚育和次生林改造

3 月 20 日 省林业厅发出《关于国营林场开展成林抚育、次生林改造的通知》。通知指出：1981 年全省无森工投资，不安排木材生产任务，但考虑到今后林场发展，应以营林为基础，加强成林抚育，特安排中龄林抚育和次生林改造任务 21 500 亩。要求各地严格按技术规程办事，所产抚育材不上交，可用于以林养林。

全省超额完成春季大面积造林任务

4 月 3 日 《河南日报》发表文章，报道全省 1981 年春季造林任务完成情况。据报道，全省春季造林面积达 150 万亩，超额 7% 完成春季大面积造林任务。

省林业厅对春季植树造林工作进行小结

4 月 15 日 省林业厅对 1981 年春季植树造林进行小结。根据小结统计结果：1980 年冬至 1981 年春全省完成造林 164. 6 万亩，占人工造林计划 140 万亩的 117%，占全年造林计划 240 万亩(其中飞播造林任务 100 万亩)的 68. 5%；“四旁”植树 23. 38 万株，占计划 30 万株的 78%；营造农田林网 405 万亩，为计划任务 300 万亩的 135%；农桐间作 283 万亩，占计划任务 200 万亩的 141%；已完成育苗 45 万亩。造林万亩以上的县有新县、商城、内乡、南召、淅川、西峡、鲁山、卢氏、嵩县等 9 个县；“四旁”植树 200 万株以上的有新郑、尉氏、鹿邑、民权、武陟、滑县、方城、临汝、汝南等 38 个县。各地造林的主要特点是：领导重视；政策放宽(如划分自留山)，扩大社员植树造林比例；采取经济措施，积极扶持育苗造林；既抓造林又抓护林。

省林业厅印发建立林业生产责任制意见讨论稿

4 月 22 日 省林业厅印发《关于建立林业生产责任制的意见(讨论稿)》。该讨论稿根据中央精神和河南省实际情况，拟定了育苗、造林、林木管护几个环节的生产责任制的具体形式，征求各地意见。

省林业厅印发国营林场接受外单位科研任务的通知

4月29日　省林业厅向各国营林场发出《关于国营林场接受外单位科研任务应注意事项的通知》。通知要求：林场应根据科研单位经费有无保证和林场的力量来安排科研项目。要重新建立的试验基地，应从现有宜林地中解决，不能毁林搞科研；必须主伐和间伐现有林时，应报省林业厅主管部门批准后方可施工。今后凡安排外单位科研项目，双方必须签订合同，安排单位保证提供经费，林场保证完成科研项目，报经主管部门批准后执行。

省林业厅印发河南省基地造林调整意见

5月7日　省林业厅印发《河南省基地造林调整意见(讨论稿)》。意见指出：目前基地造林中存在的问题：一是一些地方在造林前没有进行造林调查设计，而是“单一化”、“一刀切”形成“小老树”、低产林；二是面积不实，管理差，保存率低；三是片面强调一个县要集中连片20万亩，不注重立地条件和经济效果，使一些宜林地条件好、造林后又能达到速生丰产的地方，列不上基地造林；四是基地造林款缺乏统一管理，使用不当。为此，提出以下调整意见：1982年起基地造林全部采取国家与社队合作形式；调整基地造林规划；造林经费由省林业厅统一使用，财政部门和农业银行监督执行，视任务完成情况及质量分期发放；办好社队林场，建立健全生产责任制。

省林业厅要求国营林场开展安全生产活动

5月11日　省林业厅向各国营林场发出《关于开展安全生产活动的通知》，要求各单位主要负责人抓好这项工作，加强安全生产、文明生产的宣传教育，使安全生产和文明生产经常化、制度化。

省编委对省林业厅部分处室变动作出批复

5月13日　省编委批复省林业厅：同意设立林政处、科教处，原人事教育处改为人事处。

省林业厅要求开展山权林权和林业生产责任制调查

5月14日　省林业厅转发林业部《关于组织调查研究山权林权和林业生产责任制问题的通知》，要求各地县林业局根据林业部的通知精神，立即组织力量进行此项调查工作。

省林业厅要求做好抗旱保苗工作

5 月 15 日 省林业厅发出通知：要求各地认真做好抗旱保苗、抗旱浇树工作，战胜高温，保证林木正常生长。

提出栾川西峡两县林地纠纷造成大面积毁林情况处理意见

5 月 15 日 省人民检察院、林业厅向省委、省政府呈送《关于栾川、西峡两县因林地纠纷造成大面积毁林情况和处理意见的报告》，提出如下处理意见：一是林地权纠纷总的精神是维护 1962 年“四固定”以后土地占有情况不变，具体情况具体处理。栾川县三户农民因持西峡县所发土地证构成林地权纠纷，如该三户愿迁回西峡，西峡县政府则给予妥善安排，否则其在西峡的土地作为两县互移居民冲销。二是对于毁林严重构成犯罪的，建议当地政法机关依法追究刑事责任；对参与、支持滥伐林木的干部，视情节轻重，给予必要的处分；对群众主要是批评教育。

省林业厅请求颁发林木病虫害预测预报工作条例

5 月 22 日 省林业厅向省政府呈送《关于颁发〈林木病虫害预测预报工作条例〉的请示报告》。报告指出：河南省每年发生林木病虫害面积约 300 万亩，年减少木材生产 80 万立方米。连年来由于工作制度不严，加上有些业务部门领导不重视，防治工作一直跟不上。为了准确掌握灾情，做到适时防治，特制定此条例，请审查批转各地执行。

省林业厅向林业部呈送林业工作站情况调查报告

5 月 29 日 省林业厅向林业部呈送《关于林业工作站情况的调查报告》。报告称：党的十一届三中全会以来，各地林业工作站多数恢复。目前，全省林业工作站共 363 处，1 583 人，为“文化大革命”前的 63.32%。从统计材料看，有 10 个地区、2 个市、70 个县、281 个公社设有林业工作站。总的来看，各林业工作站普遍存在着行政干部偏多(占 30%)、技术干部较少(占 60%，工人占 10%)的情况。在林业工作站工作人员中，老弱病残占 20%；办公、住房十分紧张。由于党政不分，行政与技术不分，林业工作站缺乏一定的独立性，有名无实，多数人被抽出搞中心工作。鉴于林业工作站在林业工作中的重要地位，建议重视林业工作站工作，拨付所需经费，将其与科研工作一视同仁。

省林业厅请示制止收购鲜刺槐叶

6月1日　省林业厅向省委、省人民政府呈送《关于制止收购鲜刺槐叶的请示报告》。报告称：据洛阳、南阳、安阳、许昌地区和部分县林业局反映，一些地方外贸部门不执行省外贸局、林业厅《关于停止收购刺槐叶的联合通知》的规定，又在计划收购鲜刺槐叶粉，有些已经确定了任务。南阳地区对外贸易局向行署写的《关于收购刺槐叶粉的紧急报告》中说：省外贸局请示省财委转请省委答复，同意南阳地区收购刺槐叶粉。鉴于上述情况，为了保护河南森林资源，报请省委、省政府责成外贸部门，严格执行1980年12月20日省外贸局、林业厅"联合通知"中的有关规定，停止这种严重破坏林木生长、杀鸡取卵的做法。

省林业厅要求各地积极组织发展五倍子生产

6月3日　省林业厅转发林业部《建议发展五倍子生产的通知》，要求各山区地、县林业局按照通知精神，查清现有资源，落实有关政策，加强管理，突出重点，积极组织发展五倍子生产。

河南省木竹运输管理暂行规定出台

6月4日　省林业厅印发《河南省木竹运输管理暂行规定》。该规定遵循省内木竹运输互通有无、有利于发展生产、有利于满足人民群众生活、外运出省木材严格控制的原则，明确了签发运输证明、运输车辆检查等环节，以加强对河南省木竹运输管理。

省林业厅安排接待加拿大林业专家访问河南林业事宜

6月12日　省林业厅发出《关于接待加拿大国际发展研究中心森林科学副主任莱萨德博士的通知》，就L. G. 莱萨德博士6月22日至24日将到河南省民权、禹县现场考察泡桐种植一事作出安排。L. G. 莱萨德博士应林业部邀请于6月10日来华，主要就加拿大国际发展研究中心向我国竹子和泡桐两个研究项目提供资助与合作事宜进行会谈。

省林业厅等单位通报新蔡严肃处理哄抢知青林场罪犯的事例

6月12日　省林业厅、省知青办联合发文，将新蔡县召开万人大会严肃处理盗伐哄抢知青林场林木罪犯的事例通报各地。文称：该县于 5 月 15 日在黄楼公社召开万人大会，严肃处理和打击盗伐哄抢林木、殴打护林人员的犯罪分子。司法机关当场依法逮捕了首犯 32 人，拘留 4 人。对参与盗伐林木的 45 人，分别责令包赔损失和罚款。对策划闹事的黄楼大队大队长等 4 名党员干部，分别给予党纪处分。

省有关部门对国营林场间伐生产木材量作出安排

6 月 20 日　省物资局、林业厅联合发出通知，就国家计划确定的河南省 1981 年国营林场间伐生产木材 1 万立方米的指标，本着就地就近的精神，进行了供需平衡和分配。

省林业厅通报确山县用材林基地实行合同制造林的调查结果

6 月 28 日　省林业厅《林业简报》第 34 期登载省林业厅调查组《关于确山县用材林基地实行合同制造林的调查结果》。据该调查结果：确山县在用材林基地建设中，采取县林业局与造林单位(公社、大队、生产队及社队林场)签订合同、分期验收、分批发放造林扶助款的办法，既保证了造林面积，又提高了造林质量，收到了良好效果。

省林业厅召开建立健全林业生产责任制座谈会

7 月 1～4 日　省林业厅在郑州召开发放林权证、建立健全林业生产责任制座谈会，推广光山县经验。

省林业厅召开全省核桃生产现场会

7 月 11～15 日　全省核桃生产现场会议在禹县召开。省林业厅副厅长刘运夫在总结讲话中指出：这次会议是河南省核桃生产的一个重要转折点，河南省核桃生产将要发生五个重大变化，即：变不重视核桃生产为重视；变放任自流为科学管理；变不讲品种优劣为选育良种繁殖；变实生直播为嫁接育苗；变低产为高产。刘运夫强调要狠抓大树的综合管理，尽快实现育苗的良种化，注意栽植技术。要求各级领导提高认识，加强领导，到 1987 年底，把现有的 1 000 万株核桃幼树按禹县“高接良种”法嫁接 500 万株左右。

省林业厅等部门发文调整山区木材价格

7 月 20 日　省林业厅、物资局、物价局联合发出《关于调整山区木材价格的通知》。通知规定：山区国营林场木材出厂价格，按全省 24 个山区采伐林场出厂价格平均计算，每立方米由 78.6 元调整为 109.7 元；山区地方木材市场收购价格，其木材价格暂不规定，基层点收购价由省统一规定，原则上与出厂价（扣除税金、育林基金）保持相同水平；平原地区木材价格调整由省另文通知。上述规定自 8 月 1 日开始执行。

松香等 5 种林化产品拟交由林业部门经营

7 月 20 日　省林业厅、商业厅转发《关于松香等五种林化产品由商业部移交林业部经营管理的联合通知》，决定松香、松节油、紫胶、松焦油、五倍子单宁酸等 5 种林化产品自 1982 年 1 月 1 日起，由商业部门交给林业部门经营。

省林业厅通知拟对地县林业局有关领导岗位进行培训

7 月 21 日　省林业厅通知各地，从 9 月份起，委托洛阳林校分期分批对地区林业局正副科长、县林业局正副局长进行培训。第一期 9 月 7 日开学，时间暂定 4 个月，学习内容包括十一届三中全会以来党关于林业的方针政策和营林方面的业务知识。开设的业务课程有造林学、森林学、病虫害防治等。

林业重点县被批准设立林业检察科和林业法庭

7 月 24 日　省林业厅、司法厅、人民检察院联合通知，在 4 个地区和 22 个林业重点县的检察院内设林业检察科，在 22 个林业重点县人民法院内设林业法庭受理林业案件。凡未建立上述机构的地、县，其林业案件由当地检察院和法院受理。有关地、县增设林业检察科和林业法庭所需的人员，均列入林业编制（4 个地区是：南阳、洛阳、信阳、许昌；22 个县是：嵩县、栾川、卢氏、灵宝、洛宁、内乡、西峡、南召、桐柏、新县、商城、信阳、鲁山、济源、兰考、睢县、民权、中牟、尉氏、西华、扶沟、鄢陵）。

省林业厅召开全省森林病虫普查座谈会

7 月 24 日　全省森林病虫普查座谈会在信阳地区林业科学研究所召开，会议历时 5 天。各地、市林业局主抓森林病虫普查和标本制作的人员参加了会议。与会人员汇报了各地森林病虫普查的进展情况，学习讨论了《全国森林病虫普查内业整理要点》，观看了信阳地区林木病虫标本制作过程及各地市带到会上的标本，研究部署了下半年的普查任务。河南省森林病虫普查工作自 1980 年 9 月开始以来，共设置外业线路调查点 8 244 个，调查标准地 2 017 块。共采集各种森林病虫标本 49 880 多号次、天敌标本 3 700 多号次，其中已制成昆虫标本 2.5 万多号次，病害标本 1 300 多号次，天敌标本 1 300 多号次，生活史成套标本 1 854 盒。

内黄林场毁林调查报告

7 月 31 日　省、地、县处理内黄林场毁林问题工作组提出《内黄林场毁林问题调查报告》(征求意见稿)。根据报告，从 1969 年林权纠纷在该地发生开始，到 1976 年达到高峰，直至 1981 年 4 月省、地、县工作组进驻后，仍一直在持续，夜夜有人偷树，护林人员不断被打。十多年来，国营林被毁 11 800 亩(包括林场采伐后因群众破坏无法更新的)；被毁成材树 38.8 万棵，幼树 92 万棵，条子 40 多万公斤；被强占林地 5 000 多亩，划占林地 1.5万多亩。强占房子 21 间。护林人员被殴打 142 人，其中重伤 38 人。破坏内黄林场林木的人员主要涉及内黄县后河等 8 个公社。毁林主要有以下六种方式：找借口强行索要；乘机哄抢；有组织地盗伐；社员零星偷盗；破坏幼树；林场内部偷伐，私分国家财产。

内黄县检察院处理毁林案件

8 月 3 日　《河南日报》发表文章，报道内黄县人民检察院积极处理毁林案件，严厉打击破坏林业生产和社会治安的犯罪活动。根据报道，自 1980 年 3 月至 1981 年 6 月，该院共受理毁林案件 38 起，处理 35 起，依法逮捕 14 人，建议公安部门行政拘留 22 人，处罚金 2 970 多元，并没收了一批盗伐偷运的木材。在受理的案件中，包括影响很大的内黄林场毁林案件。为此，该报专门配发了评论员文章。文章指出：1980 年 12 月 5 日国务院发出关于坚决制止乱砍滥伐森林的紧急通知以来，河南省许多地方运用法律武器，大张旗鼓地处理了一批毁林案件，严厉打击了毁林犯罪活动，全省林业生产秩序有了明显好转。事实证明，加强社会主义法制建设，实行依法治林，是保护森林发展林业的重要手段。各级领导干部带头执行林业法规，是实行依法治林的关键。

河南林学会召开理事会

8 月　河南省林学会在郑州举行理事会议。与会人员认为，在当前森林资源遭受严重破坏、生态趋势恶化的情况下，有组织、有计划地搞好林业科学普及工作，增加人们的林业科学知识，提高对林业重要性的认识，具有重要意义。为此，会议决定成立省林学会科学技术普及委员会。

省编委对省林业厅部分企事业编制作出批复

8月6日　省编委对省林业厅部分企事业编制作出批复，同意省林业厅在洛阳林校增设干部培训班，规模150名，教职员工按12比1配备，事业编制13名；物资站企业编制10名。暂不同意给河南省林产品经销公司增加编制。

省林业厅全面检查验收国营林场生产

8月20日至9月20日　省林业厅组织检查组对河南省87个国营林场的生产进行了全面检查验收。检查组认为，1981年全省国营林场取得了很大成绩，原计划造林10万亩，实际完成12.3万亩；育苗保存面积6 500万亩，产合格苗13 000万株；幼林抚育37万亩，抚育间伐3.7万亩，生产规格木材8 000立方米；营造速生丰产林4 200亩。由于按照自然规律办事，推行林业生产责任制，调动了林场职工的积极性，因而经济效果显著。存在的问题是：造林成活率低；部分林场苗木短缺，造林质量不高；个别林场没有实行生产责任制或生产责任制不完善，不能适应生产发展的需要。

省委省政府调整地县林业科研机构归属

8月25日　省委、省政府按照中共中央、国务院《关于保护森林发展林业若干问题的决定》第八条规定要求，决定地县林业科研机构一律归属林业部门领导。

省政府召开全省林业工作会议

8月下旬　省政府在郑州召开全省林业工作会议。会议传达了党中央、国务院领导同志关于林业工作的一系列指示。林业部副部长马玉槐到会讲话，副省长崔光华作了会议总结。会议提出：重新认识林业的重要性，从大农业的角度来认识林业，跳出单抓粮食的老框框；强调做好定权发证工作，要求经过试点，分批发放林权证，至迟明年麦收前结束；山区、平原并举，根据不同特点发展林业。会议还讨论了省政府《关于贯彻中共中央、国务院〈关于保护森林发展林业若干问题的决定〉的若干规定（代拟稿）》及《河南省育林基金征缴和使用管理办法(讨论稿)》等文件。

河南日报发文呼吁保护森林发展林业

9 月 11 日 《河南日报》全文刊登了省委、省政府关于贯彻中共中央、国务院《关于保护森林发展林业若干问题的决定》的若干规定，并为此发表了题为《保护森林、发展林业，为人民造福》的评论员文章。文章指出：这一规定，是河南省农林战线上的一件大事，是拨乱反正、搞好河南省林业调整、加快林业建设的一个重大决策。各地要认真学习、大力宣传、坚决执行。要从大农业的观点看待林业，农、林、牧、副、渔综合发展，因地制宜，各得其所。在贯彻执行“规定”中，要搞好定权发证，落实林业生产责任制。

省林业厅要求加强林业统计工作

9 月 14 日 省林业厅发出《关于加强林业统计工作的通知》。通知认为，近几年来，河南省林业统计工作取得了不少成绩，但还存在着一系列严重问题。突出表现在：相当一部分地、市、县林业局和林业基层单位没有固定的统计人员；不报、漏报、错报、迟报统计报表的现象十分严重；有的部门以估计数据代替统计数据，使数据严重失实。省林业厅要求各地落实中央和省政府的有关规定，认真改进和加强统计工作，充实统计人员，提高统计质量。

全省油桐生产技术会议召开

9 月 21 ~26 日 全省油桐生产技术会议在西峡县召开。与会人员听取了各县油桐生产情况的介绍，参观了西峡县林业科学研究所的油桐品种对比试验林，制定通过了《河南油桐丰产技术要点》，同时还拟定了油桐发展规划和 1981 年冬至 1982 年春的具体生产任务。省林业厅副厅长蒋超作会议总结。

省林业厅建议成立省林业定权发证领导小组

9 月 24 日 省林业厅请示省人民政府，建议成立河南省林业定权发证领导小组，由副省长崔光华担任组长，省农委副主任冯明高、林业厅厅长赵凤歧任副组长，成员由民政厅、水利厅、交通厅、省地方铁路局、河务局、郑州铁路局和林业厅代表各一人组成。

省林业厅要求做好木竹及其制品放行工作

9月28日 省林业厅转发郑州铁路局《关于转发河南省木、竹及其制品运输限制的通知》，要求各地按照通知规定，认真做好全省木、竹及其制品放行工作。

国营苗圃经营管理试行办法出台

10月7日 省财政厅、林业厅印发中央林业部、财政部制定的《国营苗圃经营管理试行办法》，特别指出其中关于职工劳保待遇部分由省林业厅商请省劳动厅制定具体办法，另文下达。

省林业厅要求加强林木保护工作

10月12日 省林业厅向省委、省政府呈送《关于加强林木保护制止毁林的报告》。报告指出，鉴于近几个月来部分地区破坏林木情况又有抬头，要求各地加强领导，迅速落实林业政策，抓紧做好林业定权发证工作，巩固社、队办林场；对哄抢盗伐林木者，各级政府、人民检察院要加大处理力度，以尽快刹住毁林歪风，防止新的破坏林木现象发生。

全省林业区划工作会议召开

10月15日 全省林业区划工作会议在郑州召开，参加会议的有10个地区、7个市、13个重点县的42名有关人员。省林业厅厅长赵凤歧、副厅长石振邦，省农业区划办公室副主任孙玉斋分别在会上讲了话。河南农学院张企曾副教授就林业资源调查和林业区划作了学术报告。经过评议，与会人员向即将召开的省农业区划经验交流会推荐了禹县、郑州郊区、淮阳、濮阳4个县(市、区)的林业区划成果。会上还讨论修改了《河南省县级林业资源调查和林业区划技术规定暂行办法》。

河南省开展林业定权发证和落实生产责任制工作

10月20日 河南省林业定权发证领导小组办公室在向林业部汇报河南林业定权发证和落实生产责任制情况的报告中，对河南开展工作的情况进行了总结：截至目前，全省有85个县、176个公社、500个大队开展了试点，已发林权证30万户。全省划分的自留山(荒坡、荒沙、荒滩)有116.76万亩；4个地区83个县建立了林业定权发证领导小组，投入定权发证工作人员达 2 520 人。

省委省政府批转关于加强林业管理制止乱砍滥伐林木的报告

10 月 20 日　省委、省政府批转省林业厅《关于加强林业管理，制止乱砍滥伐林木的报告》，要求各地认真贯彻执行。

省政府紧急通知开展秋季带叶栽泡桐工作

10 月 23 日　省政府发出《关于开展秋季带叶栽泡桐工作的紧急通知》，认为秋季带叶栽泡桐是河南省农民群众在生产实践中创造的新经验，是泡桐造林技术上的一项重大改革。各地应抓住目前的大好时机，掀起一个秋季带叶栽泡桐的高潮。同时要求做好宣传、规划、技术指导、幼林管护、检查验收等工作。

省政府召开育林基金座谈会

10 月 27 日　省政府召开育林基金座谈会。省农委副主任张增敬主持。省林业厅、财政厅、工商局、供销社、外贸局、物资局、社队企业局、农业厅、一轻厅及煤管局等单位的厅(局)长及有关业务人员参加了会议。会议对省林业厅于 1981 年 2 月召开的各地区及重点县育林基金座谈会上起草的《河南省育林费征收和使用暂行办法(草稿)》进行了讨论。

河南日报发表保护森林人人有责短评

10 月 28 日　《河南日报》报道省委、省人民政府批转省林业厅《关于加强林业管理，制止乱砍滥伐林木的报告》，并配发《保护森林，人人有责》的短评，指出河南省森林资源非常贫乏，不少人对林业的重要作用认识不足，致使全省仅有的一点森林资源遭受一次又一次的破坏；强调林业兴亡，人人有责；呼吁人们尽自己的义务，为加速绿化祖国作出贡献。

省林业厅征求贯彻执行森林法施行办法代拟稿意见

11 月 7 日　省林业厅向各地区行署(市)及各林业重点县发出《关于对河南省贯彻执行〈中华人民共和国森林法(试行)施行办法(代拟搞)〉征求意见的通知》，要求各地征求有关部门和单位意见，并将修改补充意见形成书面材料，于 11 月底前报送省人大常委会法制组，抄送省林业厅。

河南省召开柑橘科研协作会议

11 月 12 ~ 15 日　河南省柑橘科研协作会议在平顶山市召开，会议讨论了“南橘北移”等问题。目前，河南省柑橘面积已达 6 000 亩，约 40 万株，总产达 7 万公斤。从南方引种的温州蜜橘等 20 多个品种，已在河南省安家落户。平顶山市农业科学研究所还培育出结果早、品质好、抗寒性强的“平柑一号”新品种，适宜在河南省中部栽培。

省林业厅请求颁布河南省育林费征收和使用暂行办法

11 月 13 日　省林业厅向省政府呈送《关于请求颁布〈河南省育林费征收和使用暂行办法〉的报告》。报告对该暂行办法制定的情况进行了说明，希望以省政府名义颁发。

省委书记李庆伟在全省林业工作会议发表讲话

11 月 15 日　省委召开全省林业工作会议，省委书记李庆伟在会上讲话，指出：河南省当前林业形势大好，但与兄弟省、市相比还很落后。要求充分重视林业在“四化”、在人民生活中的作用，大力植树造林，保护森林，抓好林业定权发证工作；建立健全生产责任制，切实加强对林业的领导，搞好河南林业。

省委第一书记刘杰要求重新认识林业的重要性

11 月 23 日　省委第一书记刘杰在全省农村工作会议结束时发表讲话，指出：要重新认识林业的重要性，把发展林业生产放在办大农业的战略位置上来抓。

省林业厅总结国营林场流动资金使用情况

11 月下旬　省林业厅印发《1981 年 27 个国营林场流动资金使用情况小结》，对 1981 年 27 个国营林场流动资金的分配、使用及发挥效益等情况进行了回顾和总结：1980 年林业部拨给河南省的 80 万元流动资金，重点分配给 27 个林场，10 个月共创产值 61 万元，获利润 13.3 万元。27 个林场开展多种经营、综合利用的项目可归纳为：加工锯材，木、竹、条制品加工，种植、养殖及收集加工间伐后的椽杆、薪柴等。据统计，以木、竹条制品加工使用资金少，获利多，年利润可达 7 万元。

省林业厅召开全省林木良种会议

12 月 5 ~ 9 日 省林业厅在郑州召开全省林木良种会议，总结全省的林木良种工作。据统计，目前全省已初步建立母树林 8 400 亩、种子园 1 050 亩、采穗圃 3 200 亩，初选优树 528 株。1981 年基地已生产各种种子 550 公斤、种根 300 万根、种条 60 万公斤。会议认为，在良种工作上应抓好选优、优树子代测定、良种基地建设及建立健全良种繁育和推广体系等工作。号召林木良种工作者继续努力，使河南省林木一代胜过一代。

全省超额完成带叶栽泡桐年度任务

12 月 7 日 《河南日报》报道：截至 11 月下旬，全省已完成带叶栽泡桐 1 374 万株，比上年同期增长 10 倍。

省林业厅明确嵩县五马寺等林场为拟定自然保护区

12 月 12 日 省林业厅发出紧急通知，嵩县五马寺林场的龙池漫、木扎岭林区，栾川县国营老君山林场，鲁山县国营鲁山林场石人山林区，商城县国营金刚台林场，桐柏县国营陈庄林场，信阳国营鸡公山林场，济源县国营蟒河、黄楝树、愚公林场等拟定为自然保护区。从 1982 年 1 月开始，以上所指范围内，暂停主伐、择伐，实行封山保护。

省林业厅要求加强护林防火工作

12 月 12 日 省林业厅发出《关于切实加强护林防火工作的通知》，鉴于 1980 年冬季以来，许昌地区等 7 个山区县发生森林火灾，共烧毁林木 7 000 余亩，损失 18 万元的情况，要求各地抓好护林防火工作，防止此类事情发生。

省林业厅向省政府申请全省五种林化产品流动资金

12 月 14 日 省林业厅向省人民政府呈送《申请全省五种林化产品流动资金的报告》。报告称：根据林业部、商业部“关于松香等五种林化产品由商业部移交林业部经营管理的联合规定”，从 1981 年 7 月 1 日起，松香等五种林化产品由林业部门经营。由于河南省地、市级林产公司建立较晚，人员、办公、仓库、资金不齐备，经林业厅和商业厅共同研究，决定松香等五种林化产品从 1982 年 1 月 1 日起交林业部门经营。目前省林产品经销公司和五交化公司正在商定办理移交手续。但是流动资金和贷款，五交化公司已表示无法移交，故根据实际需要申请1 200万元流动资金，以维持明年正常的经销业务活动。

1979年飞播造林成苗调查报告

12月15日　省林业厅飞播队向林业厅呈交《栾川县1979年飞播造林成苗调查报告》。1979年全省飞播区总面积为99 950亩，其中有效面积60 600亩，占总面积的66.60%；树种以油松适应性最强，生长较好。但是，当前存在着管护不严的严重问题。

省林业厅安排接待日本友人来访事宜

12月16日　省林业厅下发通知，日本国藤田音次郎、松永宗一先生将于12月18日来河南省睢县、禹县和洛阳地区了解桐木生长和材质情况，要求各有关单位按规定接待。

河南日报发表社论呼吁重新认识林业

12月17日　《河南日报》发表题为《让中州大地处处披上绿装》的社论。指出：河南省林业发展缓慢的原因，就是对林业认识不够，抓得不紧。而要重新认识林业，必须在指导思想上有转变。要以生产木材为目的，转向扩大林业资源、维持生态平衡、发挥森林的综合效益为目的。林业的重要性还表现在它与大农业的关系上，要办好大农业，必须注意发展林业，培育森林，逐步提高林业在农业中的比重。社论号召全省人民抓住冬春造林季节的时机，积极投入全民义务植树运动，为使中州大地披上绿装贡献力量。

省长戴苏理强调必须重新认识林业问题的重要性和紧迫性

12月25日　《河南日报》报道：戴苏理代省长在政府工作报告中强调，各级政府必须重新认识林业问题的极端重要性和紧迫性，把发展林业作为一项战略任务来抓。他指出：当前河南省森林面积小，覆盖率低而且破坏严重，这是造成干旱多灾、农业生产长期不稳的一个重要因素，必须下决心解决。要坚决贯彻执行《森林法》和党中央、国务院关于发展林业的决定，以及全国五届人大四次会议通过的关于开展全民义务植树运动的决议，发动全省人民大搞植树造林，切实保护好现有林木。当前要把植树造林的重点放在广大平原和丘陵地区，尽快改变河南林业落后面貌。

省林业厅向省委省政府报告林业三定工作情况

12 月 31 日 省林业厅向省委、省政府呈送《关于我省林业‘三定’工作开展情况的报告》。报告中称：11 月全省农村工作会议和全省林业工作会议后，各地加快了林业“三定”工作进度，据不完全统计：全省开展此项工作的县(市)已达 122 个，113 个县(市)建立了林业定权发证领导小组，其中 102 个县(市)试点工作基本结束，有 46 个县(市)已全面铺开；已发林权证 85 万亩，划分自留山 140 万亩、责任山 300 万亩，有 21 万个生产队完善了林业生产责任制。全省先后参加的工作队员达 1.7 万多人。在定权发证过程中，处理林权纠纷 17 841 起。

省林业厅就卢氏等县木材公司移交情况向省政府呈送报告

12 月 31 日 省林业厅向省政府呈送《关于 21 个县木材公司移交情况报告》。报告称：据省委、省人民政府[1981]130 号文件规定，把卢氏等 21 个县的木材公司移交给林业部门管理。目前新县、商城、栾川、西峡、南召 5 个县已办理了移交手续，兰考县已决定移交，尚未办理手续。内乡、桐柏、卢氏、灵宝、嵩县、洛宁、济源、西华、扶沟、鄢陵、中牟、尉氏、鲁山等 13 个县还未决定是否移交。睢县、民权虽已经移交给林业部门管理，但因地区计委不分给调拨材，县委又决定交回物资部门管理。移交缓慢的重要原因是有些地、县的物资部门不愿把国家统配材交给 21 个县的林业部门。

1982 年

全省地市林业局长会议召开

1 月 13 日　全省地市林业局长会议在郑州召开。副省长崔光华在会议上发表讲话，指出：全国五届人大四次会议通过的《关于开展全民义务植树运动的决议》，将把林业建设推向新的发展阶段，我们一定趁这个东风，把林业战线各项工作向前大大推进一步。林业工作要一靠政策，二靠科学；要注意经济效益；各级政府要加强对林业的领导，积极、稳步、有计划地把林业纳入到议事日程上来。

省政府发出开展全民义务植树运动的通知

1 月 13 日　省政府发出《关于开展全民义务植树运动的通知》，要求各地、市(县)人民政府以及有关部门建立绿化委员会；把义务植树纳入整个造林计划，通过植树运动，推动全面绿化工作。强调义务植树要有计划、有步骤地开展；要办好苗圃，培养良种壮苗；各级领导要带头参加植树活动，并定期检查，解决全民义务植树运动中的问题。同时决定每年 3 月和 11 月为全省植树造林月，并决定成立河南省绿化委员会。

河南省绿化委员会成立

1 月 14 日　为贯彻第五届全国人民代表大会第四次会议关于开展全民义务植树运动决议的精神，动员各方面力量把河南省的绿化工作搞好，省政府决定成立以省长戴苏理为主任，副省长崔光华、副省长岳肖峡(兼秘书长)、省军区副司令员杨宗毅、省人大常委会副主任邵文杰为副主任，省委副秘长张延积等 21 人为委员的河南省绿化委员会。委员会办公室设在省政府。

刘严吾逝世

1 月 24 日　原河南省林业厅副厅长、党分组代理书纪刘严吾在郑州逝世。

河南日报报道 1981 年全省四旁植树成效

1 月 27 日 《河南日报》刊登新华社消息：据河南省林业部门 1 月初统计，1981 年入秋以来，全省“四旁”植树 6 390 多万株，相当于 1980 年同期植树量的 7 倍，数量、质量是历史上最多、最好的一年。为做好植树造林工作，1981 年，河南省、地（市）、县级人民政府多次召开林业会议，落实林业政策，建立林业生产责任制，大大调动了集体和个人造林的积极性，迅速掀起植树热潮，有的地区把发展林业作为改变生产条件、实现农业高产稳产的战略措施来抓，统一规划，集中领导，使植树造林运动开展得扎实有效。

河南日报刊登豫西飞播造林成效的消息

1 月 28 日 《河南日报》刊登消息，报道河南省林业、民航、气象等部门和驻豫部队密切协作，近 3 年来，在豫西伏牛山区 10 个县飞机播种造林 140 多万亩，为加速整个山区林业建设开辟了新的途径。据调查，飞播的油松在许多播种区表现稳定，生长良好，保存率达到 40% 以上。

省政府决定每年 3 月和 11 月为全省植树造林月

2 月 6 日 《河南日报》报道：省政府最近发出通知，要求各地认真贯彻全国五届人大四次会议关于开展全民义务植树运动的决议，把全省义务植树运动持久地、扎扎实实地、卓有成效地开展下去。通知规定各地义务植树所需苗木，一律由林木权属单位解决。为了把经常性的造林与突击造林结合起来，省政府决定每年 3 月和 11 月为全省植树造林月。

省林业厅制定农村开展义务植树运动实施办法

2 月 13 日 省林业厅发出《关于农村开展义务植树运动的实施办法的通知》，规定年满 11 岁以上的公民，除老弱病残者外，都要完成义务植树任务；义务植树的林木，要根据林地所有权和使用权合理确定林木权属；义务植树要因人因地制宜，尽量就近安排；大力办好苗圃，培育足够的良种壮苗；义务栽植的林木，要根据林木权属加强管护；义务植树成绩优异的，应给予表扬奖励，无故不履行义务的，要给予批评。各级要加强对义务植树工作的领导。

省林业厅召开国营林场整顿会议

2 月 14 日　省林业厅召开国营林场整顿会议。会议由石振邦副厅长主持。会议对河南省国营林场整顿工作进行了安排部署，并确定 1982 年上半年把民权、南湾、西华、舞阳、西寨、五马寺、邵源、滑县、板桥、烟镇等 10 个林场作为整顿试点。

省绿化委员会举行首次会议

2 月 19 日　省绿化委员会举行首次会议。会议由省绿化委员会主任戴苏理主持，副主任崔光华、杨宗毅出席。会议听取了省林业厅、省建设局、省城建局、省军区和郑州铁路局等单位的情况汇报，讨论了全省春季造林和义务植树问题，要求搞好规划，提出具体要求；切实搞好育苗，提倡自育自栽；抓重点，树样板，以点带面；讲实效，不搞形式；省直单位带头参加义务植树。会议决定于 2 月 25 日晚召开全省春季植树造林电视广播大会。

省林业厅要求国营林场进行全面整顿

2 月 20 日　省林业厅发出《关于国营林场进行全面整顿的通知》，规定国营场整顿的内容是：整顿建设领导班子，加强对职工的思想教育；整顿和完善经济责任制，改进林场经营管理；整顿和加强劳动纪律，严格执行奖惩制度；整顿财经纪律，健全财务会计制度；整顿劳动组织，按定员定额组织生产；以科学态度搞好林业生产。

省林业厅召开全省平原地区育苗现场会

2 月 21 日　省林业厅在淮阳县召开全省平原地区育苗现场会议。副厅长徐世杰在会上讲话指出：要提高认识，加强领导；加强苗圃建设，巩固发展苗木生产基地；加强薄弱环节，狠抓后进地区育苗；调节育苗树种，培养多种苗木；推广育苗生产责任制，把精神鼓励和物质利益结合起来；加强巡回检查，抓好土地与种条落实、前期管理和夏季管理三个环节。

确山县顺河公社负责人擅自批准滥伐农田林网受批评

2 月 23 日　《河南日报》以《无证采伐林木是破坏森林的行为》为题，报道了确山县政府通报批评顺河公社负责人擅自批准陈东大队滥伐农田林网的消息。报纸为此配发短评指出：河南省林业当前存在的突出问题是“一把锄头造林，多把斧头砍树”，因此必须严格执行林木采伐审批制度，切实改变林业有法不依、有令不行、管理混乱的状况。

省绿化委员会召开全省春季植树造林电视广播动员会

2 月 25 日 省绿化委员会召开全省春季植树造林电视广播动员大会。出席大会的有省绿化委员会成员、省委办公厅、省军区后勤部、省林业厅等部门的代表 132 人。省委书记、省长戴苏理在会上发表讲话，要求认真做好宣传工作；全面规划，统筹安排；包栽包活，努力提高造林质量；办好苗圃，大力发展林业育苗；切实加强义务植树和春季造林的领导。省军区副司令员杨宗毅，省工、青、妇代表杜耀敏等在会上发言。

河南日报发表植树造林要注意实效的社论

2 月 26 日 《河南日报》在发表省委、省政府召开春季植树造林电视广播大会的消息的同时，配发《植树造林要注意实效》的社论，呼吁各级政府要加强领导，注意实效，保栽保活，切忌搞形式主义，强调治理河山是改善生态环境的一项重大战略问题，要开展“五讲四美”活动，树立爱国主义、集体主义、共产主义道德风尚。在全民义务植树运动开展的第一年，人人动手植树、栽花、种草，把中州大地打扮得更加美好。

省领导和省直机关干部参加义务植树劳动

2 月 26 日 省委、省人大、省政府、省政协负责人刘杰、戴苏理、赵文甫等和省直干部 1 200 余人到黄河游览区参加义务植树劳动。

赵凤歧发文呼吁全民动手义务植树绿化中州

3 月 3 日 《河南日报》摘要刊登省林业厅厅长赵凤歧的文章，题目是《全民动手，义务植树，绿化中州》。文章说，全国五届人大四次会议《关于开展全民义务植树运动的决议》公布以后，在河南省引起极大的反响，1982 年是开展全民义务植树运动的头一年，一定要把起步搞好，坚持下去，人人动手，年年植树，为绿化中州大地贡献力量。

省林业厅要求切实做好林业三定工作

3 月 5 日 省林业厅发出《关于温县、光山基本结束林业‘三定’工作的通报》，要求未完成“三定”工作的县，都要像温县、光山那样，认真对待，保质保量，按党的政策办事，切实搞好林业“三定”工作，促进林业发展，为“四化”建设作出积极贡献。

河南日报发表关于义务植树的评论

3月12日　《河南日报》发表评论员文章，题目是《建设精神文明的重要一环》。文章强调，义务植树，其意义绝不在于为国家省几个造林费用，而是建设精神文明、培养人们心灵美的一项重要措施。通过自已亲手种树，使人们认识林业的重要，养成绿化祖国人人有责的品德，树立造福后人的好思想。文章号召人人动手植树、栽花、种草，让河山披锦绣，道路林成行，田间林成网，山清水又秀，沟坡绿成荫。

省领导与省会群众参加义务植树活动

3月13日　省会10万军民分别在黄河游览区、须水苗圃、西流湖畔以及其他绿化场地，参加植树育苗、栽花种草和林木管理活动，以绿化祖国的实际行动纪念植树节。省委、省人大、省政府、省政协、省军区和郑州市党、政、军负责同志参加了植树活动。

省林业厅召开速生丰产林座谈会议

3月17~19日　省林业厅在郑州召开速生丰产林座谈会议。会上交流了全省营造速生丰产林的基本情况、经验和问题，安排了1982年营造速生丰产林的任务，讨论修改了《河南省营造速生丰产林的意见》。

日本国花在信阳落户

3月18日　日本静冈市市民之翼访华团访问信阳，并从日本带来150株樱花树苗，赠送给信阳市人民政府。当天上午，市政府负责人和日本朋友到浉河公园栽种友谊树。这些凝结着异国情谊的珍贵树木还将被栽种在鸡公山游览胜地。

省林业厅召开核桃子苗嫁接现场会

3月22~24日　省林业厅在洛宁召开核桃子苗嫁接现场会，参加会议的有8个地区、23个县林业局的技术干部，中国农业科学院郑州果树研究所等科研单位的科技工作者共40余人。会议期间，与会人员参观了洛宁县子苗嫁接技术，总结交流了1981年核桃生产经验，安排了1982年核桃生产任务，落实了子苗嫁接、高接换种计划，制定了大树管理计划。

省政府确定每年 4 月 21～27 日为爱鸟周

4 月 10 日 省政府批转省林业厅等 8 个单位的联合报告，要求各地保护和合理利用鸟类资源，确定每年 4 月 21 日至 27 日为河南省“爱鸟周”。

省林业厅召开全省木本粮食重点地区县林业局长会议

4 月 13～18 日 省林业厅在西华县召开全省木本粮食重点地区县林业局长会议。副厅长蒋超在会上讲话，强调要认真贯彻落实政策，加强经营管理，不断完善木本粮食生产责任制；要讲究经济实效，抓好管理，促进木本粮食的大发展。

省林学会召开全省林业科学技术座谈会

4 月 23～30 日 省林学会在郑州召开全省林业科学技术座谈会。参加会议的有各地区林业科学研究所、林学会和部分县林业科学研究所负责人以及特邀代表共 90 余人。会议传达学习了省委、省政府转批的《组织‘科学技术年’座谈纪要》精神，讨论了 1982 年“科学技术年”林业活动计划，交流了搞好林业科技工作的经验。

省会举行爱鸟周鸟类学术报告会

4 月 24 日 省会举行“爱鸟周”鸟类学术报告会。报告会向全社会发出呼吁：积极行动起来，爱鸟护鸟。

省林学会等联合召开加快农业发展学术讨论会

5 月上旬 省林学会、农学会、水利学会、土壤学会、气象学会联合召开河南省加快农业发展学术讨论会。

省政府颁布《关于保护野生珍贵稀有动植物的布告》

5 月 10 日 省人民政府颁布《关于保护野生珍贵稀有动植物的布告》。布告列举了应保护的动植物种类，同时规定，严禁在自然保护区内从事伐木、狩猎、垦殖、放牧、挖药等生产活动。

省林业厅成立省林业科技成果评定委员会

5 月 11 日　省林业厅通知，成立河南省林业科技成果评定委员会，蒋超为主任，蒋建平、王之仕、周乾峰、史作宪等为副主任。

省林业厅召开全省苗圃夏季管理座谈会

5 月 16～19 日　省林业厅在郑州召开全省苗圃夏季管理座谈会。会上传达了胡耀邦总书记关于育苗工作和不准再收购、出口刺槐叶的批示精神，汇报并座谈了春季育苗情况，总结交流了经验，讨论研究了苗圃管理措施，安排了采种和良种繁育工作。

省绿化委员会紧急通知各地组织力量抗旱保苗

5 月 24 日　省绿化委员会发出紧急通知，要求各地迅速掀起抗旱保幼苗的林业抗旱高潮。通知指出，全省部分地区连年干旱，目前旱情日趋严重，各级绿化委员会，特别是干旱严重的地方，要充分认识林业抗旱的重要性，克服靠天等雨的麻痹思想和重栽轻管的倾向，把抗旱保幼树、抗旱保树苗的工作认真抓好。

省林业厅召开全省林业中等教育座谈会

6 月 12～14 日　省林业厅在郑州召开全省林业中等教育座谈会。与会人员一致认为要培养出合格的人才，一定要加强党的领导，建设一支高质量的教师队伍，努力提高教学质量。

百庙岗林场部分国有林划归集体的请示获批复

6 月 28 日　林业部对河南省林业厅《关于百庙岗林场部分国有林划归集体的请示报告》作出批复，原则同意将产权原属社队的国社合作营造的 10 999亩紫穗槐条林及万隆西地 2 500 亩条林交给有关社队经营的意见。对国营林场在该林地上营造的林木，社队要在经济上适当予以补偿。在移交时，须认真做好思想教育工作，要求社队切实加强保护管理，不能破坏或改作他用。同时，防止其他一些社队借机向国营林场争要山林。

省政府批准建南召宝天曼等 13 个自然保护区

7 月 4 日　《河南日报》报道，为保护野生珍贵稀有动、植物，发展利用资源，省政府再批准建立 13 个自然保护区，即：南召宝天曼、栾川老君山、灵宝小秦岭、鲁山石人山、信阳鸡公山、罗山董寨—鸟类、新县连康山、商城金刚台、桐柏太白顶、西峡老界岭、济源黄栋树—猕猴、济源蟒河—猕猴、嵩县龙池漫等。连同 1980 年批准的内乡县宝天曼自然保护区共 14 个，总面积 127.8 万亩，占全省总面积的 0.51%。省政府要求各保护区建立管理处(所)，每 1 000 亩至 1 500 亩配备管理人员 1 人，认真搞好自然保护区的管理工作，使自然资源得到合理的利用。

河南日报报道飞播造林成果

7 月 18 日 《河南日报》发表消息，报道河南省 1982 年飞机播种造林成果。据统计，全年飞播造林 393 800 亩，树种以油松、马尾松为主，兼有黑松、紫穗槐树和漆树。

省委省政府召开全省山区工作会议

7 月 10 ~ 16 日 省委、省政府在郑州召开全省山区工作会议。省委、省政府负责人刘杰、戴苏理、李庆伟、韩劲草等出席会议。会议由省委书记、副省长李庆伟主持，省委书记、省长戴苏理作了题为《发挥山区优势，加强山区建设》的讲话。大会总结了十一届三中全会以来全省山区建设工作情况，进一步研究了山区建设方针、政策、措施和领导问题。省委第一书记刘杰在讲话中指出：建设山区必须明确目标，合理布局，落实政策，加强领导，才能真正把山区建设好。大会提出建设山区需要解决好发展林业、牧业、多种经营、农田水利、粮食、商品流通等问题；明确了全省以林为主的 47 个县 223 个公社名单；要求加强对山区建设的领导，把山区建设摆到议事日程上来，发扬自力更生、艰苦奋斗的精神，为山区人民创家立业，为子孙后代造福。

省林业厅召开全省纤维板企业座谈会

7 月 12 日 省林业厅在兰考县召开全省纤维板企业座谈会，贯彻林业部成都会议精神和 1981 年全国人造板竞赛评比会议精神，组织与会人员参观了兰考出口桐木加工厂纤维板生产，学习和交流了纤维板生产经验，同时针对当前纤维板生产中存在的问题和下半年的工作提出了以下建议：加强党的领导，做好思想工作；加强企业管理，完成本年的生产计划；加强职工的技术教育。

河南日报发表加强山区建设社论

7 月 18 日　《河南日报》连续报道了全省山区会议情况，同时发了题为《正确认识山区　加速建设山区》的社论，指出：河南省内有四大山脉，半数以上的县、市辖区内有山区、丘陵区。山区面积占全省面积的 45%，地域广、资源富、潜力大。开发山区具有重大的经济和政治意义，因此要端正对山区的认识，搞好山区建设，繁荣山区经济，

河南日报发表省委书记戴苏理在山区工作会议上的讲话

7 月 21 日　《河南日报》全文刊登省委书记、省长戴苏理 7 月 10 日在全省山区工作会议上所作的《发挥山区优势　加速山区建设》的讲话。戴苏理在讲话中对全省近 4 年来造林 800 万亩、使森林覆盖率达到 24% 的成果给予了肯定，同时要求建设好山区，抓好以下几项工作：进一步提高对山区建设重要意义的认识；进一步明确山区建设的方针和任务；要按照自然规律和经济规律办事；积极疏通商品流通，搞好山区经济；大力加强山区交通、邮电建设，积极发展地方工业和社队企业；办好文化、教育、卫生事业，建设文明富裕的新山区；要关心群众生活，认真做好山区扶贫工作。

省林业厅召开飞播造林会议

8 月 31 日至 9 月 4 日　省林业厅在郑州召开飞播造林会议。会议在回顾全省 4 年来飞播造林成绩和经验教训的同时，一致认为，要进一步搞好飞播造林，必须做好以下工作：尊重科学，严格按照自然规律办事，认真选好播区，做好勘查设计，科学确定播期；切实加强领导，做好管护工作，认真贯彻“一分造九分管”精神，防止一切可能引起危害幼林成活生长的活动。

全省第一期林业在职干部训练班开学

8 月 4 日　全省第一期林业在职干部训练班开学。参加学习的有地、市林业局的正、副科长，县林业局正、副局长，国营林场正、副场长，共 92 人。厅长赵凤岐专程到洛阳林校参加开学典礼，并介绍了河南林业的现状和远景规划，就大家如何学好等问题提出了要求和希望。

省林业厅召开泡桐秋季带叶栽植经验交流会

8 月 10～13 日　省林业厅在郑州召开泡桐秋季带叶栽植经验交流会。

副厅长蒋超与会并讲话。会议认为，泡桐秋季带叶栽植是造林技术上的一项重大革新，10 月中旬至 11 月上旬是河南省大部分地区泡桐秋季带叶栽植的最佳时间，要因地制宜，大力开展泡桐秋季带叶造林活动；要提高泡桐造林质量，开展新的泡桐造林课题研究。

河南农业区划委员会自然保护区专业组成立

8 月 15 日 河南省农业区划委员会发出《关于成立河南省农业区划委员会自然保护区专业组的通知》，成立河南省农业区划委员会自然保护区专业组，以保护和合理利用自然环境和自然资源。专业组由省林业厅副厅长石振邦任组长，李陶庭、张铭哲、李永泉、史作宪任副组长，丁宝璋等 9 人为专业组成员，办公地点设在省林业厅森工处。

省林业厅召开全省林木种子规划座谈会

8 月 23 日 省林业厅在郑州召开全省林木种子规划座谈会。会上传达贯彻了全国林木种子座谈会精神，学习了林木选育技术要领，讨论修订了全省种子生产基地建设规划，研究了当前种子经营管理工作。蒋超副厅长作了总结讲话，要求今后林木种子要达到基地化、良种化，为造林绿化工作提供充足的优良种子。

信阳倒卖木材涉案人员受处分

8 月 29 日 《河南日报》刊登消息，信阳市 37 个单位大量倒卖木材、投机倒把案于 1981 年 3 月被揭露后，中纪委、河南省委非常重视。省纪委筹备组会同省公、检、法和信阳地、市委于 1981 年 11 月组成调查组进行了调查。有关部门对首犯、从犯和参与者分别给予了刑事和党纪、政纪处分。

省林业厅召开全省炕枣会议

9 月 3 日 省林业厅在新郑县召开全省炕枣会议。新郑、中牟、西华等县在会上介绍了枣树的生产情况和炕枣的经验，河南农学院王浚明副教授作了炕枣技术报告。会议提出：目前炕枣季节已到，要千方百计避免阴雨造成红枣浆烂损失。各地、县林业部门和供销部门应密切协作，抓住时机，组织力量，广为宣传，传授炕枣技术，解决烧煤等问题。

全省林业表彰大会召开

10 月 25 日 全省林业“三定”和“绿化中州”青年突击手(队)表彰大会在郑州召开，省委第一书记刘杰、省委书记张书德、副省长崔光华出席会议。刘杰发表重要讲话，团省委书记刘春伟、省林业厅厅长赵凤歧分别在大会上作了报告。刘杰在讲话中阐述了森林的重大作用、河南省林业战线取得的成就和几次森林大破坏的教训，肯定了广大青年、少年在绿化运动中的重要作用以及林业“三定”的优越性，希望青少年、老年实干家要创出自己的路子，用 3 年、5 年、10 年、20 年的时间改变河南省的生态面貌。省林业厅厅长赵凤歧在讲话中介绍了河南省今后 20 年林业建设的初步设想：从 1981 年到 20 世纪末的 20 年中，全省林木覆被率由 1980 年的 12.97% 提高到 26% 左右，其中：平原农区林木覆被率达到 10% ~15%，平原沙区达到 25% 左右，浅山、丘陵区达到 30% 以上，深山区达到 60% 以上。全省林木蓄积量由 1980 年的 6 800 万立方米提高到 24 000 万立方米；林产品和林副产品产值由 1980 年的 45 000 万元提高到 378 300 万元。全省 20 年林木覆被率翻一番，林木蓄积量翻两番，林业总产值翻三番。大会为 5 个荣获突击队红旗、15 个荣获突击队标兵、49 个荣获突击队、129 位荣获突击手等荣誉称号的单位和个人颁发了锦旗与奖状。

省政府召开全省林业三定工作会议

10 月 23 ~31 日 河南省政府在郑州召开全省林业“三定”工作会议。参加会议的有地、市、县的农委主任、县长、林业局长，以及省直有关单位和新闻单位的代表共 350 人。会议由崔光华副省长主持。会议通报了全国林业“三定”工作进展的情况，总结了河南“三定”工作开展的情况，要求提高对“三定”工作重要性的认识；认真贯彻执行林业“三定”政策；切实加强领导，保证“三定”工作质量。会议还制定了搞好林业“三定”工作的五条标准。

团省委和省林业厅表彰林业先进集体与个人

10 月 28 日 共青团河南省委、省林业厅作出决定：授予共青团西峡县委等 5 个集体“河南省青年绿化中州突击队红旗”光荣称号；授予张志明等 15 人“河南省青年绿化中州突击手标兵”光荣称号；授予共青团灵宝县委等 49 个集体“河南省青年绿化中州突击队”光荣称号；授予许继彬等 129 人“河南省青年绿化中州突击手”光荣称号。同时勉励受表彰的先进集体和个人珍惜荣誉，谦虚谨慎，团结广大青少年，为开创河南省林业建设新局面作出贡献；号召全省广大青少年以先进集体和个人为榜样，奋发努力，力争上游，在全省青少年造林运动中涌现出更多的先进集体和模范人物，谱写出河南造林运动的新篇章。

省纪委筹备组紧急通知贯彻执行国家有关保护森林的法律法令

10 月 30 日 中共河南省委纪律检查委员会筹备组发出紧急通知，要求各级党的纪律检查部门迅速贯彻执行《中共中央、国务院关于制止乱砍滥伐森林的紧急指示》，采取果断措施，保证国家有关森林的法律、法令的贯彻执行。

省委省政府发出制止乱砍滥伐森林的通知

11 月 5 日 河南省委、河南省政府发出《关于坚决贯彻执行中共中央、国务院制止乱砍滥伐森林紧急指示的通知》，要求：各级党、政领导采取多种形式，把中共中央、国务院的紧急指示精神迅速传达下去，做到家喻户晓，深入人心；省、地、县三级由纪委、林业和有关部门抽人组成工作组，到毁林严重的地方处理案件，纠正某些党、政领导工作不力的问题；结合各地实际，逐条认真贯彻落实紧急通知中的各项规定。通知还要求各地党委、政府于 11 月底前将传达贯彻紧急指示的情况及发生毁林案件的处理结果向省委、省政府写出报告。

河南日报发表短评肯定林业三定

11 月 10 日 《河南日报》发表短评，题目是《搞好‘三定’是发展林业的一项根本措施》。文章指出：“三定”工作是党的农村经济政策的组成部分，是发展林业的一项根本措施，各地要花大工夫，按照中央要求，在 1983 年春以前完成这项任务；开展“三定”落实林业政策，必须从“左”的束缚中解放出来，才能从实际出发，把“三定”工作搞好。在林业“三定”工作中，要强调稳定山权、林权，要全面落实林业生产责任制，突出一个“包”字，把权、责、利结合起来，一切都要有利于鼓励社员上山造林致富。

省林业厅应邀出席武汉军区植树造林表彰大会

11 月 10 日 武汉军区召开植树造林总结经验表彰先进大会，河南省林业厅等单位负责人应邀出席了会议。

中华松针蚧防治试验成果获省科技成果三等奖

12 月 12 日　南召县乔端林场对中华松针蚧的观察及防治试验成果获省科技成果三等奖。

全省重点煤矿坑木林会议召开

12 月 14 ~ 17 日　省煤炭管理局、林业厅在郑州联合召开全省重点煤矿坑木林会议，贯彻全国重点煤矿营造坑木林会议精神。省煤炭管理局副局长李树棠、省林业厅副厅长徐枫在会上讲话。会议要求：煤矿的育林基金，应按实际原煤产量提取，专户贮存，做到专款专用；加强领导，建立健全煤矿系统林业专业机构；做好林业发展规划；落实党和国家的各项林业政策；对煤矿现有林场进行整顿，以提高经济效益。

榆兰金花虫防治技术与应用获省科研成果三等奖

12 月 14 ~ 17 日　省林业厅与农林科学院林业科学研究所合作开展的“榆兰金花虫防治技术与应用”的研究成果，获省科技成果三等奖。

内黄林场毁林事件有关人员受处分

12 月 18 日　《河南日报》转发新华社消息，中共河南省委、省人民政府严肃处理内黄林场毁林事件，对原县委书记赵某某、田某某分别给予撤销党内外一切职务和党内警告处分。省委、省政府并责成安阳地委和行署迅速派人协助内黄县委、县政府，对已发生的毁林案件进行彻底清查，区别情况，严肃处理。对林场内部发生的毁林案件，特别是对内外勾结破坏林木和监守自盗的职工，依法从严处理；要求对内黄林场进行整顿，加强经济管理，密切场群关系。省委和省政府还决定将内黄林场毁林事件作为典型案件通报全省，要求各地采取果断措施，坚决刹住破坏森林的歪风，推动全省林业的发展。

1983 年

省林业厅召开全省经济林生产会议

1 月 11 日 全省经济林生产会议在郑州召开。省林业厅副厅长徐世杰在会上讲话时指出：经济林生产对实现农业翻番有重大作用。1983 年全省计划新造经济林 60 万亩，各地应因地制宜，积极发展当地群众喜爱的品种，不要搞“一刀切”。他要求认真学习和宣传党的十二大和五届人大五次会议文件，提高干群认识；进一步完善经济林生产责任制；狠抓现有经济林的科学管理；切实完成 1983 年冬和 1984 年春经济林发展任务。

河南日报报道省军区绿化情况

1 月 12 日 《河南日报》以《做绿化祖国的排头兵》为题，报道了省军区植树造林情况。文章介绍：新年前夕，省军区绿化委员会召开各种会议，认真贯彻落实全军植树造林总结经验、表彰先进大会精神。武汉军区绿化委员会副主任张治华和省军区副司令员、绿化委员会主任杨宗毅还就全区如何开创绿化工作新局面作了动员。

河南日报介绍光山等县植树造林成效

1 月 15 日 《河南日报》在省农业劳模会先进集体事迹介绍专栏里介绍了光山等县植树造林取得的成效。文章认为：光山县由于注意建立合理的生态系统，把治山造林作为改善自然条件的根本措施，经过连续 9 年的奋战，全县已封山育林 40 万亩，人工造林 40 万亩，森林覆盖率由 14.5% 提高到 27%，从而使生态系统开始转向良性循环。鄢陵县从 1963 年起，坚持走农林结合、以林促农的道路，经过 6 年奋战，全县实现“四旁”绿化；又经过 5 年努力，实现了农田林网化；大力发展林粮间作，全县已初步建成综合性防护林体系。灵宝县从单纯抓粮食转到多种经营、全面发展，几年来全县植树造林 17.6 万亩，“四旁”植树 820 万株，使全县植被显著增加。

郑州市开展全民义务植树经验引起全国重视

1 月 15 日 《河南日报》转载新华社消息称：在全国全民义务植树工作会议上，郑州市开展全民义务植树的经验引起重视。1982 年郑州全市共植树 73 万多棵，整个植树工作量相当于前 3 年的总和。

省林业厅等单位要求加强林木保护管理工作

1 月 20 日　省林业厅、司法厅向各地、市、县林业局、司法处(局)发出《关于加强林木保护管理，积极开展林业生产责任制合同公证等项工作的联合通知》。通知指出：发展林业生产是关系到国计民生、造福后代的大事，在宣传新宪法的同时，要积极宣传《森林法》，以提高爱林护林的社会风气；要推行林业生产责任制合同公证；各地民调组织要及时调解好林权纠纷；各地法律顾问处要积极主动地配合公检法部门依法审理毁林案件；各地林业部门和司法行政机关，要在当地党政领导下，结合本地实际情况，作出 1983 年计划安排，并将工作中的经验和问题及时上报。

省林业厅和档案局要求建立林业三定档案

2 月 4 日　省林业厅、档案局向各地、市、县林业局、档案局发出《关于建立林业“三定”档案的联合通知》。通知规定了县、公社、大队的归档范围，指出林业“三定”档案归档工作有重要的现实意义和历史意义，要求各地、市、县指定专人经过培训后开展这项工作，务必做到数字准确、材料齐全，用黑墨汁誊写清楚、装订整齐，以便查阅参考。

省林业厅召开全省林业宣传林情信访工作座谈会

2 月 23 日　省林业厅召开全省林业宣传、林情、信访工作座谈会议。赵凤歧厅长、蒋超副厅长分别在会上发表讲话。河南日报社、河南科技报社应邀派代表出席了会议。会议要求：充分认识搞好林业宣传和林情、信访工作的重要性；当前要集中力量，运用各种手段，突击做好“造林月”和全民义务植树运动的宣传、报道工作；各地区及以林为主的县林业局要指定专人负责这项工作；密切同当地宣传(报纸、广播)、文化(文化馆、剧院)、科普以及工、青、妇等单位(部门)的联系，共同做好林业宣传工作；对作出成绩的单位或人个，给以表扬或鼓励；林业部门指定河南省承办的 16 个老上访户的结案工作，务于 5 月底前办妥。

省政府召开全民义务植树春季造林绿化广播电视动员大会

3 月 1 日　省政府召开河南省全民义务植树春季造林绿化广播电视动员大会。大会由省绿化委员会副主任岳肖峡主持，省委书记、代省长、省绿化委员会主任何竹康在讲话中要求各地认真做好以下工作：一是进一步提高对义务植树、绿化祖国、保护环境重大意义的认识；二是认真贯彻执行党的林业政策，充分调动义务植树和造林绿化的积极性；三是因地制宜制定好规划，扎扎实实地组织好全民义务植树和“造林月”活动；四是抓好育苗工作；五是进一步加强对造林绿化工作的领导。省军区副司令员、省绿化委员会副主任杨宗毅，团省委书记刘春伟，教育厅厅长赵光等出席会议并在大会上讲话。

河南日报呼吁为中州大地增绿添翠

3 月 2 日 《河南日报》以《人人动手为中州大地增绿添翠》为题，报道了 3 月 1 日省政府召开全民义务植树春季造林绿化电视动员大会的消息。文章还介绍了 1982 年以来全省义务植树和造林绿化运动取得的成就。据统计，1982 年全省完成大面积造林 207 万亩，“四旁”植树 2.6 亿株。1983 年计划义务植树 1.2 亿株，造林 200 万亩，“四旁”植树 1.5 亿株，营造农田林网 300 万亩，农桐间作 200 万亩，林业育苗 60 万亩。

省林业厅发出关于加强护林防火的紧急通知

3 月 2 日 省林业厅发出《关于加强护林防火的紧急通知》，要求各地加强领导，把护林防火工作真正摆到议事日程上；对防火组织、防火措施和防火工具等进行一次检查，不适应的要迅速完善、加强；采取多种形式，进行护林防火教育，严格控制火源；对 1982 年冬以来发生的火灾，要抓紧处理，处理结果和对本通知的贯彻情况于 4 月中旬报省林业厅。

省市领导和群众参加植树栽花劳动

3 月 10 日 省委、省人大、省政府、省政协领导刘杰、刘正威、何竹康，武汉军区副司令员侯润陶，河南省军区负责人尚坦、胡尚礼，郑州市党、政、军负责人以及郑州市群众 5 万多人在郑州共同参加植树栽花劳动。

省林业厅领导班子调整

3 月 13 日 根据省委通知：省林业厅新的领导班子组成。张企曾任厅长，主持全面工作；王庭训、关耀信、蒋书铭任副厅长。

史作宪等通过职称资格认定

3 月 15 日　河南省人民政府批准，史作宪、魏泽圃、张守先、冯锺朴、张毓朴 5 位通过高级工程师任职资格认定，朱振明通过副研究员任职资格认定。

全省林业育苗现场会召开

3 月 28 日　经省政府批准，省林业厅在禹县召开全省林业育苗现场会议。省政府顾问任雷远，省林业厅厅长张企曾、副厅长蒋书铭，河南农学院副院长将建平，许昌行署副专员白永智、张焕章等出席会议并讲话。省林业厅副厅长王庭训在会议总结时要求认真学习禹县经验，尽快把各地的育苗工作抓上去。强调要以改革精神搞好育苗工作，突出一个（包）字；除推行专业户育苗外，抓好社队办林场（苗圃）育苗工作；育苗品种要因地制宜，选用更多的树种，防止单一化；采取多季节育苗，以扩大育苗面积和数量；做好种源调查，抓好采种工作；加强对育苗工作的领导，既抓育，又抓管，真正培育出优质壮苗。

全省木材节约代用会议召开

4 月 1 ~4 日　省计委、经委、物资局、林业厅在郑州联合召开全省木材节约代用会议，对 3 年来全省节约代用木材工作进行了总结。省林业厅厅长张企曾在会上讲话指出：今后的目标应坚持以营林为基础，造林和护林、山区和平原并重的方针，造、封、育、管和综合利用相结合，切实保护好现有资源，提高质量和经济效益，加快速度，争取木材蓄积翻两番，林业总产值翻三番。

大别山区首次进行飞播造林

4 月 3 日　大别山区首次进行飞播造林。

全省林木病虫害防治座谈会召开

4 月 8 日　省林业厅在荥阳县召开全省林木病虫害防治座谈会。会议认真学习了《全国防治松毛虫工作座谈会纪要》精神，讨论修改了《河南省杨树病虫调查工作意见》，在汇报交流经验的基础上，制定了 1983 年防治计划。

黄河故堤青年防护林带获命名

4 月 10 日 省政府批复省林业厅，同意命名开封、商丘黄河故道南大堤造林工程为“黄河故堤青年防护林带”。黄河故道南大堤横贯开封、商丘 2 地区 5 个县，长约 200 公里。“黄河故堤青年防护林带”由团省委倡议，省林业厅支持，开封、商丘 2 地 5 县党政直接领导，各级团组织与林业部门密切配合，以青年为骨干，发动全民进行的一项造林工程。工程在 1982 年冬充分准备的基础上，于 1983 年 3 月开始启动，4 月 5 日全部完成造林任务，共植树 160 万株。

省林业厅通知要求建立制止乱砍滥伐森林报告制度

4 月 11 日 省林业厅发出《关于建立制止乱砍滥伐森林情况报告制度的通知》，要求县林业局每月向当地党委、政府和地区林业局汇报一次制止乱砍滥伐森林情况，地(市)林业局每季度向当地党委、政府和省林业厅汇报一次(重大乱砍滥伐案件，要先电话及时报告，并专题报送乱砍滥伐森林重大案件报告表)。省林业厅根据各地、市汇报材料，每季度整理成简报，上报省委、省政府和林业部，并分送各地、市、县党政领导机关和有关部门。

信阳木工机械厂单层热压机通过鉴定

4 月 14 ~ 15 日 林业部在信阳木工机械厂召开评议会，对该厂制成的单层热压机进行鉴定。来自国家科委、计委、经委和有关大专院校、科研单位的专家一致认为：这台热压机的性能、精度及主要技术参数均达到了当前国外同类产品的水平，填补了我国大型刨花板设备的空白。

省政府召开爱鸟周座谈会

4 月 15 日 省政府召开“爱鸟周”座谈会。纪涵星副省长主持会议并讲话。他指出：鸟类是人类的朋友，是大自然的重要组成部分，国家的宝贵资源。鸟类对保护生态平衡、科学研究、文化教育、美化环境、丰富人类生活等都具有重要意义。要求进一步加强宣传鸟类对生态平衡的重大作用和保护鸟类的政策规定；组织青少年开展爱鸟护鸟活动；加强保护管理，严禁乱捕滥猎；加强保护区建设。有关院校、学会的学者、专家和省直有关单位的负责人参加了会议。

洛阳举办首届牡丹花会

4 月 15 日　洛阳市举办首届牡丹花会，并在王城公园举行了盛大的开幕仪式。

省人大通过开展全民义务植树运动决议

4 月 29 日　河南省六届人大第一次会议，通过了《关于进一步开展全民义务植树运动的决议》。决议规定，每年 3 月和 11 月为全省“植树月”；开展义务植树，要统一规划，讲求科学，注重实效。责成省人民政府根据本决议精神，制定《河南开展全民义务植树运动实施细则》，提请审议通过后公布施行。

省林业厅召开全省丰产林会议

5 月 20 日　省林业厅在禹县召开全省丰产林会议。8 个地区、16 个县林业局主管丰产林工作的负责人共 30 余人参加了会议。会上交流了经验，部署了 1983 年营造丰产林的任务，讨论研究了具体措施。

全省科技工作会议召开

5 月 25 日至 6 月 1 日　经省委、省政府批准，由省科委、农牧厅、林业厅联合召开的全省科技工作会议在郑州举行。参加会议的有地(市)县科委主任、农(牧)业局长、林业局长、地区林科所、大专院校和省直有关部门负责人，共 650 人。会议总结了 1982 年开展“科学技术年”以来的工作，交流了经验，安排部署了 1983 年的工作，传达贯彻了全国农村科技工作会议精神。省委书记刘正威、罗干，副省长胡廷积等出席会议并讲话。省委书记罗干在《面向经济，搞好改革，努力开创我省科技工作的新局面》的报告中，肯定了开展“科学技术年”以来的成绩和经验，指出了存在的问题，提出了 1983 年科技战线总的任务和要求，以及完成这些任务的方法和措施。

省林业厅印发关于积极推行林业科技承包责任制的意见

5 月 28 日　省林业厅印发《关于积极推行林业科技承包责任制的意见》，指出推行林业技术承包责任制是农村科技体制改革的一项重要内容，有利于调动林业科技人员和广大农民的积极性，加速林业科技知识的推广普及，为生产提供富有成效的服务。该意见对林业科技承包的形式、推行技术承包责任制应注意的问题等提出了明确的要求。

全省科技工作会议（林业系统会议）召开

5 月 30 日　全省科技工作会议（林业系统会议）在郑州召开。省林业厅厅长张企曾在会上，就林业系统如何贯彻省科技工作会议精神，立志改革，开创林业科技工作新局面，加快林业发展等问题发表讲话，提出河南省林业发展的战略目标是：到 20 世纪末，森林覆盖率由 9.77% 达到 22.18%，林木蓄积量由 1980 年的 6 800 万立方米达到 1.95 亿立方米，林业总产值由 1980 年的 4.5 亿元达到 12.59 亿元。

美国考察访问团访问河南

6 月 2 日　美国土壤与水土保持考察访问团来河南参观访问。

省林业厅召开全省林产工业企业座谈会

6 月上旬　省林业厅召开全省纤维板、刨花板、栲胶、软木等林产工业企业座谈会。会上传达贯彻了林业部重庆林产工业会议精神，交流了河南省林产工业实行经济责任制的经验，总结了上半年的林产工业生产情况，研究了人造板企业 1983 年的竞赛评比办法和全省林产工业的发展、技术改革等问题。

石振邦等离休干部离职修养

6 月 22 日　省林业厅原党组成员、副厅长石振邦等 批离休干部离职休养。

省绿化委员会人员调整

6 月 23 日　由于机构改革人事变动，河南省绿化委员会进行适当调整，由省委书记、省长何竹康任省绿化委员会主任，副省长胡廷积、省林业厅厅长张企曾、省军区副司令员陶治中、省政府副秘书长张永昌、省城建环境保护厅厅长魏芳亭任副主任，省直各厅（局）以及有关单位的负责人为委员。省绿化委员会日常工作由张企曾主持，办公室设在省林业厅，办公室下设综合组、农村组、城市组、部队组。办公室主任张企曾（兼），副主任关耀信、刘征远、张沐希。

全省经济林夏季管理会议召开

6 月 29 日至 7 月 3 日　省林业厅在辉县百泉召开全省经济林夏季管理会议。关耀信副厅长在讲话中指出：河南省经济林面积占全省有林地面积的 1/3。发展经济林，不仅仅是单纯地增加农民收入，而是到 2000 年农业翻两番的重要战略措施。要想经济林产量大幅度的增加，经济效益显著提高，一定要靠科学，抓管理，挖潜力，夺增产。要把它当做“大农业”的一项生产任务，有研究、有布置、有要求、有检查地抓下去，以开创河南省经济林发展的新局面。

省林业厅召开全省林木种子会议

7 月上旬　省林业厅召开全省林木种子会议，关耀信副厅长在会上对如何搞好 1983 年的林木种子工作发表六条意见：一是提高对林木种子工作的认识；二是及早动手，抓好当年种子工作；三是各地、市都要有贮备，以备急需和以丰补歉；四是积极开展种子检验，逐步做到生产用种标准化；五是搞好采种基地建设，从根本上提高种子质量；六是加强领导，健全种子管理机构。

省林业厅召开全省林业教育工作会议

7 月上旬　省林业厅召开全省林业教育工作会议，洛阳林校、信阳林校、汝南园林学校和厅直有关方面的负责人参加了会议。蒋书铭副厅长在会上讲话。会议总结交流了上学期的办学情况和经验，研究安排了下学期的工作。

省人大批准河南省开展全民义务植树运动实施细则

7 月 7 日　河南省六届人大常委会第二次会议批准《河南省开展全民义务植树运动的实施细则》。细则共分八章，明确规定各级政府都要成立绿化委员会，以加强对绿化工作的领导；各级绿化委员会要认真搞好规划，把任务落实到机关、团体和个人；植树以后要明确权属，落实谁种谁有的政策，以保证集体和个人的合法权利；要办好国营和集体苗圃，鼓励和帮助专业户育苗，做到苗木自给有余，余缺调剂；要科学栽树，加强管护，做到保栽、保活、保成林。实施细则还规定了奖惩条文，对开展义务植树成绩优异的集体或个人给予精神或物质奖励；无故不参加植树的，要进行批评教育、限期补栽；对损坏幼树的，按定额缺一补三、罚款五元处理；情节严重的，予以法律制裁。

河南林业志编纂委员会成立

7 月 11 日 河南林业志编纂委员会在省林业厅成立，省林业厅厅长张企曾任编委会主任，王庭训、徐枫、王子衡、张兴山为副主任，史作宪等 11 人为委员。委员会下设编辑室，负责林业志的编纂工作。

全国枣树品种园在新郑建成

7 月 12 日 《河南日报》报道全国枣树品种园在新郑建成的消息：新郑县枣树研究所从 1981 年开始，在该县孟庄乡建立规模为 150 亩的全国枣树品种园，现已从山东、河北、山西、陕西等地引进枣树良种 103 个，其中有 60 多个良种已开花结果。

全国泡桐会议召开

7 月 15 日 全国泡桐会议在河南召开，出席会议的 8 省 59 名代表到全国泡桐科研基地鹿邑县参观了农田林网、农桐间作、泡桐小片丰产林。与会代表高度赞扬鹿邑泡桐栽植面积大、数量多、标准高。

省政府召开全省林业生产责任制会议

8 月 10 日 省政府在卢氏县召开全省林业生产责任制会议，有关山区县（市）主管林业的县（市）长、林业局长、农委主任、重点公社的负责人共 220 余人出席会议。副省长胡廷积出席会议并讲话。他指出：植树造林，绿化祖国，是全党全民的一项战略性的任务，要以改革的精神建立和完善各种林业生产责任制，划好自留山、承包造林责任山和义务植树山，加强现有林的经营管理，大力发展林业专业户和重点户。切实搞好国营林场的责任制；巩固社队林场，完善各种承包合同，解决好林权的转让问题。落实林业生产责任制一定要和林业“三定”同时进行，林业生产责任制是林业“三定”的内容之一。各级政府一定要切实加强对林业建设的领导，改变过去那种把林业看做是软任务、可有可无、抓一阵丢一阵的老毛病，真正把林业工作提到议事日程上来。

省林业厅召开全省炕枣现场会

8 月 19 日 省林业厅在西华县召开全省炕枣现场会议，并组织与会人员参观了西华县田口大队建好的 82 个枣炕。会议要求各有关地、县林业部门同供销部门密切配合、协作，抓住时机尽快做好炕枣准备工作。

省林业厅制定建立和完善林业生产责任制意见

8 月 24 日 省林业厅制定《关于建立和完善林业生产责任制的意见》，指出建立和完善林业生产责任制，既要认真吸取农业生产责任制的基本经验，又要从林业生产的实际出发，确定适合林业特点的经营管理形式；荒山绿化(包括沙滩、沟荒)是开发性的生产活动，投资大，费工多，收益慢，必须采取多种途径，加快造林步伐；要因地制宜地建立多种形式的林业生产责任制；要正确处理统与分的关系；要大力发展林业专业户、重点户；要切实注意签订好林业承包合同；要做好林木转让处理，防止乱砍滥伐；林业生产责任制，是林业“三定”工作内容之一，要同时进行。

全省国营林场整顿工作会议召开

9 月 6 日 省林业厅在信阳召开全省国营林场整顿工作会议。张企曾厅长在会上作了《立志改革，抓紧整顿，努力开创国营林场建设新局面》的讲话，要求国营林场加快造林速度，提高造林质量，搞好中、幼林抚育及次生林改造工作，积极营造丰产林，适当调整林种比例，严格执行检查、验收制度，大力开展多种经营，加强科学试验，改革财务体制，改革林场管理办法，解决好林权纠纷，继续搞好自然保护区的建设工作。王庭训副厅长作了会议总结。

省计委等三部门下发通知要求松香统一集中经营

9 月 7 日 省计委、工商局、林业厅联合下发《关于加强松香集中统一经营管理的联合通知》，指出松香是国家统配物资，是轻工、化工、电器、医药、国防工业的重要原料，按国务院规定，今后由林业部门统一经营。规定凡需用松香、松节油的单位，要按正常供应渠道申报计划，由省、地(市)两级林产品经销公司统一经营管理；调运松香、松节油须持省林产品公司证明；各级工商行政管理部门对非法经营松香、松节油和投机倒把者要严肃处理。

省林业厅召开全省核桃修剪现场会

9 月 15 日 省林业厅在林县召开全省核桃修剪现场会。会议对提高河南省核桃生产的产量和质量提出了如下措施：加强现有核桃结果树的综合管理；大力推广高接换种，改造低产林；制定规划，建立基地；继续做好良种选育工作；进一步建立健全核桃生产管理责任制，充分调动广大群众的积极性。会议要求各地要抓住时机，组织人力，采取得力措施，搞好核桃的修剪工作。

西峡县被确定为国家和省猕猴桃科技开发重点攻关县

9 月 18 日 《河南日报》报道：中华猕猴桃集中产区的西峡县最近被确定为国家和河南省猕猴桃科技开发重点攻关县。1983 年该县承担国家有关猕猴桃的优良品种选育和野生林改造、建立 500 亩高标准商品基地和5 000 亩简易基地、建成年产千吨果汁生产线及千吨保鲜技术研究等 6 个科研项目。

日本林业代表团考察河南林业

9 月 13 日 以芦田卓三为团长的日本农业、农民交流协会林业代表团一行 5 人访问河南，省林学会接待了日本林业代表团。在有关人员的陪同下，日本林业代表团参观考察了新郑、禹县、博爱等地的平原绿化、农桐间作、农田防护林网、竹器加工等，对新郑县林业的迅速发展表示赞赏。

河南日报报道全省义务采集草种树种的消息

9 月 19 日 《河南日报》报道：共青团中央向全国青少年发出“义务采集草种、树种、支援甘肃改变面貌”的号召后，河南省各级团组织和广大青少年热烈响应。团省委 8 月 14 日电话会议部署了任务，17 个地、市很快成立了采种办公室，并通过各种形式进行了广泛宣传发动，任务很快落实到基层。在这项活动中，学校青少年发挥了主力军作用。从 8 月 15 日到 9 月上旬，已采集各类草种、树种 4. 15 万多公斤。最近团省委又召开了第二次电话会议，要求各级团组织和广大青少年再接再厉，保质保量完成 5. 25 万公斤草种、树种的采集任务。

省绿化委员会召开第三次会议

10 月 18 日　省绿化委员会召开第三次会议，研究、部署河南省 1983 年冬和 1984 年春的造林绿化工作。会上宣读了河南省人民政府关于调整省绿化委员会成员的通知。

省政府转发关于建立和完善林业生产责任制的意见

10 月 19 日　省政府办公厅印发转发省林业厅《关于建立和完善林业生产责任制的意见》的通知，认为建立和完善林业生产责任制是开创林业建设新局面的一项战略措施，关系到千家万户，意义重大，影响深远；要求做好试点，取得经验，及时总结。各级领导要像抓农业生产责任制那样，尽快把林业生产责任制建立起来，并注意调查研究，总结经验，积极引导，在实践中不断完善和发展。

河南省平原绿化工作会议召开

10 月 19 日　河南省平原绿化工作会议在郑州召开。省林业厅副厅长关耀信在会上讲话。要求：一要做好平原造林规划，建设带、片、网相结合的防护林体系；二要放宽政策，建立完善各项林业生产责任制，用政策调动广大群众的造林积极性；三要扎扎实实地组织好全民义务植树运动；四要继续贯彻中共中央、国务院关于制止乱砍滥伐森林的紧急指示，抓好护林工作；五要加强领导，抓好重点，使冬春植树造林有声有色地开展起来，逐步实现省委、省政府对平原绿化地区提出的“3 年卓见成效，5 年绿化”的要求。

第五次全国平原绿化会议在郑州召开

10 月 19 日　第五次全国平原绿化会议在郑州召开。林业部部长杨钟、副部长董智勇，中央绿化委员会办公室副主任汪滨，中国农村发展研究中心顾问石山，河南省人民政府副省长岳肖峡、胡廷积，河南省军区司令员战景武、政委姚侠出席了会议，参加会议的还有来自全国 22 个省、市、自治区的代表 200 多人。杨钟部长在开幕词中指出：河南省是我国平原绿化开展较早、抓得较好、成绩显著的地区之一，国务院主要领导 1981 年来这里视察时，给予了充分的肯定和高度的评价。岳肖峡副省长代表中共河南省委、省人民政府向大会表示热烈祝贺。他要求到会的河南代表虚心学习兄弟省、市、自治区的先进经验，努力把平原绿化工作搞上去。胡廷积副省长以《提高认识，加强领导，为三年见成效、五年实现平原绿化而奋斗》为题目，向大会汇报了河南省平原绿化的情况。新郑县副县长刘天宝、博爱县代县长孟祥堂在大会上发言。

团省委等部门联合召开会议布置草种树种入库调运工作

10 月 23 日 河南团省委、省林业厅、农牧厅、教育厅联合召开电话会议，要求各地抓紧做好草种、树种的入库调运工作。河南省委常委赵地在会上讲话，团省委副书记杜耀敏、省林业厅副厅长蒋书铭分别就采种工作的情况和如何做好收集、贮存、调运工作提出了具体意见。会议指出：截至本月 17 日，全省已采集各类草种、树种 19 万多公斤，大大超过了团中央分配给河南省 5.25 万公斤的任务；要求本月底前入库完毕，把好质量关，做好调运前的各项准备工作。

全国平原绿化会议闭幕

10 月 23 日 第五次全国平原绿化会议历时 5 天，于 23 日下午在郑州闭幕，大会举行了隆重的发奖仪式。出席闭幕式的有：林业部部长杨钟、副部长董智勇，中央绿化委员会办公室副主任汪滨，中国农村发展研究中心顾问石山，林业部党组成员陈虹，河南省委第一书记刘杰，河南省副省长岳肖峡、胡廷积，河南省军区司令员战景武、政委姚侠等。河南省的新郑、尉氏、博爱、鹿邑、禹县、鄢陵、西华、兰考、扶沟、长葛、民权、睢县等 12 个县受到大会表彰奖励。杨钟部长在总结中指出：加快平原绿化步伐，有利条件很多，其中重要一条，是许许多多先进单位的经验可供借鉴。这些经验是：从发展大农业的要求和建设良好的生态环境的高度，认识平原绿化的重要性、紧迫性；一切从实际出发，因地、因林制宜，建立多种形式的承包责任制，使群众的积极性和集体的优越性同时得到发挥；把长远利益和眼前利益结合起来，使群众尽快得到实惠；领导要亲自抓点。刘杰代表河南省委、省政府，对这次会议取得圆满成功表示热烈祝贺。他希望出席会议的河南省代表认真贯彻会议精神，吸取兄弟省、市、区的先进经验，进一步提高认识，加强领导，落实政策，抓好规划，下决心在 3 年内，使河南省平原绿化大见成效。会议期间，董智勇副部长向大会作了题为《解放思想，加强领导，扎扎实实地把平原绿化推向前进》的工作报告。与会代表 22 日参观了新郑、尉氏县的造林绿化现场。

省政府决定建设豫北黄河故道防护林工程

10 月 28 日　《河南日报》报道：省人民政府决定从 1983 年起，用 5 年时间在豫北沿黄河故道营造两条大型防护林。目前，整体规划设计已经完成，施工设计正在抓紧进行，部分县社已经植树万亩。豫北黄河故道防护林工程是由林带、片林、林网、农果、农桐间作相结合的防风固沙工程。一条从汲县开始，经新乡、原阳、延津、滑县、浚县、汤阴，内黄、濮阳、清丰至南乐县；一条从封丘县开始，经长垣、滑县、范县至台前县。两条林带总长 424 公里，涉及 10 余个县。该工程由国家、集体和农民共同集资建设，计划造林 60 万亩。实行谁种谁有，发放林权证，长期不变。

省绿化委员会通知要求掀起群众性植树造林高潮

11 月 3 日　省绿化委员会发出通知，要求各地、市抓住秋末冬初植树造林的大好季节，迅速掀起群众性的植树造林高潮。通知要求：要进一步放宽林业政策；切实组织好全民义务植树运动；科学造林，提高造林质量，保证平原地区植树造林成活率 80% 以上，大面积造林成活率达到 70%；集中精力打歼灭战，抓住 11 月河南省第二个植树造林活动月的有利时机，迅速开展一个以带叶栽泡桐和大粒种子直播为中心的秋季造林绿化高潮；一手抓造林，一手抓护林，切实巩固造林成果。

全省林木良种基地检查验收评比座谈会召开

11 月 23 日　全省林木良种基地检查、验收、评比座谈会在郑州召开。会议分三个阶段进行，11 月 3 日至 4 日，学习林木选择育种技术要领，研究检查验收方法、内容，并进行试点。5 日至 20 日分两组到 21 个基地检查、验收。21 日到 23 日汇报、讨论、总结。会议提出良种基地存在的问题有：相当一部分基地标准低；技术档案不完整；田间试验统计不准；采穗圃品种不纯。会议要求要重新认识建设林木良种基地的重要性、紧迫性，吸取教训，克服缺点，树立信心，加速基地建设，走自力更生道路，全面贯彻选、测、繁的良种工作方针，抓好 1984 年林木良种工作。

省长何竹康就发展林业问题提出要求

11 月 24 日　河南省政府省长何竹康对光山、新县、商城三个苏区县进行为期 8 天的视察，就如何发展林业问题指出：要继续放宽政策，鼓励农民搞专业承包和开发性承包。近山、好山可以包给农民种树，子孙拥有继承权；要调整用材林和经济林的结构，大力发展三五年能够见成效的经济林，做到长短结合，以短养长。近期要重点扶持茶叶、板栗、竹子及其他收益快的经济林；银行、信用部门对开发性生产要优先提供贷款；经济联合社要努力做好服务工作，搞好商品流通。

省绿化委员会召开电话会议

12 月 6 日 省绿化委员会召开电话会议，号召全省人民在搞好冬季造林工作的同时，发动群众，于 12 月底前把全省所有的泡桐丛枝病统统剪掉。河南省副省长、省绿化委员会副主任胡廷积在会上讲话，省绿化委员会副主任张永昌、张企曾及有关方面的负责人出席了会议。

禹县百万亩耕地实现平原林网化

12 月 8 日 《河南日报》报道：禹县以发展林业为实现翻两番的突破口，一年内连闯育苗关、规划关、栽种关，在近百万亩耕地上，一举实现了平原林网化。该报为此发表了评论员文章，指出：这在河南省林业建设事业上是一个创举，它为平原绿化创出一条新路。禹县之所以能够一年实现平原林网化，关键在于该县领导勇于创新，工作扎实，用自己的双手开创社会主义新局面。各地都要树雄心，立壮志，像禹县那样，干就干出一个样子来。

栾川发生森林火灾

12 月 9 日 栾川县赤土店公社发生森林火灾，经千余名军民英勇抢救，数万亩山林脱险。

国务院主要领导对禹县绿化作出批示

12 月 23 日 国务院主要领导在徐枫关于禹县绿化的报告上批示：“杨钟、文涛同志：转去原河南林业厅副厅长徐枫同志关于禹县实现一年绿化情况的一封信。看了这封信后，使人感到非常高兴，很受鼓舞。从这里，我们看到平原造林确实大有可为，很有潜力。请你们负责和报社的同志研究，在报纸上介绍这一经验。

地处平原地区的禹县能够实现一年造林，一年绿化，很主要一点是由于全县从上到下，从思想上、组织上、物质上长期做了准备工作。在推广他们的经验时，主要推广他们如何扎扎实实地做好工作，而不要笼统号召一年绿化，也不要发动大家去参观。否则，反而会造成不良后果。过去，我们推广经验，往往是点上很好，一推广到面上就搞形式主义。这个教训，一定要记取。

请林业部选择十几个或更多一点县，认真做好规划，参照禹县的做法，狠抓落实，把造林搞好。这些县在步骤上，也应先从若干公社、乡搞起，逐步推广，以尽快取得成效，把绿化大地的工作搞得更扎实，更有起色。”

1984 年

省林业厅召开全省森林植物检疫会议

1 月 6 日 省林业厅在郑州召开河南省森林植物检疫会议。会议贯彻了中央六部(局)《关于国内邮寄、托运植物和植物产品实施检疫的联合通知》精神，传达了林业部草定的《植物检疫条例实施细则》(森林植物检疫部分)和全国杨树病虫害防治会议精神，要求提高认识，加强领导，县以上林业部门指定一名局长负责森林植物检疫工作；严肃认真地抓好产地检疫，将病虫源控制在原产地，杜绝传播蔓延。

省委省政府嘉奖禹县平原绿化

1 月 7 日 省委、省政府颁发嘉奖令，表彰禹县各级干部和全县人民在平原绿化工作中作出的突出成绩。禹县人民在党的“十二大”精神指引下，1983 年春季育苗，6 月规划，冬季植树，一举完成农桐间作 80 万亩、农田林网 20 万亩，加上村旁宅旁绿化，植树 860 万株，实现了平原林网化，为河南省创出了一条高速度、高标准实现平原绿化的新路子。省委省政府在嘉奖令中勉励他们继续发扬自力更生、艰苦奋斗的革命精神，向荒山进军，为尽快绿化禹县山河，建设一个无山不绿、有水皆青、林茂粮丰的新禹县作出新的成就；要求全省各级党政领导学习、推广禹县经验，因地制宜，创造性地搞好本地区的造林绿化工，为绿化中原作出贡献。

河南日报推广济源护林防火经验

1 月 8 日 《河南日报》报道：济源县护林防火成绩突出，连续三年无森林火灾，被评为全国护林防火先进单位。报纸为此发表短评指出：济源县在森林覆盖率达 30% 的情况下，连续三年无森林火灾，受到林业部的表彰奖励，他们的经验值得大力推广。

河南省林业区划等获省科技成果奖

1 月 13～16 日 省政府在郑州召开河南省科技界表彰先进暨奖励成果大会。《河南省林业区划》获得省农业资源调查和农业区划重大成果二等奖，禹县获得林业区划成果应用一等奖，《西峡林业区划》获得省农业资源调查和林业区划重大成果二等奖。栾川、洛宁、博爱、潢川、太康、获嘉、睢县等 7 个县分别获得三等奖。

省林业厅召开林业三定工作交流会

1 月 15 ~ 17 日 省林业厅在洛阳市召开全省林业“三定”工作交流会，洛阳行署副专员刘振邦以及嵩县、栾川、临汝、泌阳等县在会上作了林业“三定”工作经验介绍。省林业厅副厅长王庭训在总结报告中指出：学习洛阳地区林业“三定”经验，就要像洛阳地区那样，主要领导干部亲自抓，抽调相应的得力干部，集中力量打歼灭战，善始善终地完成林业“三定”工作；要努力搞好 1984 年林业生产，发展林业大好形势。1983 年冬以来，全省已完成大面积造林 63. 3 万亩，营造和补造农田林网 658 万亩、农桐间作 648. 7 万亩，“四旁”植树 11 693 万株，育苗 77 000 亩，幼林垦抚、造林整地等都比上年同期有较大增长。1984 年林业工作的重点是以完善林业生产责任制为中心，切实搞好春季育苗，大力开展四季造林，扩大飞播和封山育林面积，抓好 3 月和 11 月两个造林月工作，开展全民义务植树，提高经济效益，搞活林业经济。

河南日报介绍禹县平原绿化经验

1 月 22 日 《河南日报》发表省林业厅原副厅长徐枫撰写的文章《平原绿化的一颗明珠——禹县》。文章说：禹县一年实现平原绿化之所以成功，一是方针、政策对头，县委、县政府领导先后学习了省内外七八个县的先进经验，同时对本县也作了调查研究，总结了正反两方面的经验教训；二是措施得力，抓住了育苗关、规划关、栽树关三个主要环节，保质保量完成了一年农桐林网化，栽泡桐 860 多万株。林业部部长杨钟誉之为“平原绿化的一颗明珠”；省委第一书记刘杰、省委书记刘正威、省人大常委会主任赵文甫等到禹县察看之后，都十分赞赏。

河南省生态学会成立

2 月 8 日 省科协致函省林业厅，同意成立“河南省生态学会”，学会挂靠在省林业厅（省林业厅于同年 12 月会同有关部门协商成立河南省生态学会筹备小组，开始办公）。

省绿化委员会召开林业育苗现场会

2 月 20 日 省绿化委员会在周口、商丘召开为期 6 天的省林业育苗现场会议。省绿化委员会副主任、河南省政府副省长胡廷积，省绿化委员会副主任、省林业厅厅长张企曾，林业厅副厅长王庭训、关耀信等参加了会议。会上传达学习了国务院主要领导对禹县绿化工作的重要批示，禹县介绍了一年实现平原绿化的经验，与会人员参观了商水、郸城、沈丘和民权县的育苗现场。胡廷积副省长在作总结讲话时指出：由于进一步放宽政策，全面开展了林业“三定”工作，划分自留山 1 100 万亩、责任山 1 600 万亩，调动了群众造林的积极性。同时实行了由单抓育林护林到以营林为基础，搞好多种经营，综合利用，由只管生产到既抓生产又管林产品加工和流通的转变。1984 年是实现平原绿化三年卓见成效关键性的一年，各地要加强领导，扎扎实实办林业。要解放思想，放宽政策，继续完善林业生产责任制。要大力开展全民义务植树活动，推动林业大好形势的发展。

省林业厅提出处理好林业十个方面的关系

2 月 25 日 省林业厅党组在整党中提出，全省在林业内部应处理好以下十个方面的关系：①国家、集体、个人的关系：克服重集体、国营，忽视甚至限制个人的做法，把 7 000 万农民当作绿化中州的主力军；②经济效益和生态效益的关系：克服“木材挂帅”思想，把林业当做农业生产的保卫者，农村能源的供应者，为林业健康发展奠定思想基础；③平原和山区的关系：平原山区建设二者不可偏废；④林种关系：通过调查，确定最佳林种结构；⑤造林树种关系：克服重引进树种、轻乡土树种，重速生树种、轻优质树种的倾向；⑥造林与管护的关系：真正做到“三分造、七分管”，最大限度地提高保存率和林木生长率；⑦营林与采伐的关系：要采育结合，青山常在，永续利用；⑧规划、计划的制定与措施的关系：避免规划、计划与实际脱节的现象；⑨国家投资与部门、群众投资的关系：要发动各行各业投资开发荒山，绿化中州；⑩面上造林与重点林业工程建设的关系：在搞好面上绿化的同时，搞好林业重点工程建设。

林业部通知举办太行山区县政府领导培训班

2 月 27 日 林业部通知：为了配合太行山地区大规模绿化建设的开展，决定委托北京林学院举办太行山地区县人民政府领导干部林业培训班。

4 月 16 日开学，学习 3 个月。要求河南林县、辉县、济源县、沁阳县、孟县、鹤壁市、安阳县、安阳市、淇县、汲县、修武县、博爱县、焦作市派主管林业的市长、县长或副市长、副县长参加学习。

省绿化委员会召开第四次全体会议

3 月 1 日　省绿化委员会召开第四次全体会议。会议由河南省副省长岳肖峡主持。会上学习了中共中央、国务院《关于深入扎实地开展绿化祖国运动的指示》；省绿化委员会副主任张企曾汇报了 1983 年全民义务植树及造林绿化的情况和 1984 年的工作意见。省绿化委员会副主任、副省长胡廷积在总结时说：这次会议的任务是贯彻中央指示，总结 1983 年工作，部署 1984 年任务。会后要广泛宣传，把造林绿化运动扎扎实实地搞起来。省委、省政府要求：平原地区三年卓见成效，五年完成任务，山区十年完成任务。3 月是河南省的“造林月”，各地要加强领导，进一步放宽政策，扎扎实实地搞好春季造林、育苗和全民义务植树工作。

省委省政府召开加速绿化中州电话会议

3 月 10 日　省委、省政府召开电话会议，要求各地增强远见、放宽政策、加速绿化中州。会议由副省长岳肖峡主持。省长何竹康、副省长胡廷积出席会议并讲话。何竹康在讲话中指出：中共中央、国务院《关于深入扎实地开展绿化祖国运动的指示》，进一步阐明了绿化祖国的伟大意义，提出了绿化祖国的奋斗目标，制定了为实现这一目标必须实行的重大方针、政策，是号召全国人民开创绿化事业新局面的动员令。我们要认真学习、广泛宣传。贯彻中央指示：要增强远见，开阔视野；要进一步放宽政策。绿化的潜力在群众之中。人均荒山在 10 亩以下的都可以划作自留山，由农民长期经营；集体无力绿化的荒山、荒滩，要放手承包给农民植树造林，鼓励农民上山办林场，承包小流域治理；国家无力经营的山林和无力造林的荒山，可实行作业承包或合作造林。目前正是造林育苗的黄金季节，各级领导都要带头种树、种草，带头义务植树，为建设一个环境优美的中州大地作出贡献。

省林业厅通知要求加快国营林场改革步伐

3 月 10 日　省林业厅发出《关于加快国营林场改革步伐的通知》。要求各林场领导认真组织学习中共中央、国务院《关于深入扎实地开展绿化祖国运动的指示》和胡耀邦总书记对北京市十三陵林场职工刘国生承包荒山造林一事所作的重要批示，解放思想，大胆改革，破除阻碍前进的老框框、老套套、老作风，从“左”的束缚中解放出来，进一步完善以联产承包为内容的各种形式的生产责任制，继续推行河南省行之有效的“五定一奖”、“浮动工资”的做法，发动职工讨论、学习十三陵国营林场的荒山造林设计、验收、职工承包施工的经验，学习推广河南省宁陵国营林场将幼林承包给农民群众管护，搞好林粮间作的经验；也可以在林场附近划给职工一定数量的自留荒，鼓励他们到山、沙荒区进行开发性生产，有条件的还可试办“家庭林场”、“家庭果园”、“家庭苗圃”等。

郑州火车站获全民义务植树先进单位称号

3 月 11 日 《河南日报》报道，郑州火车站奋战三年，实现“四季常青，三季有花，两季有果”，被中央绿化委员会命名为“全民义务植树先进单位”。

省领导同省会群众一起参加植树活动

3 月 12 日 省委、省人大、省政府、省政协、省军区领导刘杰、何竹康、赵文甫、战景武等同省会群众 3 700 多人一起参加植树活动。

省绿化委员会通知要求成立护林防火办公室

3 月 16 日 省绿化委员会下发通知：根据省政府决定，护林防火工作由省绿化委员会领导。省绿化委员会内设护林防火办公室（地址在省林业厅），省绿化委员会委员、省林业厅副厅长关耀信兼公办室主任。各地、市、县凡未建护林防火指挥部的，均应在绿化委员会内设立相应机构。

确山县积极开展宜林荒山承包工作

3 月 19 日 新华社记者陆轲报道：确山县委、县政府在中央一号文件下达后，即抽调 120 名机关干部，由县委书记带领分赴山区各乡，向群众深入宣讲文件精神。农民们在党的政策鼓舞下，争先恐后承包绿化荒山。到目前为止，除国家用地外，106 万亩宜林荒山已分别划归农民承包。

团省委等部门通知要求做好采种支甘工作

4 月 10 日 共青团河南省委、省林业厅、教育厅、农牧厅联合发出《关于 1984 年采种支甘任务分配的通知》，对上年“采种支甘”工作进行了总结，对本年工作作出了安排。河南省1983年的“义务采集草种树种，支援甘肃改变面貌”活动，在广大青少年的积极努力和各级团委、林业、教育、农牧业等部门的密切配合下，超额完成了上级分配的5.25万公斤的任务，取得了“支甘”草种树种22万公斤的好成绩，被评为“全国采种支甘优胜者”，11个团县委被评为“全国采种支甘先进集体”。河南省表彰了64个红旗单位，92个先进集体，322名先进个人。1984年团中央下达给河南省“采种支甘”任务8.75万公斤，省实际分配任务为11.5万公斤。通知要求各地市继续按照1983年团省委、省林业厅、教育厅、农牧厅联合转发的团中央、林业部、教育部、农牧渔业部《关于组织青少年支援甘肃采集草种树种的通知》精神，搞好本年度的“采种支甘”工作。

胡廷积副省长要求大兴爱鸟护鸟新风

4月11日 胡廷积副省长发表广播讲话，要求各地大兴爱鸟护鸟的社会新风。胡廷积副省长说：鸟类是大自然的组成部分，是国家的宝贵资源。1982年开展“爱鸟周”活动以来取得了初步成效，但也存在一些问题。他要求各地加强对爱鸟护鸟工作的领导；广泛开展爱鸟护鸟的宣传教育；搞好鸟类的保护管理；加强鸟类生存环境的保护；把爱鸟护鸟当做建设社会主义精神文明和物质文明的一项任务来抓。

省多部门联合通知要求做好第三届爱鸟周工作

4月13日 省城乡建设环境保护厅、林业厅、教育厅、共青团省委、省科学技术协会就进一步开展爱鸟护鸟活动联合发出通知，要求各地、县结合即将到来的第三届“爱鸟周”，大力开展宣传教育工作，把爱鸟护鸟和精神文明建设结合起来，形成“保护鸟类，人人有责”的良好社会风尚。呼吁共青团员、少先队员要做爱鸟护鸟的模范，做到不打鸟、不捉鸟、不掏窝、不摸蛋。各级林业、城市园林部门要加强对这项工作的管理，任何单位和个人不得猎捕、买卖国家保护的珍稀鸟类。对某些经济价值高、资源充足、可以猎捕利用的鸟类，也要按照国家规定，在不破坏资源的前提下，报经省林业主管部门批准，有计划组织猎捕。对爱鸟护鸟有功者奖，乱捕珍稀鸟类的要给予法律制裁。

河南省野生动物保护协会筹备会召开

4月14日 河南省野生动物保护协会筹备会在郑州召开。省林业厅厅长张企曾主持会议，副省长胡廷积参加会议并讲话。胡廷积指出：河南省野生动物保护协会是群众性组织，其主要职责是在党和政府的领导下，认真贯彻野生动物保护管理工作的方针、政策和法令，团结广大会员，为促进河南省野生动物保护事业的发展作出贡献。协会的主要任务是组织会员开展保护野生动物的宣传教育，争取做到每个公民都能为保护珍贵稀有野生动物出谋献策；尽心尽力，积极配合有关科研、教学、动物饲养单位开展科学研究与学术交流；推广科研成果和先进技术，组织筹募保护野生动物资金。

河南省野生动物保护协会成立

4 月 21 日 河南省野生动物保护协会成立大会暨第三届“爱鸟周”现场会议在桐柏县召开。这次会议的主要任务是交流一年来河南省开展爱鸟活动的情况，学习推广桐柏县组织开展野生动物保护和国营陈庄林场开展益鸟招引的经验，研究如何进一步搞好河南省野生动物保护工作。大会选举副省长胡廷积为河南省野生动物保护协会名誉会长，省林业厅厅长张企曾为会长。省林业厅副厅长王庭训在讲话中指出：当前，应把保护野生动物当做社会主义物质文明和精神文明建设的一项重要内容，进行广泛宣传；进一步贯彻《森林法》、《环境保护法》，落实国务院《关于保护珍稀野生动物的布告》和有关规定，切实加强对珍稀动物的保护管理工作；要努力建设好自然保护区，为野生动物提供良好的栖息基地。

全省国营林场整顿工作汇报会召开

4 月 24 日 省林业厅在桐柏县召开全省国营林场整顿工作汇报会，副厅长王庭训作总结讲话，要求继续抓紧搞好国营林场整顿工作，配好领导班子；解放思想，抓紧改革，把国营林场的经济搞活；加强自然保护区的管理和建设。

省林业厅为 13 项林业科研成果申请报奖

4 月 29 日 省林业厅向林业部呈送《关于河南省 1982 年、1983 年重大林业科技成果申请授奖的报告》。申请项目有：泡桐优良新品种——豫林一号（省林业科学研究所）、泡桐速生丰产综合技术研究（省农学院）、泡桐种质资源调查收集（省农学院）、核桃嫁接技术研究（省林业科学研究所）、拟除虫菊酯类农药防治枣尺蠖试验研究（省林业科学研究所）、河南省枣树资源调查研究（省林业科学研究所）、榆兰金花虫防治技术研究及应用（省林业技术推广站）；枣锈病、枣壁虱、枣龟蜡蚧防治技术及应用（省林业技术推广站）、秋季带叶栽泡桐的研究与推广（民权县林业科学研究所、省林业厅营林处）、腐殖酸钠促进毛白杨插穗生根技术（洛阳地区林业科学研究所）、泡桐高干壮苗综合技术研究（许昌地区林业科学研究所）、麦桐套作育苗试验研究（开封市农林牧局）、毛白杨优良类型的研究（省农学院）。

河南日报刊登省木材公司积极组织国外进货消息

5 月 16 日　《河南日报》报道省木材公司积极组织国外进货的消息：从 1981 年到 1984 年 4 月，全省共调进美国松原木 317 772 立方米，苏联松原木 10 102 立方米，印尼胶合板 18 228 立方米，缓和了河南省木材市场的供需矛盾，支援了“四化”建设，取得了较好的经济效益。

河南省调处山林权纠纷领导小组成立

5 月 16 日　根据省政府豫政[1983]132 号文件，成立河南省调处山林权纠纷领导小组（办公室设在省林业厅），从即日起启用印章。

河南省综合治理马尾松毛虫座谈会召开

5 月 20 日　河南省综合治理马尾松毛虫座谈会在信阳召开。会议认为：马尾松毛虫防治工作要认真贯彻“预防为主，综合防治”的方针，以营林措施为基础，以生物防治为主导，合理使用化学农药，不失时机地扑灭局部灾害。要求：加强领导，把松毛虫防治工作列入议事日程；加强营林措施，从治本着手控制松毛虫灾害；切实做好预测预报工作；积极改革现有防治管理体制，提高经济效益；改进工艺流程，提高菌药、蜂种质量；加强试验研究，为防治工作提供新技术。

全省油桐垦复管理会议召开

5 月 24 日　全省油桐垦复管理会议在郑州召开。会议总结交流了 12 年来河南省油桐垦复的管理经验及效果，明确了 1984 年的垦复任务，讨论了“七五”期间油桐的发展规划，修改了《河南省油桐丰产技术要点》，查找出了当前油桐生产中存在的问题。省林业厅副厅长关耀信在总结时强调：各级领导要提高对油桐生产重要性的认识；以优取胜；禁止掠青、早采；疏密补稀，促使林相整齐；对高山陡坡的油桐，可改种其他树种；垦复款要择优扶持；新造油桐林必须采用良种。

加拿大官员和特邀印度官员考察中加合作项目

5 月 30 日 加拿大国际发展研究中心农业处处长莱萨德和特邀印度官员萨斯里一行 2 人，在中国林业科学院泡桐组长竺兆华工程师陪同下，来河南省鹿邑县考察泡桐生长和中加合作项目的实施情况。考察人员对鹿邑县泡桐栽种的成绩给予了很高评价。莱萨德处长表示同意同中国合作，并给予援助。

省林业厅科学技术委员会成立

6 月 1 日 河南省林业厅科学技术委员会成立。省林业厅厅长张企曾任主任，史作宪、魏泽圃任副主任。

省绿化委员会通知要求做好雨季造林工作

6 月 22 日 省绿化委员会发出通知，要求各地绿化委员会认真贯彻胡耀邦关于抓紧雨季造林的重要指示精神，提高认识，加强领导，认真搞好雨季造林工作。尤其是太行山区，要依靠雨季完成造林任务；做好雨季造林的组织领导工作，抢雨、抢墒，保证雨季造林工作的顺利进行；因地制宜，适地适树，搞好规划。造林后要加强管护，力争栽一棵活一棵，造一片成一片。据不完全统计，目前全省已完成直播、植苗造林 13. 5 万亩，飞播造林 51. 2 万亩，整地 1 万亩。

太行山绿化规划设计全面开展

7 月 6 日 根据中央领导关于加速绿化太行山的指示精神，河南省太行山绿化规划设计全面开展。省林业勘察设计院派出科技人员，对太行山区林牧业用地的土壤、植被、立地条件等进行专业调查。按照林业部要求，太行山绿化规划设计工作于 1985 年结束。1986 年开始实施，争取 20 世纪末把太行山区由“黄龙”变成“绿龙”。

全省国营苗圃经营管理现场会召开

7 月 24 日 全省国营苗圃经营管理现场会在新乡召开。会议期间，与会人员参观了温县苗圃和封丘县专业户育苗，讨论修改了《办好国营苗圃的若干规定》，提出了一些办好国营苗圃的措施、办法。省林业厅副厅长关耀信主持会议并讲话。据统计，河南省现有国营苗圃 95 处，经营面积 38 000

亩，年产苗3 000万株。国营苗圃不但是商品苗生产基地，而且是繁殖推广良种和育苗技术示范的重要基地。

省林业厅召开飞播造林工作会议

8月17日 省林业厅在郑州召开飞播造林工作会议。会议总结了1984年飞播造林工作的经验教训，讨论了1985年的飞播造林计划，安排了林业部下达的“飞播两查”(飞播宜林地调查、飞播成效调查)任务。王庭训副厅长出席会议并讲话。河南省飞播造林面积已达260多万亩。据卢氏、栾川、嵩县三县1979~1980年的59万亩飞播区调查，成苗面积133 700亩，占有效播种面积的31.2%。为了保质保量完成1984年飞播造林60万亩的任务，王庭训副厅长要求着重解决好以下几个问题：一是认真搞好“飞播两查”工作，制定出长远规划；二是保证种子质量，选好播区，有效播种面积最低不少于70%；三是加强领导，抓好播区管护工作；四是尽快抓好飞播造林试验区的建设；五是发挥中央、地方、群众各级的积极性，广筹飞播造林资金。

朝鲜竹子栽培技术考察组考察河南竹子生产

9月6日 朝鲜竹子栽培技术考察组一行6人，在朝鲜国土及城市管理委员会森林科学院第一副院长张兵满率领下，对河南省博爱县和河南农学院竹子的属、种及栽培技术进行了考察。考察人员在博爱县参观了两个曾开花败园而又复壮的竹园，并就竹子开花情况、抢救措施、竹子苗种和气候条件进行了座谈。在郑州期间，省林业厅副厅长关耀信接见并宴请了考察组全体人员。

河南日报发文报道河南林业成就

9月14日 《河南日报》在庆祝建国35周年之际发表署名文章，报道河南林业工作成就。据报道，全省现保存成幼林面积2 800多万亩，改造天然残次生林200多万亩，“四旁”树木10亿多株，林木覆盖率由新中国成立初期的4%提高到12.9%。桐木、山萸肉、辛夷、大枣、板栗、桐油、木耳等许多林产品在国内外享有盛誉。发展林业改善了生态环境，为服务农牧业生产取得了显著成效。党的十一届三中全会以来，在全省范围内开展了林业“三定”工作，放宽了林业政策，已给农民划自留山1 000多万亩，划责任山近2 000万亩，很多地方出现了争包山林、家家植树、户户造林的新局面。

河南省除河南农学院外，还有三所中等林业专业学校，先后培养出大中专毕业生 4 000 多人。林业科学研究单位已发展到 106 个，实行科研、教学、生产紧密结合，取得了很大成绩。

日本考察团考察河南平原绿化

9 月 14 日 应中国林学会的邀请，以芦田卓三为团长的日本社队林业代表团一行 5 人，于 9 月 10 日来我国考察，14 日至 19 日在河南省重点考察了新郑、禹县、博爱等县的平原绿化情况，并提出如下看法和建议：河南平原绿化的树种过于单纯，容易引起病虫害的发生；对泡桐丛枝病应引起重视，采取措施，防止蔓延；桐农间作营林方式很好，但应注意农作物种类的适当搭配，最好实行轮作；在施肥方面应施多种肥料；泡桐育苗每亩 600 株密度太大，影响苗木质量；出口原木太不合算，应加工出口成品，以提高经济效益。林业应该是生产、采伐、加工、利用、储运、购销一体化。

省政府召开宣传贯彻森林法电话会议

9 月 30 日 省政府召开宣传贯彻《森林法》电话会议，胡廷积副省长在会上作重要讲话，要求全省迅速掀起学习《森林法》、落实《森林法》的高潮。各级政府和林业主管部门在 1984 年冬和 1985 年春植树造林运动中，要把宣传落实《森林法》作为头等重要的任务来抓；进一步做好稳定山权、林权和完善林业生产责任制的工作；继续办好国营林场、合作林场，大力支持林业专业户发展林业；依法采伐，搞活木材流通。在木材生产上坚持“林木采伐管严，产品流通放宽”的原则；加强森林保护，坚决打击毁林罪犯；切实搞好秋冬植树造林，在种麦结束之后，迅速掀起秋季植树造林高潮，为绿化中州做出新的贡献。

林业专业户代表张富成应邀参加建国 35 周年国庆观礼

10 月 10 日 省绿化委员会办公室和省林业厅印发的《造林绿化简报》第 44 期，报道了赴北京参加建国 35 周年国庆观礼的河南省卢氏县文峪乡香子坪林业专业户代表张富成于 8 日返回郑州的消息。张富成 1982 年承包乡队荒山 1 000 多亩、林地 600 亩，至 1983 年已全部造林绿化，成活率 90% 以上，林牧副业年收入近 5 000 元，曾出席过省劳模大会。张富成向省林业厅汇报了赴京观礼的盛况后，表示决心进一步搞好承包造林，同时组织带领 19 户村民，在三年内完成 3 000 亩造林任务，使大家尽快富裕起来。

全省林产品经销工作会议召开

10 月 11 日　全省林产品经销工作会议在开封召开。会议分析了在“开放式、多渠道、少环节”的流通体制中，当前林产品经销工作中出现的新形势、新特点、新问题；总结了几年来林产品经销工作的经验教训，研究了适应市场应变能力、林工商内包外联、多种经营方面的问题。省林业厅副厅长王庭训在会上讲话，指出，要想把林业生产搞上去，必须抓经销，抓商品流通，以短补长，长短结合。要广开门路，广开货源，壮大经济实力。要有阵地，有联合，上下结合，城乡结合，内外结合，把公司办成单独核算、自负盈亏的经济体系。要实行经济承包责任制，抓改革，抓企业整顿，提高职工队伍的素质。

多单位联合举办第一届青少年林学知识有奖竞赛

10 月 15 日　省林业厅、河南人民广播电台、河南日报社、河南科技报社、省建设厅环保局、省军区后勤部、省科协、共青团河南省委、河南农学院、洛阳林校等单位发出联合举办河南省第一届青少年林学知识有奖竞赛的通知。通知要求，除农林院校师生和林业技术干部外，凡年龄在 30 岁以下的青少年均可参加。竞赛试题内容包括中国、河南省林业发展的成就、森林的作用、珍贵动植物资源和自然环境保护、植树造林技术要领等。省林业厅将组织编写林学知识广播讲座进行辅导。竞赛设特等奖，一、二、三等奖和鼓励奖，对优胜者分别颁发获奖证书和奖给电视机、照相机、录音机等奖品。

省人大常委会主任赵文甫就森林法颁布发表谈话

10 月 15 日　《河南日报》报道，省人大常委会主任赵文甫就《森林法》的颁布发表谈话。他说，这次颁布的《森林法》是振兴林业的重要法律，它在总结我国林业建设基本经验的基础上，将党的十一届三中全会以来，党和国家关于保护森林、发展林业的一系列重大决策用法律形式固定起来。它的颁布和实施，必将对我国林业的发展产生深远的影响。发展林业是全民的大事，造林涉及千家万户，各地要认真组织学习，利用各种形式进行宣传，做到家喻户晓。在宣传《森林法》时，要正确理解和处理放宽搞活与管严管好的关系。各地要做好《森林法》正式施行的准备工作，一方面搞好林业“三定”；一方面认真测算林木蓄积量和生长量，拟定采伐限额，研究制定木材经营管理办法。对于近期毁林案件，有关地区、部门要认真处理，真正做到有法必依，执法必严，违法必究。

全省平原绿化现场会召开

11 月 1 ~5 日 全省平原绿化现场会议在商丘召开，胡廷积副省长主持会议并讲话，省林业厅厅长张企曾传达了全国林业厅(局)长会议精神，与会人员参观了柘城等县带叶栽泡桐现场。会议总结交流了经验，号召学习禹县和商丘的经验，打好育苗基础战、规划设计总体战、造林突击战和管护持久战“四个战役”。商丘专署专员袁宝星和省林业厅副厅长关耀信等出席了会议。胡廷积副省长在讲话中指出：河南省平原绿化形势很好，继 1983 年禹县一年实现平原绿化后，1984 年又有 30 个县(区)基本完成农田林网化。1985 年是河南省平原绿化三年卓见成效关键的一年，必须背水一战，认真抓好。要大力宣传执行《森林法》，进一步落实林业政策，讲究科学造林；积极发展速生丰产林和经济林，加强管护，办好乡、村林场。

全省山区造林绿化现场会召开

11 月 15 日 全省山区造林绿化现场会议在林县召开。胡廷积副省长主持会议并讲话。会议传达了两次全国林业厅(局)长会议精神，学习讨论了《森林法实施办法(修订稿)》，参观了林县山地造林现场和林产品加工企业。省林业厅厅长张企曾、副厅长王庭训等在会上分别发言。胡廷积副省长在讲话中指出：截至目前，全省已给农民分别划定自留山 1 117 万亩，责任山 1 967万亩；山区林业专业户已发展到 66 282 户，经营面积 328 万多亩；合作林场和新的联合体 6 100 个，经营面积 915 万多亩；全省完成大面积造林 243 万亩。省两次山区工作会议，都确定以林为主和农、林、牧并举的方针，收到了明显成效。要进一步放宽林业政策，完善林业生产责任制，正确处理好统和分的关系。继续办好国营林场，扩大林场自主权。大力支持林业专业户，充分调动广大群众造林绿化的积极性。要大力宣传《中国人民共和国森林法》，坚持依法治林，加快河南林业发展步伐。

林业部与河南省达成筹建全国泡桐中心协议

11 月 18 日 林业部副部长董智勇和河南省副省长胡廷积就如何在郑州筹建全国泡桐研究中心问题，经过协商达成了协议。协议规定：泡桐研究中心以林业部为主，部、省双重领导，人事、财务、物资、基建和业务技术领导以部为主，党的关系归地方。河南省林业厅协助林业部处理日常管理工作。林业部直接负责泡桐研究中心的基建投资、科研三项费和仪器、设备购买费。河南省政府为泡桐研究中心提供方便条件。泡桐研究中心事业费由林业部和省人民政府共同负担，其比例分别为70%和30%；泡桐研究中心在林业部和河南省领导下，全面贯彻科研改革精神，做到面向生产为经济建设服务，把中心办成一个新型的科研单位。中心建成三年以后，通过技术转让、培训、代训、咨询服务及产品加工等措施，逐步做到事业费自给。协议于11月22日在郑州草签，副部长董智勇和副省长胡廷积分别代表林业部和河南省人民政府在协议上签了字。

郑州泡桐研究中心成立

12月5日　国家科委根据林业部[1984]林函305号文件的请示，以[1984]国科发管字1194号文件批复同意在河南省建立林业部郑州泡桐研究中心，该中心为林业部直属事业单位，实行部、省双重领导，以林业部为主体的领导体制。

河南省泡桐考察团赴日本考察

12月7日　经省政府批准，河南省泡桐考察团在团长河南农学院院长蒋建平的率领下，赴日本进行为期4天的考察。考察团成员有李焕章（省林业厅）、李荣幸（河南农学院）、陶栋伟（省林业科学研究所）、段传德（省农林科学院情报所）。

省林业厅进行全年工作总结

12月29日　省林业厅进行1984年林业工作总结。据统计：全年给农民划分自留山1 117万亩、责任山1 967万亩，发展林业专业户66 282户，出现林业联合体6 100个；完成林业育苗105万亩，大面积造林243万亩，农田林网和农桐间作1 000万亩，“四旁”植树2.1亿株；整顿国营林场33个；在林业结构上开始由用材林向多林种发展；林业科研在面向生产、面向基层的方针指导下，注意科研、推广、生产三结合；在林业“三定”的基础上，进一步完善了生产责任制。

1985 年

一批单位和个人获中央绿化委员会与共青团中央表彰

1 月 9 日　中央绿化委员会、共青团中央决定授予共青团桐柏县委员会、共青团灵宝县委员会、共青团禹县委员会等 14 个单位“青少年绿化祖国突击队”称号，授予王社妮、程天喜、张志起等 22 人“全国青少年绿化祖国突击手”称号，并向获奖单位和个人颁发了奖状、证书和奖品。

河南省团委捧取全国青少年采种支甘活动优胜奖杯

1 月 9 日　共青团中央向精心组织“采种支甘”活动并取得显著成效的黑龙江、河南、吉林、山西 4 省团委颁发“采种支甘”活动优胜奖杯，同时授予共青团河南省郑州市委员会、共青团河南省南阳地区委员会全国青少年“采种支甘”活动红旗单位称号，授予河南省共青团邓县委员会、共青团辉县委员会、共青团新野县委员会、共青团新郑县委员会、共青团商水县委员会、共青团淮阳县委员会、共青团中牟县委员会、共青团密县委员会、共青团登封县委员会、共青团巩县委员会、共青团荥阳县委员会、共青团内乡县委员会、共青团襄城县委员会等 13 家全国青少年“采种支甘”活动先进单位称号。

省政府通令嘉奖商丘地区

1 月 31 日　省政府颁布嘉奖令，表彰在平原绿化中做出突出贡献的商丘地区。嘉奖令指出：商丘地区党政军民积极响应党中央、国务院关于绿化祖国的号召，坚决执行党的林业政策，实行全民植树，经过 1984 年一年的努力，全区 8 县 1 市共栽树 5 000 多万棵，营造农田林网 1 000 万亩，绿化道路、河渠 35 000 公里，使商丘地区成为河南省第一个基本实现了农田林网化的地区，为林业建设增添了光彩。为此，特向商丘地区颁发嘉奖令，以资奖励。

全省经济林工作会议召开

2 月 2 ~5 日　全省经济林工作会议在郑州召开。河南省林业厅副厅长关耀信主持会议，副省长胡廷积、省林业厅厅长张企曾到会作了报告。胡廷积在报告中分析了当前农业生产的结构及发展趋势，强调指出：在种植业结构中，不仅粮食作物与经济作物之间的比例要调整，而且在大农业中，农、林、牧、副、渔之间的比例也要调整，山区可按林、牧、副、渔顺序排列。在林业生产结构中，不能只重视用材林，更要重视经济林，要以短养长，用短促长，长短结合。林业部张安玲工程师到会讲话，中国林业科学院助理研究员张毅平、河南农业大学副教授王俊明作了学术报告，郑州市、洛阳地区、南召县、林县、灵宝县、确山县等 13 个地、市、县的代表先后介绍了经验。关耀信在会上作总结发言。各地、市及部分县县长、林业局局长、科技干部，林业部、中国林业科学院、河南农业大学、省科技报社等单位的有关人员共 138 人参加了会议。

河南省绿化委员会部署
春季造林和泡桐丛枝病防治工作

2 月 11 日 河南省绿化委员会召开全省电视电话会议，部署春季造林和泡桐丛枝病防治工作。省政府副秘书长张永昌主持会议，副省长、省绿化委员会副主任胡廷积在会上讲话。胡廷积在讲话中提出五条要求：一要大力宣传防治泡桐丛枝病的重要意义；二要采取突击防治和连续防治相结合；三要建立严格的责任制和奖罚制度；四要注意安全，保证质量；五要加强对泡桐丛枝病的综合防治的研究。

河南省绿化委员会召开第五次全体会议

2 月 13 日 河南省绿化委员会召开第五次全体会议。会议由省绿化委员会副主任、河南省副省长胡廷积主持；河南省绿化委员会副主任、省林业厅厅长张企曾，省绿化委员会副主任、省军区副司令员陶治中，省绿化委员会委员、省城乡建设厅副厅长刘征远和团省委副书记史宁安分别汇报了 1984 年绿化工作和搞好 1985 年绿化工作的意见。会议确定 1985 年要着重抓好完成林业育苗 86 万亩、大面积造林 270 万亩（其中飞播造林 70 万亩）、“四旁”植树 4.027 亿株等 10 项工作。胡廷积在总结讲话中强调：平原绿化要三年卓见成效；造林绿化树种、林种要有一个合理的结构；抓好重点工程；要突击抓泡桐丛枝病的防治工作；要认真贯彻执行《森林法》，坚决制止乱砍滥伐。新闻单位的代表和省绿委委员共 30 余人出席了会议。

河南省林业厅机关服务部成立

2 月 18 日 河南省林业厅党组研究决定，成立河南省林业厅机关服务部，其主要任务是：搞好林业厅招待所、食堂的日常管理和厅直机关职工群众的生活服务，办好待业知青对外营业性服务等工作。机关服务部按副处级建制，实行经济独立，自收自支，自负盈亏。

中央绿化委员会委员第四次全体会议在河南召开

3 月 5～8 日 中央绿化委员会委员在郑州召开第四次全体会议。国务院副总理、中央绿化委员会主任委员万里参加会议。会前，万里副总理在省委书记刘杰的陪同下，到邙山黄河游览区栽种了纪念树，参观了商丘地区的植树造林和农田林网化现场，并在沿途及会上发表了重要讲话，强调要把绿化工作作为世世代代的任务，植树造林要有规划；绿化要年年讲，要持之以恒。

省政协领导考察商丘林业

3 月 12～16 日 河南省政协副主席郝福鸿带领省政协、各民主党派考察团一行 32 人，到商丘地区参观、考察了商丘地区所属 8 县 1 市的林业工作。考察团成员一致认为：商丘地区 1984 年植树造林数量多、质量高，创造了平原造林史上的奇迹。考察结束后，考察团对商丘地区下一步林业生产发展提出了建议。

河南林业杂志获准在省内发行

4 月 1 日 河南省科学技术委员会对省林业厅关于《河南林业》在省内发行的申请作出批复，同意省林业厅主办的《河南林业》杂志为双月刊，自 1985 年 5 月起在省内发行。

泰国社会林业考察团在河南考察

5 月 13～17 日 受联合国粮农组织的派遣，以泰国曼谷卡塞察大学林学院副教授尼瓦特·阮帕尼特为首的泰国社会林业考察团一行 7 人在河南省尉氏、新郑、禹县等地考察了刺槐防风固沙林、“四旁”绿化以及农枣间作、农桐间作。考察期间，考察团成员怀着极大的兴趣，询问了林业生产和农民经济收入情况，对当地取得的成绩给予了较高评价。

全省山林权纠纷调处工作会议召开

5 月 20 ~ 22 日　河南省调处山林权纠纷领导小组在郑州召开各地、市调处山林权纠纷领导小组负责人座谈会。省调处山林权纠纷领导小组副组长蒋书铭主持会议，省政府副秘书长宋玉到会讲话。会议认真总结了近几年河南省调处山林权纠纷工作所取得的成绩和经验，进一步明确了调处山林权纠纷的有关政策，研究部署了下半年的工作。

腊梅获鄢陵县县花命名

5 月中旬　久负盛名的花卉之乡鄢陵县正式命名腊梅为县花，鄢陵成为河南省第一个命名县花的县。

河南省林业厅劳动服务公司成立

6 月 12 日　河南省林业厅决定，成立河南省林业厅劳动服务公司。该服务公司归属林业厅办公室领导，其性质属集体所有制经济组织，自负盈亏。经营范围包括招待所、食堂、小卖部、缮印、维修等。

河南省林业厅不再设顾问

6 月 12 日　中共河南省委组织部根据豫发[1985]83 号文件关于“省直厅局级单位不再设顾问”的精神，决定徐国梁不再担任河南省林业厅顾问职务。

河南省政府批转关于林业体制改革若干问题的意见

6 月 15 日　河南省政府同意省林业厅《关于林业体制改革若干问题的意见》(豫政[1985]104 号)，并要求各地区行政公署，各市、县人民政府，省直有关单位认真贯彻执行。“意见”的主要内容，一是落实林业政策，进一步完善林业生产责任制；二是搞活国营林场、苗圃；三是切实办好合作林场；四是加强森林资源管理，搞活木材流通；五是改革林业行政机关的职能。

中央与部省联合检查商丘地区林业

6 月 6 ~ 20 日　由中央绿化委员会、林业部、河南省林业厅组成的“造林绿化考察组”一行 5 人，检查商丘地区的绿化成果。考察组先后调查了民权、柘城、睢县、永城等 8 县的 56 个乡(占全区乡、镇总数的三分之一)。结果表明：1984 年冬和 1985 年春新栽树木质量好，成活率普遍在 95% 以上。检查组还抽查了万里副总理视察过的柘城县牛城乡梁老家村 1984 年冬带叶栽植的 500 亩泡桐丰产林。在抽查的 6 行、480 株泡桐中，只有一株死亡。树木普遍长势旺盛，一般树高 4～4.5 米，胸径 4～6 厘米，顶部多有 4 对新枝。考察组在商丘县花坟村对带叶栽植的泡桐幼树进行了根系检查，认为从长势、根系各方面情况分析，新栽幼树成活良好。

省委书记杨析综听取修武县林业工作汇报

6 月 25 日 河南省委书记杨析综听取了修武县委负责人关于林业工作的汇报，指出：河南搞农田林网很有经验，最近几年农桐间作工作做的比较好，泡桐在河南立了大功。同时，要求把山区绿化工作搞好。

中原林工商服务中心成立

6 月 29 日 根据中央经济体制改革精神，为了发展河南省林业商品生产，疏通产销渠道，交流商品信息，搞活林业经济，促进林工商全面发展，振兴河南林业，经省林业厅研究，决定成立“中原林工商服务中心”。该中心为林业生产单位自愿互利、集资入股、联合经营的服务性机构，各联营单位的性质和隶属关系不变。中心实行独立核算、自负盈亏，与行政机关脱钩，在业务上接受河南省林业厅指导。

河南省林学会换届选举

7 月中旬 河南省林学会在郑州召开第二次会员代表大会。会上讨论研究了河南省林业发展战略规划，进行了换届选举。新的理事会由 45 人组成，其中新任理事占三分之一，大都是近几年在林业科研和新技术推广中做出优异成绩的中、青年科研人员。理事会选举张企曾为理事长，蒋建平、王庭训、潭永润为副理事长。

省委书记杨析综听取林业工作汇报

7 月 24 日 省委书记杨析综听取省农业经济委员会(以下简称农经委)、经济研究中心、省林业厅等单位工作汇报，在听取省林业厅工作汇报时指出：在林业方面，平原造林、农桐间作工作做的不错，有的地方需要进一步发展。一些岗地和山坡绿化的任务还比较重，难度也较大。对条件不同的地方要区别对待，适于农田林网的地方就搞农田林网化，适于发展果树的地方可以发展果树，适于发展水源涵养林、用材林的地方可以发展水源涵养林、用材林。发展林业要有规划。要把水果和水果加工业搞起来。畜牧业、林业等其他行业的服务体系非常薄弱，各种服务体系跟不上，这是个很大的问题，要下力气抓好。

飞播造林超额完成年度计划

7月 河南省林业厅造林绿化简报[1985]29 期刊载文章，介绍河南省雨季飞播造林工作。据该文介绍，从 6 月中旬开始，河南省林业系统先后在桐柏、西峡、淅川、南召、内乡、鲁山、卢氏、栾川、洛宁、灵宝、渑池、济源、修武、博爱、淇县、林县、辉县等 17 个县进行雨季飞播造林，加上新县、商城、罗山 3 县春季飞播的 3 万亩，全省全年共完成飞播造林 94 万亩，其中有效面积 75 万亩，超额完成了年度计划。

全国第一个最大的泡桐基因库建成

7月28日 全国第一个最大的泡桐基因库在禹县建成。该基因库占地面积 1 250 亩，是河南农业大学、省林业厅、省科委等单位经过 10 年努力建成的。

省委副书记刘正威考察豫东林业

8月4~8日 河南省委副书记刘正威考察豫东林业工作。4 日至 6 日，刘正威副书记察看了商丘市和民权、睢县等 3 县(市)的乡镇企业、农桐间作、农田林网和背河洼地改造等情况，肯定了民权发展泡桐、葡萄、棉花、草(沙打旺)“新四宝”的做法；7 日至 8 日，在永城、夏邑、虞城等县检查工作时，刘正威副书记在黄河故道南大堤察看了豫东五大防护林带之一的裴吴庄林场防护林带。

省委书记杨析综到商丘等地调研林业

8月8日至9月1日 河南省委书记杨析综就河南林业工作陆续到商丘、周口、驻马店、信阳、南阳、许昌等地区和平顶山市进行了调查研究。他认为，在调整大田作物的同时，要重点发展林果业、养殖业和乡镇企业。商丘地区通过抓植树造林，既改变了生产条件，也改造了生活环境，使生态系统得到改善，为今后的生产建设创造了一个很好的基础。从商丘和周口地区一些县的情况看，平原绿化的覆盖面积达到20%左右是可能的。如果到1995年全省都能达到这个水平，就是很了不起的成绩。过去林业只讲绿化，偏重发展用材林，今后要特别注意大力发展果树等经济林，因为经济林比用材林的经济价值高，见效也快。发展林果业要因地制宜，适地适树，选用优良品种。在那些水旱灾害频繁、种庄稼收益很低而且又无保证的地区可以弃粮植树。在驻马店、信阳地区的一些地方栽沙兰杨、七二杨，发展造纸工业，收益会比种地高。要把种草提到和种树一样的地位。在一些低产的荒坡、土地瘠薄、水源没有保证的地方可以发展草场，种植沙打旺，开展退耕还牧，要有计划、有步骤、有领导地进行。

省委书记杨析综考察商丘等地林业工作

8月9日 河南省委书记杨析综到商丘等地考察林业工作，对当地林业工作取得的成绩给予了肯定，指出当地抓造林，既改变了生产条件，也改善了生活环境，使危害多年的沙丘造福于人民，干得好，应该支持。他强调要发展粮食、水果、水产、林业、畜产，除了正确的政策和方法外，还要发展为这些产业服务的服务体系，特别是技术服务体系。要大力开展桐木加工、水果加工以及畜产品加工。加工问题解决了，就能增值，提高效益。

林县林业法庭建立

8月17日 河南省高级人民法院批复同意建立林县林业法庭，林业法庭的人员编制、经费由林县林业局负责，林县人民法院负责业务领导。法庭正、副庭长，审判员，由县人民法院与县林业局充分协商后，依照法律程序，由县人民法院院长提请县人大常委会任免；助理审判员、书记员由县人民法院院长任免。

省委书记杨析综就林业问题发表看法

8月17日 省委书记杨析综在听取驻马店地委工作汇报时，发表有关林业问题的看法。他认为，正阳县有的地方人均五六亩地，费劲很大，收益却不大，又不保险，而种一部分树，五六年就见收益，可以给造纸工业提供很多原料。能否在这里搞个造纸厂，可以研究。21日，杨析综在听取信阳地委汇报工作提出：要注意发挥专业户在发展乡镇企业中的作用。他们是农村的重要智力资源，与一般农民相比，他们从事的也是复杂的劳动。他们是农村先进生产力的代表者和先进科学技术的示范者，是农民治穷致富的带头人。

省委书记杨析综考察南阳林业

8 月 22～26 日　杨析综在南阳地区检查工作时，对当地林业工作进行了考察，对南阳提出的抓好"一个调整"（调整农村产业结构）、组织两个转化（生物转化和物理转化）、实现"三个突破"（乡镇企业、畜牧饲养业和林果业的新突破）的发展思路给予了肯定，要求继续抓落实，依靠科学技术，在保证粮食稳定增长的基础上，合理地调整粮经比例，突出发展林果业、养殖业、乡镇企业，创造出更多的好经验。

省委副书记刘正威考察豫西林业

8 月 25～28 日　河南省委副书记刘正威考察豫西地区林业工作。在陕县、灵宝考察时，刘正威指出：林果业是豫西的一大优势，要做好规划，大力发展经济林。要因地制宜，把一些荒山丘陵先绿化起来，既能防止水土流失，又可以促进畜牧业的发展。区划一定要为产业调整服务，为发展商品经济服务。刘正威副书记对灵宝提出的发展果业、林业、畜牧业、矿业的发展思路给予了肯定，要求当地充分发挥苹果生产的优势，挖掘苹果生产的潜力，运用系统工程的观点，对林果业作统筹规划。在卢氏，刘正威副书记与林业专业户张富成进行了座谈，听取了他承包绿化 1 700 亩荒山的事迹和他对山区林业政策的意见，并对张富成作出的成绩给予了表扬，建议以他为典型，拍成电视片，启发教育山区群众开发建设山区，走共同富裕的道路。

省委副书记刘正威听取栾川林业工作汇报

8 月 29 日　河南省委副书记刘正威在栾川考察时，听取了县委负责人关于林业工作的汇报，对县里提出的林业发展思路给予了肯定，要求山区发展要选准优势，要研究山区发展规律，多种经营以药材、食用菌为主。要因地制宜，实事求是，讲究效益。

副省长胡廷积考察新郑大枣生产

9 月 12 日　河南省副省长胡廷积携省农委副主任郑怀俭和省林业厅厅长张企曾，冒雨考察新郑大枣的集中产区孟庄和薛店两个乡的大枣生产情况。

全省国营林场暨林业企业产品展样订货会举行

10 月 10 日 全省国营林场暨林业企业产品展样订货会在河南省林业厅招待所举行剪彩仪式，河南省政府副秘书长杨昌基、黄学林，省林业厅厅长张企曾，省林业厅副厅长王庭训、关耀信、蒋书铭，河南农业大学副教授刘元本等领导出席剪彩仪式。订货会举办期间，省委副书记刘正威，省人大常委会副主任马瑞华、吴绍奎、丁石、郭培鋆、范濂，副省长胡廷积，省政协副主席、顾问委员会常委崔光华，省委副秘书长魏兆琪、朱毅，省政府副秘书长张永昌等到会参观指导。刘正威为订货会题词：“以林养林，绿满中原”。这次订货会展出了河南省 58 个国营林场和 8 个林业企业的产品，计有家具、人造板、果品、农产品、苗木、花卉、药材、食用菌、服装、果酒、果汁、矿产、林业机械、林化产品等 50 余个品种，其中内乡软木厂的软木垫 1984 年被评为省优质产品，信阳木工机械厂的细木工带锯机 1983 年被评为国家优质产品。订货会于 10 月 20 日结束。

省委常委侯志英为西峡县林业局题词

10 月 11 日 河南省委常委侯志英在西峡县检查工作时为西峡县林业局题词：绿化宛西建奇功。

全省平原绿化现场会在商丘召开

10 月 全省平原绿化现场会在商丘召开。会议着重研究了进一步推广禹县经验、加快平原绿化速度、提高平原绿化水平等问题。河南省副省长胡廷积出席现场会并讲话，号召全省各级领导和人民群众，积极行动起来，植树造林，为加速绿化中州大地贡献力量。

全省山区绿化现场会在林县召开

10 月 全省山区绿化现场会在林县召开。会议主要就加速河南省山区绿化，搞好林副产品加工利用，使林业生产逐步向商品化生产过渡的问题进行了具体部署。河南省副省长胡廷积出席现场会并讲话。会议期间，胡廷积副省长还与 23 名专业户代表进行了座谈，向他们赠送了收音机、镢头、种子等纪念品，并与会议代表合影留念。

河南省绿化委员会举行第六次全体会议

11 月 8 日　河南省绿化委员会召开第六次全体会议，安排部署 1985 年冬和 1986 年春的造林绿化工作。河南省绿化委员会副主任、省政府副秘书长张永昌主持会议，省绿化委员会办公室副主任关耀信传达了中央绿化委员会办公室成都会议精神，省林业厅副厅长王庭训、省城乡建设环境保护厅副厅长刘征远、省军区后勤部副部长王体宝和团省委副书记史宁安分别汇报了农村、城市、军队和共青团的绿化工作情况以及 1985 年冬和 1986 年春的工作意见。最后，省政府副省长、省绿化委员会副主任胡廷积就各部门 1985 年冬和 1986 年春的造林绿化工作作了部署，提出 8 点要求：一是进一步端正造林绿化工作的指导思想；二是结合河南省实际，落实林业政策；三是要明确 1985 年冬和 1986 年春全省农村绿化工作的重点，在平原，继续发展和完善农田林网建设，推广商水县田、林、路、渠综合治理的经验，经过一二年努力，基本完成豫东、豫北和南阳盆地的农田林网建设，为这一地区的农业增产提供一个较好的生态屏障；四是造林绿化务必要讲求质量，以取得最佳的经济效益和生态效益为根本目的；五是要扩大绿化视野，推进城市绿化事业的发展；六是要根据中央绿化委员会关于各部门绿化任务的分工，各负其责，把本部门的绿化搞好；七是要持续抓好义务植树；八要加强领导，讲求实效。

河南省林业厅保密领导小组调整

11 月 27 日　为进一步加强对保密工作的领导，河南省林业厅党组决定调整厅保密领导小组。厅党组成员、副厅长王庭训担任组长，厅办公室主任李占安担任副组长。

中国林学会第六届全国会员代表大会在郑州召开

12 月 13 ~ 18 日　中国林学会第六届全国会员代表大会在郑州召开，来自全国各省、自治区、直辖市以及中国科协、林业部、中国农学会的代表和特邀代表共 160 人参加了会议。林业部副部长董智勇、河南省副省长秦科才出席开幕式并讲话。董智勇在讲话中肯定了中国林学会第五届理事会的工作成绩，介绍了当前我国的林业形势及存在的问题，对林学会工作提出了 5 条建议。会议期间，与会代表参观了河南省禹县的平原绿化现场。会议颁发了中国林学会基金奖，表彰了 116 名从事林业工作 50 年以上的老一辈科技工作者和 15 个给予学会大力支持和帮助的林业单位，并向即将离开学会领导岗位的理事、顾问等宣读了致敬信。会议讨论通过了工作报告和修改会章的报告，选举产生了由 94 人组成的中国林学会第六届理事会。有关专家在会上就 2000 年森林资源发展趋势作了学术报告。

河南省大枣丰产丰收

12 月 22 日 河南省林业厅造林绿化简报[1985]39 期通报了河南大枣喜获丰收的情况。经过全省上下的通力协作和广大枣农的共同努力，在天气前旱后涝、风雹侵袭、病虫害十分严重的条件下，1985 年河南省夺取了大枣丰收。全省鲜枣总产达 0.75 亿公斤，比上年增产 58%，好果率达 95%，是近 10 年收成最好的一年。内黄县产鲜枣 3 147 万公斤，创历史最高水平。

河南省林业厅普法教育领导小组建立

12 月 19 日 为了进一步加强对普法教育工作的领导，河南省林业厅党组决定成立厅普法教育领导小组。厅党组成员、副厅长蒋书铭担任组长，厅办公室、厅机关党委主要负责人担任副组长。

林业部副部长董智勇考察洛阳林校

12 月 24 日 林业部副部长董智勇、林业部教育司司长张观礼在河南省林业厅副厅长蒋书铭陪同下考察洛阳林校，并为全体教职工作了报告，全面分析了我国林业形势，强调了发展林业教育的重要意义，指出了我国林业教育的发展方向。

1986 年

河南省速生丰产林领导小组成立

1 月 16 日　省林业厅成立河南省速生丰产林领导小组，厅长张企曾任组长，副厅长关耀信、蒋书铭任副组长。

豫东平原成为我国面积最大的人工平原林区

2 月 15 日　豫东平原成为我国面积最大的人工平原林区，有 4.6 亿株林木，3 000 万亩农田林网和农林间作。

省委省政府领导对林业育苗工作作出批示

2 月 28 日　河南省林业厅林情快报[1986]4 期《我省三亿多株树苗面临危机》一文发出后，省委副书记刘正威作出批示，要求有关部门采取措施，妥善解决苗木调配问题，保护农民植树造林的积极性。28 日上午，省政府副省长胡廷积召集省林业厅负责人商议解决这一问题的办法。胡廷积指出：河南省山区有成千上万亩荒山、荒地尚未绿化，平原地区有大片空当亟待补植，公路、河道植树任务也很大，苗木不是过剩，而是不够。一些地方反映苗木销不出去，是调配不周、信息不灵、流通不畅造成的。不能由此得出所谓“苗木过剩”的结论，更不能为此而放松今年的育苗工作。他要求各级领导、特别是县一级领导，一要认真抓好苗木调配，通过贷款、集资等办法筹集资金，把能够出圃的苗木全部栽上；育苗专业户要保本微利，尽快处理苗木。二要加强育苗工作的宏观控制，指导群众育苗，避免盲目性，真正做到“造什么林、育什么苗，造多少林、育多少苗”。三要注意调整育苗树种、品种，培育优质、速生、适销的苗木，加大经济林比重，保证完成省计划经济委员会(以下简称计经委)下达的林业育苗任务。

河南省林业好新闻评选活动圆满结束

3 月 10 日　由河南省省林业厅、省广播电视厅、河南日报社、省新闻工作者协会、新华社河南分社、省广播电视新闻中心、河南人民广播电台、河南电视台、河南农民报社、河南科技报社联合举办的 1985 年度林业好新闻评选活动圆满结束， 10 日下午在省会郑州召开颁奖大会，省委、省人大、省政府、省军区领导向获奖作品的作者颁发了证书。这次评选活动共收到全省各新闻单位推荐的作品 170 篇，由 10 家主办单位联合组成的好新闻评选委员会对推荐作品进行了集体评审，共评出一等奖 6 篇、二等奖 28 篇、三等奖 64 篇。这些获奖作品从不同侧面和角度反映了一年来河南省林业工作取得的成绩、经验、教训和存在的问题；宣传了党的林业方针、政策，歌颂了林业战线的先进典型和模范人物，对河南省林业建设起到了推动作用。在颁奖大会上，省政府副省长胡廷积肯定了全省新闻工作者在林业宣传中取得的成绩，希望新闻工作者要继续保持和发扬同绿化部门密切合作的好传统、好作风，写出更多更好的作品，为振兴林业、绿化祖国作出更大贡献。

全省大枣板栗柿子管理工作会议召开

3 月 15～16 日 河南省林业厅在郑州召开全省大枣、板栗、柿子管理工作会议。重点产区地、市、县林业局和有关科研、教学单位的领导、工程技术人员共 56 人参加了会议。河南省林业厅副厅长王庭训到会讲话，副厅长关耀信为会议作总结。河南省农业大学园艺系副教授王浚明作了学术报告，内黄县、濮阳市郊区、新郑县、浚县、郑州市、濮阳市分别介绍了获得 1985 年大枣丰收的做法和经验。经过认真讨论，会议通过了 1986 年大枣、板栗、柿子管理检查指导工作方案。

河南省绿化委员会第七次会议表彰绿化有功人员

3 月 9 日 河南省绿化委员会第七次全体会议作出关于表彰绿化有功人员的决定。表彰在造林绿化活动中涌现出的一批热爱林业、重视绿化，亲自组织和率领群众开展植树造林、栽花种草，并使所在地区、部门绿化工作取得显著成绩的党政军领导，同时向全省 953 位绿化有功的各级领导颁发了绿化中州荣誉证书。

河南省绿化委员会表彰绿化有功人员

3 月 10 日 河南省绿化委员会在省人民会堂隆重举行表彰大会，表彰、奖励绿化有功人员和林业好新闻获奖作者。省委副书记刘正威、副省长胡廷积、省顾问委员会副主任张赤侠、省人大常委会副主任范濂、省政协副主席阎济民、省军区副司令员王英洲、省政府副秘书长张永昌和省绿化委员会各位委员以及省直有关单位的负责人参加了会议，刘正威、胡廷积在表彰会上讲话。刘正威在讲话中强调：造林绿化是改造河山、治理国土的一项基本建设，各级领导对这项造福当代、荫及子孙的事业要树立责无旁贷的责任心和紧迫感，切实加强领导；要注意提高造林绿化的质量和经济效益；城镇、交通干线、名胜古迹、旅游区的绿化要走在前头，为绿化中州大地作出新的贡献。胡廷积代表省政府向全体受到表彰的人员表示祝贺。

绿化延误费开始收缴

3 月 25 日 河南省绿化委员会、财政厅发出《关于执行收缴绿化延误费的通知》。通知指出：根据国务院《关于开展全民义务植树运动的实施办法》规定，对未完成义务植树的单位，应收缴一定数额的绿化延误费。通知划定了绿化延误费的收缴范围，明确了绿化延误费收缴标准及绿化延误费收缴办法等内容，要求从 1986 年 5 月 1 日起由各地、市、县遵照执行。

省委书记杨析综考察信阳等地的林业工作

3 月 17 日至 4 月 5 日 省委书记杨析综，省委常委、副省长张志刚深入信阳、驻马店地区和漯河市等县农村进行调查研究并考察林业工作。考察期间，杨析综等领导还在淮滨县谷堆乡沙湾村听取了林业劳动模范、村支部书记孙德地的汇报，视察了杨树丰产林，同时对商城县在山上种树、发展林果业，淮滨县谷堆乡沙湾村发展林业致富和平舆县李屯乡水、田、林、路综合治理的做法给予了肯定并提出表扬，对所考察地区发展林业作出了重要指示。

舞阳林场舞钢林区改建为森林植物园

3 月 河南省林业厅批复同意将国营舞阳林场舞钢林区改建为森林植物园，隶属关系不变。该园属暖温带向北亚热带过渡的森林植物类型，树种资源比较丰富，是具有科学研究、科学普及和旅游价值的综合性森林植物园地。

河南省科协在南湾林场建休养院

4 月 28 日 河南省林业厅对信阳地区林业局《关于省科协在南湾林场建休养院的报告》作出批复，在不改变林场山地权属的情况下，同意省科学技术协会占用山林面积 85.3 亩，修建省科技工作者休养院。双方应严格执行协议，互利互惠，促进林业事业的发展。

河南省林业厅职称改革领导小组成立

5 月 3 日 为搞好林业厅厅机关和厅直属单位专业技术职务聘任工作，河南省林业厅成立河南省林业厅职称改革领导小组。领导小组组长由副厅长蒋书铭担任。领导小组下设办公室，负责处理日常工作。办公室设在厅科技处。

中国竹业协会河南分会在郑州成立

5 月 7～8 日 中国竹业协会河南分会在郑州举行成立大会，来自省内外的 30 名代表出席了会议。河南省林业厅副厅长关耀信到会讲话。中国竹业协会副理事长兼秘书长、南京林业大学副教授周芳纯和中国竹业协会理事、四川省竹业协会副理事长兼秘书长刘云工程师到会祝贺并作学术报告。与会代表学习了中国竹业协会章程。会议明确中国竹业协会是群众性的科学技术团体；宗旨是为了团结广大竹业工作者和生产者，普及和提高科学技术，为增加竹类资源、开展综合利用、提高经济效益和生态效益、促进竹业生产全面发展而奋斗；主要任务是积极开展学术交流活动，加强横向联系，以及开展竹业科学技术普及推广、技术咨询服务等。会议选举产生了第一届理事会，讨论制定了 1996 年下半年的学术活动计划。

县级林业区划规划实施工作现场会在西峡召开

5 月 6～11 日 林业部在西峡县召开考察、总结和研究推广西峡县设置规划员实施林业区划、规划经验的现场会。来自全国 28 个省、自治区、直辖市的林业厅(局)长，总工程师，林业区划办公室负责人，林业规划、勘察设计院院长和林业调查队队长共 196 人参加了会议。董智勇副部长代表林业部向河南省政府，南阳地委和行署，河南省农业区划办公室和林业厅，南阳地区农业区划办公室和地区林业局，西峡县委、县政府和到会新闻单位的记者，以及所有为这次会议服务的工作人员表示感谢。河南省副省长刘玉洁、省农委副主任石文生，省农业区划办公室副主任徐涌澜，南阳地委书记宋国臣、南阳行署专员张洪华、副专员訾新国等领导参加了会议。河南省林业厅厅长张企曾，西峡县县长赵国志和县林业局局长王明方分别向会议介绍了河南省与西峡县的林业区划工作，西峡县设置规划员的情况、经验及体会。

中国林木种子公司与省林业厅联合建设林木良种基地

5 月 13 日　林业部对中国林木种子公司与河南省林业厅联合建设林木良种基地计划任务书作出批复，同意中国林木种子公司与河南省林业厅联合建设林木良种基地。基地所在地点、建设规模及其投资额，联合双方的任务、责任和权利均按协议书执行。

八省市平原绿化现场经验交流会在商丘召开

5 月 15 日　林业部召开的八省市平原绿化现场经验交流会在商丘开幕。林业部副部长刘广运、原副部长刘昆、中央绿化委员会办公室副主任汪滨、轻工业部原副部长王毅之、河南省人民政府副省长刘玉洁等领导和来自各省、区、市的 150 多名代表出席了会议。林业部原副部长、中国农村发展研究中心顾问杨钰为会议写了书面发言。

全省 40 个县区达到林业部平原绿化标准

6 月 12 日　河南省 40 个县(区)达到林业部平原绿化标准。这 40 个县(区)分别是民权县、夏邑县、虞城县、商丘县、宁陵县、永城县、柘城县、睢县、商丘市、西华县、扶沟县、鹿邑县、淮阳县、太康县、商水县、郸城县、沈丘县、项城县、周口市、汝南县、新野县、新郑县、兰考县、杞县、通许县、尉氏县、开封县、鄢陵县、长葛县、许昌市郊区、舞阳县、内黄县、原阳县、封丘县、获嘉县、孟县、武陟县、博爱县、禹县、修武县。林业部分别授予这 40 个县“达到平原绿化标准”证书，并颁发了“全国平原绿化先进单位”奖牌。

全省公路绿化取得显著成绩

6 月 12 日　河南绿化简报[1986]第 8 期刊载文章，介绍河南省公里绿化成绩。据介绍，全省 35 423 公里宜林公路，已绿化 31 923 公里，占 90.12%；路林植树共 3 398 万株。其中“六 · 五”期间完成公路绿化 12 450 公里，栽植树木 1 087 万株。

河南省林工商开发服务中心成立

6 月 17 日　河南省计经委对省林业厅关于成立“河南省林工商开发服务中心”文件作出批复，同意林业厅成立“河南省林工商开发服务中心”，中心性质为全民所有制企业，办公地点在郑州市。其主要任务和经营范围是：大力开发林业资源、发展商品生产，搞好林业产前产后的各项服务工作，并实行林工商统一经营，为发展河南林业生产服务。

全省飞播造林 47 万亩

6 月 25 日至 7 月 19 日 河南省林业部门先后在西峡、淅川、内乡、南召、桐柏、鲁山、卢氏、栾川、洛宁、辉县、济源等 11 个县的 32 个播区进行了飞播造林，共完成飞播造林面积 470 369 亩，其中油松 257 223 亩，马尾松 213 144 亩。

河南省林业科技成果评定委员会成立

7 月 16 日 河南省林业厅研究决定成立河南省林业科技成果评定委员会，省林业厅副厅长关耀信担任主任，河南农业大学党委书记、校长蒋建平及林业厅有关人员任副主任。

河南省绿化委员会成员调整

7 月 22 日 根据机构改革和人事变动情况，河南省人民政府对省绿化委员会组成人员进行了调整。省长何竹康担任主任委员，副省长刘玉洁、省林业厅厅长张企曾、省军区副司令员王英洲、省政府副秘书长张永昌、省城乡建设环境保护厅厅长秦建修担任副主任委员。委员由省直机关单位负责人担任。省绿化委员会日常工作由省林业厅厅长张企曾主持。绿化委员会办公室设在省林业厅，下设综合组、农村组、城市组（设在城乡建设环境保护厅）、部队组（设在省军区后勤部）。办公室主任由省林业厅厅长张企曾兼任，副主任由林业厅副厅长王庭训、省城乡建设环境保护厅副厅长刘征远、省军区后勤部副部长尹继书兼任。

松香和松节油实行指导性供应价格

7 月 25 日 根据林业部、国家物价局林财[1986]128 号《关于松脂收购价和松香、松节油出厂价、供应价实行国家指导价的通知》“松香、松节油供应价，由现行国家定价改为国家指导价，采取有幅度的浮动价格形式，在国家规定的幅度内，由林业经营单位视市场供求状况灵活调整”的精神，河南省林业厅、省物价局对河南省松香、松节油作价提出办法。主要内容为：松香、松节油供应价格以产地浮动后的供应价为基价（含包装），加进销差率制定：郑州、开封、新乡、许昌、焦作松香不超过 12%，松节油不超过 13.5%；商丘、洛阳、三门峡、安阳、濮阳、鹤壁松香不超过12.5%，松节油不超过 14%；南阳、信阳、驻马店、周口、漯河、平顶山松香不超过 11.5%，松节油不超过 13%。计划外松香、松节油的供应价格，按进价加运杂费后再加 3.5% 经营费(包装费另计)制定。松香、松节油市场零售价格，按当地供应价核加 14% 的批零差率制定。

温县苗圃等获全国林业企事业整顿先进单位称号

7 月 30 日 在林业部印发的表彰全国林业企事业整顿管理先进单位的通报中，河南省的温县苗圃、南湾林场被林业部命名为全国林业企事业整顿先进单位。

河南省林业厅聘请林木良种技术顾问

7 月 河南省林业厅聘请中国林业科学研究院马常耕、顾万春，北京林业大学沈熙环 3 位专家为河南省林业厅林木良种技术顾问。

全省山区用材林基地造林整地现场会在信阳召开

8 月 6 ~ 8 日 河南省林业厅在信阳县召开全省山区用材林基地造林整地现场会。会议的主要内容是：参观信阳县用材林基地造林整地现场，汇报交流 1985 年度基地造林情况，安排 1986 年度基地造林工作。

省林业厅表彰中等林校优秀教师

9 月 6 日 河南省林业厅作出表彰决定，向省内 3 所中等林业学校的 18 位教师颁发优秀教师奖励证书。获得表彰的老师分别为洛阳林校的田爱琴、郭仲达、江景周、潘安贞、张学俭、田万森、茹葳、李当彬、吴玉洲，汝南园林学校的彭金声、陈峰、许晴轩、丁振刚、周子和，以及信阳林校的方之江、李正侠、龚长武、金世禄。

枣缩果病研究获得突破

9 月 8 日 在新郑县召开的枣缩果病研究会上获悉，严重危害枣树的缩果病的研究已有新突破，首次发现是由细菌引起的一种浸染性病危害，并初步取得了一定的防治效果。这项研究是中国科学院微生物研究所、新郑县枣树研究所等 7 个单位共同完成的。

全国最大的猕猴桃果汁生产线在西峡建成

9 月上旬 由国家科委、河南省中华猕猴桃科技开发公司联合投资 182 万元，在西峡县建成我国规模最大的中华猕猴桃果汁生产线。西峡县是我国猕猴桃生产基地，年产量 250 万公斤，居全国第一位，其中世界珍稀品种软毛猕猴桃产量占全县总产量的 70%。

河南省林业花卉协会成立

9 月 17 日 为发挥林业部门花卉资源和技术力量的优势，推动并加快城乡绿化美化与花卉事业的发展，河南省林业厅成立河南省林业花卉协会。省政协副主席崔光华、任雷远担任名誉会长，省林业厅副厅长蒋书铭担任会长，徐枫、刘运夫、周脉常、冯钟粒、赵佩君等 5 位担任顾问。省林业花卉协会办事机构设在省林业技术推广站种苗科。同年 11 月 5 日，启用“河南省林业花卉协会”印章。

省林业厅召开全省国营林场苗圃工作会议

9 月 26 日 河南省林业厅在郑州召开全省国营林场、苗圃工作会议，贯彻全国国营林场、苗圃会议精神；总结 1983 年全省国营林场、苗圃整顿会议以来的改革情况；围绕国营林场、苗圃搞活经济这个中心，研究进一步调整生产结构，开展多种经营，完善生产责任制，扩大场、圃自主权，加强后备资源培育等工作。

省林业厅举办河南省经济林产品暨加工制品展样会

9 月 29 日 由河南省林业厅主办的河南省经济林产品暨加工制品展样会在河南省农展馆举行剪彩仪式，省人大常委会副主任范濂、副省长胡廷积为展样会剪彩。这次展样会共展出 15 个地市 101 个县及部分果树研究所的 51 类 209 种名、优、特、稀经济林产品和加工制品。展出期间，省委书记杨析综、副书记刘正威，省长何竹康、副省长刘玉洁，省政协副主席阎济民、崔光华，省军区副司令员王英洲等领导进行了参观。杨析综、刘正威分别为展会题词。杨析综的题词是“林果满山遍野，努力加工增值”。刘正威的题词是“林丰果盛，加工求精”。

河南省经济林产品暨加工制品展样会结束

10月18日　河南省经济林产品暨加工制品展样会结束。本次展样会由河南省林业厅主办，展期20天。

省林业厅《林情快报》报道秋冬造林进展情况

11月13日　省林业厅林情快报[1986]53期报道河南省秋冬造林进展情况。根据报道，截至11月10日，全省已造片林18.66万亩，营造农田林网11.9万亩、农林间作87.76万亩，“四旁”植树2 109.4万株，造林整地33.61万亩，新造各种经济林891.4万株。

联合建设林木良种基地设计方案获得批准

11月16日　林业部批准了河南省林业厅上报的《联合建设林木良种基地设计方案》。该方案是根据中国林木种子公司与河南省林业厅联合建设林木良种基地计划任务书而编写的。

1987 年

省集体林区木材价格放开

1 月 5 日 河南省林业厅、省物价局、省物资局联合印发《关于放开集体林区木材价格的通知》，对河南省集体林区地产木材的价格作出规定：全省集体林区进入木材市场的当地木材及其半成品的价格全部放开；严格执行凭证采伐、凭证销售、凭证运输的规定，严禁无销售证照的木材上市，严禁任何单位和个人收购无证采伐的木材。本规定自 1987 年 1 月 15 日起执行。

三单位联合印发关于煤矿企业提取造林费用的通知

1 月 15 日 河南省财政厅、省煤炭工业厅和省林业厅联合印发《关于煤矿企业提取造林费用的通知》。通知指出：省以下地方煤矿，包括地方国营、集体、联营、个体办矿提取造林费用，由各地人民政府自定。如要提取，从 1987 年 1 月 1 日起，按吨煤提取 0.10 元造林费，列入原煤成本，由煤矿根据原煤生产数量按月提取，统一拨交其隶属的地、市或县级部门，由煤炭部门、财政部门和林业部门共同研究，制定计划，落实措施，保证用于建设坑木林基地。

河南省四个项目获林业部科学技术进步奖

1 月 19 日 在林业部公布的 1986 年科学技术进步奖公报中，由河南省林业厅申报，河南省林技推广站和禹县林业局组织完成的“泡桐幼树人工剪梢接干技术推广”项目和由西峡县林业科学研究所、西峡县中华猕猴桃研究所组织完成的“中华猕猴桃优良品种‘华光 2 号’与‘79 -51 -1’号”及由中国林业科学院林业研究所、河南农业大学、河南省林业科学研究所、河南省林业技术推广站参与完成的“泡桐壮苗培育成套技术研究”分别获得林业部科学技术进步奖二等奖；由河南省林业厅申报、河南农业大学、河南省林业科学研究所、河南省林业技术推广站、许昌地区林业科学研究所参与完成的“黄淮海平原中低产地区泡桐速生丰产综合配套技术研究”和由西峡县林业局完成的“河南省西峡林业发展规划战略研究”项目分别获得林业部科学技术进步奖三等奖。

省绿化委员会召开豫北五市平原绿化现场会

2 月 7 日　河南省绿化委员会召开豫北五市平原绿化现场。会上，省绿化委员会副主任、副省长刘玉洁发表讲话，要求 5 市继续提高对平原绿化的认识，认真落实“谁种谁有、合造共有”的林业政策，抓好林业育苗，努力提高造林质量。同时希望全省城乡动员起来，在不放松麦田管理的情况下，集中力量掀起春季植树造林高潮。

河南省林业厅政策研究室成立

2 月 11 日　河南省林业厅成立河南省林业厅政策研究室(科级)，研究室主任由林政处负责人兼任。

省林业厅召开两松推广工作会议

2 月 23 ~27 日　河南省林业厅在泌阳召开“两松(湿地松、火炬松)”推广工作会议。会议的主要内容是：总结前段“两松”推广工作成绩、经验，重点交流提高造林成活率、速生丰产、芽苗移植、营养杯育苗等经验，安排部署 1987 年“两松”推广工作。

副省长刘玉洁对森林防火工作作出批示

2 月 28 日　副省长刘玉洁在河南省林业厅《关于召开森林防火会议的报告》上对森林防火工作作出批示。指出：森林防火是一件大事，几年来的工作确有明显成效，也取得一些好的经验，但也存在一些严重问题，主要是认识不足、重视不够、有关规章制度不够完善等，要按照林业部领导指示精神认真落实，切实抓好，真正抓出成效来。

省林业厅表彰全省森林防火先进单位

3 月 2 日　河南省林业厅表彰全省森林防火先进单位，决定授予连续 2 年无森林火灾的新县、济源、渑池 、淅川等 4 县和连续 5 年无森林火灾的木寨、万沟、薄山、南湾、老君山、愚公等 6 个国营林场“森林防火先进单位”称号。

省绿化委员会第八次全体会议召开

3 月 5 日　省绿化委员会召开第八次全体会议，省长何竹康和副省长刘玉洁出席会议并讲话。会上，经全体委员研究通过，清除泡桐丛枝病工作由省林业厅、省军区、省总工会、团省委、省妇联 5 部门共同负责，在省绿化委员会的统一领导下，密切配合，齐心协力，共同搞好。

全省森林防火会议在信阳召开

3 月 6 日 河南省林业厅在信阳召开全省森林防火会议，贯彻落实全国森林防火会议精神，总结经验，表彰先进，部署全省森林防火工作。

省林业厅等单位部署全面彻底剪除泡桐丛枝病枝工作

3 月 9 日 河南省林业厅、省军区后勤部、省总工会、团省委、省妇联联合印发《关于全面彻底剪除泡桐丛枝病枝的紧急通知》。通知强调：各级林业部门和民兵、工会、青年、妇女组织要把剪除泡桐丛枝病枝作为当前一项突击任务，在同级绿化委员会的统一领导下，指定专人负责，分片包干，于 4 月中旬前把泡桐病枝全部清除干净。要实行条块结合、以块为主的责任制，坚持“谁的树谁修剪”的原则。林业部门搞好技术指导，保证清除质量。省绿化委员会将于 4 月份组织检查。

河南省林业厅自然保护区管理站成立

3 月 18 日 河南省林业厅成立“河南省林业厅自然保护区管理站”。管理站设在厅国营林场管理处内，为科级。

河南嵩山国家森林公园筹建领导小组成立

3 月 27 日 河南省计划经济委员会、省林业厅印发关于成立《河南嵩山国家森林公园筹建领导小组》的通知。通知指出：河南嵩山国家森林公园经林业部批准，为部、省联合建设项目。为了加快嵩山国家森林公园的建设和协调各方面的工作，经林业部与河南省有关部门研究同意成立“河南嵩山国家森林公园筹建领导小组”。小组下设办公室（办公地点设在国营登封林场），组长由林业部造林经营司副司长李石刚担任，河南省林业厅副厅长王庭训、蒋书铭，省计经委委员王全书，郑州市副市长彭甲戌，登封县副县长杨国峰担任副组长。

河南省林业厅老干部工作委员会成立

4 月 26 日 河南省林业厅党组决定成立林业厅老干部工作委员会。委员会主任委员由厅党组副书记、副厅长吴烈继担任。委员由厅办公室、计财处、人事处、老干部科等部门负责人担任。

春季林业生产情况

4 月 省林业厅通报春季林业生产情况。据统计，全省春季造林 210 万亩，占年计划任务 240 万亩的 87.5%，其中经济林 105 万亩；“四旁”植树 1.9 亿株，占年计划任务 1.5 亿株的 126%；新营造农田林网 435 万亩，农林间作 100 万亩；育苗 28.6 万亩，占年计划任务 65 万亩的 44%；剪除泡桐丛枝病枝 4 442.7 万株，占发病总株数约 1 亿株的 44%。总的情况好于往年。

国际农用林业培训班在河南举办

5 月 7 ~10 日 国际农用林业培训班在河南举办，第一批由 11 个国家 27 人参加。培训期间，培训班成员在民权、鹿邑、商丘 3 个县进行了现场教学。

朝鲜林业考察组考察河南省核桃生产

5 月 11 ~16 日 朝鲜核桃嫁接技术考察组一行 3 人来河南考察核桃高接换种技术。考察组在禹县察看了核桃嫁接育苗专业户的核桃品种园和高接换种园。

印度社会林业代表团考察河南林业工作

5 月 14 ~18 日 以印度环境与森林部荒地开发委员会主席邹德莉女士为团长的印度社会林业代表团一行 7 人，来河南考察林业工作。考察组一行在省林业厅张企曾厅长的陪同下，先后在民权县考察了农、桐、果(条)立体绿化及 20 世纪 50 年代营造的河南省第一代骨干防护林带；在开封县参观了兴隆乡以毛白杨为主的农田林网和西寨乡农桐间作、固沙造林、经济林等综合结构的农村绿化，访问了省林业劳模、西寨乡大律王行政村党支部书记王信宝；在尉氏、新郑分别考察了沙荒沙岗造林和枣农间作情况等，对河南省大规模的平原造林绿化表示了极大兴趣。

省林业厅召开全省经济林夏季管理现场会

5 月 15 日 以苹果为主的全省经济林夏季管理现场会在浚县召开。会议重点交流和部署了苹果、枣、柿、山楂、桃夏季修剪及防治病虫害等管理工作。

河南省林工商开发公司成立

6 月 8 日 经河南省计经委计经企字[1986]861 号文批准，河南省林业厅成立“河南省林工商开发公司”。该公司属林业开发服务性质的全民所有制企业，是一个具有法人资格的独立经济实体。其主要任务和业务范围是：大力开发林区资源，促进林业商品发展，实行林工商统一经营；向各级林业生产单位、林业专业户提供市场商品信息，疏通产品产销渠道，搞好产前产后各项服务；组织并参与林业资源开发、生产、加工、销售的联合经营；组织省内外木竹及其制品、林产品、土特产品、生产资料等余缺调剂；处理省内外林业单位和其他部门委托代购、代销、联销、函购、试销、来料加工；开展经济技术咨询和信息服务；承担办理林产品进出口业务等。

全省造纸林基地资源调查会议召开

6 月 12～13 日 河南省林业厅在郑州召开全省造纸林基地资源调查会议，为进一步摸清全省的造纸林资源，制定今后的发展规划做准备。

全省林纸结合座谈会召开

6 月 12～13 日 全省林纸结合座谈会在郑州召开。会议由省林业厅和轻工业厅联合组织，主要内容是进一步摸清造纸林资源。河南省林业厅副厅长吴烈继和轻工业厅副厅长高东范主持会议并讲话。中国造纸学会理事长王毅之发贺电表示祝贺。会议就河南省发展木浆造纸的意义、本地区发展造纸林的资源情况、发展规模以及存在的问题进行了座谈，认为实现林纸结合是河南省造纸工业发展的必由之路，决定 9 月底完成调查规划并进行可行性论证后上报中央，对林纸结合所存在的问题专题向省政府汇报。

省林业厅召开全省林政管理紧急会议

6 月 23 日 河南省林业厅召开由各地市主抓林政工作负责人参加的全省林政管理紧急会议。张企曾厅长主持学习了国务院《决定》和国务院秘书长陈俊生向全国人大常委会的汇报，通报了河南省贯彻国务院《决定》及中央领导讲话精神的情况，并针对查找出来的问题提出了明确要求。蒋书铭副厅长在讲话中要求各地市认真搞好调查研究，切实加强全省的林政管理工作。

省政府发布河南省森林植物检疫实施办法

6 月 30 日 《河南省森林植物检疫实施办法》经省政府常委会议讨论通过，根据省人大常委会的建议，予以发布。办法主要明确了森林植物检疫机构的职责，检疫对象的划定、控制与扑灭，调运检疫，国外引种和产地检疫等内容。

河南省绿化委员会聘请顾问

7 月 21 日 经河南省政府领导同意，聘请徐枫、徐国梁、魏芳亭三同志为河南省绿化委员会顾问。

省政府通知要求突击防治泡桐大袋蛾

8 月 3 日 河南省人民政府用明传电报发出关于防治泡桐大袋蛾的紧急通知。通知指出：目前大袋蛾暴发成灾，危害泡桐生长。全省受害泡桐树约 1 亿株，占栽植总株数的四分之一。为确保河南省平原绿化的成果，各级领导务必重视大袋蛾虫灾的防治，克服麻痹思想，紧急行动起来，按照“谁的树谁防治，谁受益谁付款”的原则，打一场消灭大袋蛾的围歼战。各有关部门要帮助基层解决实际问题，林业部门要加强技术指导，商业供销部门要保证药物、药械供应，力争在 8 月底彻底消灭泡桐大袋蛾。

1986 年度林业科学技术进步奖揭晓

8 月 5 日 河南省林业厅印发 1986 年度林业科学技术进步奖公报。经省林业厅科技成果评审委员会评审，共评出河南省林业科技进步奖 22 项，其中由省林业科学研究所王泽有等完成的“马尾松种源试验及其利用的研究”和省林业勘察设计院肖传法等完成的“河南省太行山绿化规划设计”获得一等奖，“河南省杉木速生丰产林标准”等 13 个项目获得二等奖，由省林业技术推广站等单位组织完成的“利用大官杨根桩改接毛白杨技术推广”等 9 个项目获三等奖。

全省自然保护区会议召开

8 月 13 日 河南省林业厅在信阳鸡公山召开全省自然保护区会议。会议的主要内容是：贯彻落实全国自然保护区会议精神，总结、交流几年来河南省自然保护区管理建设中取得的经验和存在的问题，努力把全省自然保护区的工作推进到一个新的阶段。

举办平原林业系统工程学习班

8 月 1 ~27 日 受林业部资源司、中国林学会森林经理学会委托，河南省林业厅在洛阳林校举办首次“平原林业系统工程学习班”，参加学习的 47 名学员大部分是河南省平原县的林业科技人员。培训班邀请中南林学院教授徐国祯等讲课；省林业厅副厅长王庭训到洛阳林校表示祝贺，并勉励学员将所学知识运用到实践中去，为促进河南平原林业再上个新台阶作出贡献。

全省山区用材林基地整地现场会召开

9 月 3 ~5 日 全省山区用材林基地造林整地现场会在泌阳召开。会议的主要内容是：参观泌阳县基地造林整地现场，汇报交流用材林基地建设情况和青年防护林工程建设情况，安排部署下一步用材林基地造林工作。

省林业厅表彰中等林校优秀教师

9 月 8 日 河南省林业厅作出关于表彰中等林校 1987 年度优秀教师的决定，对段守顺、宋建龙和姚芳等 18 名成绩显著的优秀教师予以通报表彰。

全省泡桐病虫害防治座谈会在许昌召开

9 月 25 ~28 日 河南省林业厅在许昌市召开全省泡桐病虫害防治座谈会，总结交流 1986 年冬以来泡桐病虫害的防治情况，进一步研究部署今后开展综合防治工作的意见。

太行山绿化试点现场会在辉县召开

9 月 26 ~28 日 河南省林业厅在辉县召开太行山绿化试点现场会，总结交流试点工作经验，以推动太行山造林绿化工程建设顺利开展。与会人员先后参观了辉县沙窑、后庄、南村、黄水等乡开展大面积荒山造林、封山育林和因地制宜发展经济林、改变山区面貌的现场；试点县、乡介绍了工作情况和经验；全国绿化劳动模范、辉县南坪村党支部书记崔电亮到会介绍了经验。

全省大袋蛾防治座谈会在许昌召开

9月25～28日 河南省林业厅在许昌召开全省大袋蛾防治座谈会，邀请河南农业大学杨有乾、李秀生教授和林业部泡桐研究中心、检疫防治所、省林业科学研究所及洛阳、汝南林校的有关人员出席会议。座谈会由关耀信副厅长主持，厅党组副书记、副厅长吴烈继出席会议并讲话。会上，各市、地有关人员互相通报了防治情况，杨有乾、李秀生教授分别作了有关大袋蛾防治和泡桐丛枝病研究的学术报告；与会代表观看了有关的科教电影和电视录像。

洛阳林校组建职称改革领导小组和教师职务评审组

9月29日 河南省林业厅同意洛阳林校组建职称改革领导小组和教师职务评审组，职称改革领导小组由兀振国担任组长，教师职务评审组由方艾担任组长。

省林业厅部署果树花卉等检疫分工工作

10月6日 河南省林业厅转发林业部关于"函商果树、花卉等检疫分工问题"的函(林函护字[1987]171号)，要求各地市林业局参照执行。林业部在林函护字[1987]171号文中，就合理解决检疫工作中的分工问题提出：关于果树的检疫范围，水果检疫原则上由农业系统负责，少数省、市由林业部门管理水果生产的，其检疫工作仍由林业部门负责；关于药材的检疫范围，由林业部门负责木本药材的检疫工作；关于花卉的检疫范围，木本花卉检疫工作由林业部门负责。

省护林防火指挥部召开第一次会议

10月10日 河南省人民政府护林防火指挥部(以下简称省护林防火指挥部)召开首次全体成员会议。会议由副省长、省护林防火指挥部指挥长刘玉洁主持，18位指挥部成员和防火办公室的工作人员及新闻单位记者共26人参加。省林业厅副厅长、指挥部办公室主任蒋书铭传达了中央森林防火总指挥部副总指挥高德占在东北、内蒙古4省(区)秋季森林防火工作会议上的讲话，汇报了河南省护林防火工作的进展情况和1987年冬至1988年春要做的几项工作。会议原则通过了《河南省人民政府关于加强森林防火工作的布告》，确定每年11月1日至翌年4月30日为全省森林防火期。副省长、省护林防火指挥部指挥长刘玉洁就抓好森林防火工作提出三点意见：一是护林防火工作是四化建设的一个组成部分，要用长远的、战略的眼光来认识森林防火的重要意义；二要认真贯彻好中央“预防为主，积极消灭”的方针；三要加强领导，健全指挥系统，建立严格的岗位责任制，把森林防火工作确确实实落实好。

省委省政府要求加强森林资源保护管理工作

10 月 13 日 河南省委、省政府发出《关于加强森林资源管理，坚决制止乱砍滥伐，切实做好护林防火工作的通知》(豫政[1987]16 号)，要求坚决刹住毁林歪风，加强森林资源管理，切实做好护林防火工作，加快造林绿化步伐。一要严格执行森林采伐限额制度。二要进一步巩固和完善林业生产责任制。三要坚决依法保护国有山林权属不受侵犯。四要整顿木材流通渠道，加强木材经营管理。五要整顿和调整林业税费，增强林业自我发展能力。六要建立充实林业基层管理机构，强化其管理和服务职能。七要切实做好护林防火工作。八要实行领导干部保护、发展森林资源任期目标责任制，保护、发展森林资源，制止乱砍滥伐。

省林业厅等联合建立出版专业中级职称评审委员会

10 月 21 日 河南省出版系列职务改革领导小组同意省水利厅、林业厅联合建立出版专业中级职称评审委员会，评审委员会成员由李日旭、王庭训、潘人龙、史作宪、王世龙、柳福元、吴邦、王本学、黄祖伟、齐保元等 10 位同志组成。

黄河故道防护林工程造林现场会在清丰召开

10 月 26 日 河南省林业厅在濮阳市清丰县召开黄河故道防护林工程造林现场会。

两部委领导视察河南省平原绿化工作

11 月 1 ~3 日 林业部副部长徐有芳、计划司司长姜凤章，国家计委农林局副局长王立新一行在省林业厅王庭训副厅长陪同下视察了新郑、尉氏、鄢陵、西华、扶沟、商水、淮阳、柘城、民权、宁陵、睢县、商丘市的平原绿化工作，并就林产品加工利用进行了座谈。徐有芳副部长高度评价了河南省平原绿化取得的成绩，并就如何搞好木材综合加工利用、以保持农民发展林业的积极性提出了意见和建议。

徐有芳在郑州参加全国木材交易订货会

11月3日　林业部副部长徐有芳在郑州参加全国木材交易订货会时，接见河南省林业厅处级以上干部并作重要讲话，对河南平原绿化工作给予了充分肯定，希望河南的平原林业在奔小康中发挥重要作用。

省绿化委员会通知要求彻底清除泡桐丛枝病

11月4日　河南省绿化委员会发出《关于彻底清除泡桐丛枝病、大袋蛾的紧急通知》，要求各级绿化委员会把彻底清除泡桐丛枝病病枝、摘除大袋蛾虫茧作为当前林业生产上的突击工作，加强领导，扎实抓好；广泛发动群众，开展群防群治。林业部门要做好技术指导，研制、改进和推广修枝、摘茧的工具。各市地、各部门要保证防治质量，注意安全，防止损坏树木和事故发生。

全省山区林业工作现场会召开

11月20～24日　河南省政府在泌阳县召开全省山区林业工作现场会。会议传达了中央[1987]20号和省委[1987]16号文件，交流了全省治山造林、林政管理和护林防火经验，参观了泌阳县治山造林现场，部署了1988年治山造林工作。刘玉洁副省长出席会议并讲话，要求正确估计河南省林业生产形势，进一步提高对发展林业生产尤其是加快山区林业建设重要意义的认识，坚持改革，落实任务，不断创新，加快山区林业发展步伐。

全国平原林业发展道路学术讨论会召开

12月1～8日　由中国林业经济学会、中国林业科学院、河南省林业厅共同召开的“平原林业发展道路学术讨论会”在郑州召开。中央顾问委员会委员、中央绿化委员会副主任、中国林业经济学会理事长雍文涛主持会议并作讲话。会议就平原林业发展道路问题进行了广泛的讨论。代表们交流了经验，阐述了平原林业在国民经济中的战略地位，提出了存在的问题以及今后发展的方向。参加会议的有林业部和晋、鲁、豫、皖、苏5省林业厅、林业科学研究所、部分林业基层单位以及北京林业大学、南京林业大学的有关专家、教授和工程技术人员。新华社河南分社、中国林业报社的记者也应邀参加了会议。

鲁山等县原始森林发生火灾

12 月 25 ~27 日 鲁山、南召、内乡县的原始森林发生火灾，过火面积为 11 450 亩。这是新中国成立以来河南原始森林最大的一次火灾，损失惨重。

1988 年

省护林防火指挥部等单位联合组织护林防火检查

1 月 12 日　河南省护林防火指挥部和省林业厅组成 4 个检查组，分别到南阳、洛阳、三门峡、焦作等 4 个地市检查护林防火工作。主要检查重点林区护林防火机构、制度、责任制、灭火设施、用火管理、宣传教育等情况，同时还将对秋冬造林、整地、林木病虫害防治、经济林管理等进行检查。

省护林防火指挥部召开紧急会议

1 月 27 日　河南省护林防火指挥部在郑州召开 12 个护林防火任务较大的市地护林防火指挥部办公室主任紧急会议，安排部署近期的护林防火工作。

河南省森林资源连续清查复查工作领导小组成立

1 月 29 日　河南省农村经济工作委员会、省军区后勤部、省城乡建设环境保护厅、省交通厅、省农牧厅、省统计局、省粮食局、省林业厅联合印发《关于成立河南省森林资源连续清查复查工作领导小组的通知》。通知指出：根据林业部厅林资字［1987］156 号文件要求，河南省将于 1988 年底前完成森林资源连续清查的复查工作，时间紧迫，任务量大，涉及面广。为了按时完成这项任务，按照林业部要求，并请示省政府领导同意，成立河南省森林资源连续清查复查工作领导小组，负责组织领导全省森林资源连续清查复查工作。领导小组由省农村经济工作委员会副主任郑怀俭担任组长，由省林业厅副厅长王庭训担任副组长。省军区后勤部副部长尹继书、省交通厅副厅长张圣城、省农牧厅副厅长肖兴贵、省统计局处长陈柱坚、省城乡建设环境保护厅副处长魏伟、省粮食局经理谷玉森为成员。

宋照肃副省长主持研究河南省林业发展问题

2 月 2 日　河南省副省长宋照肃在中州宾馆召集参加省扶贫会议的专员、市长研究河南林业发展问题。会上，省林业厅厅长张企曾首先传达了全国林业厅（局）长会议和中央绿化委员会办公室主任会议精神，介绍了河南省近年来的林业工作成就及1988年深化林业改革的意见。宋照肃副省长要求各地市认真贯彻田纪云副总理在全国林业厅(局)长会议上的讲话和全国林业厅(局长)会议及中央绿化委员会办公室主任会议精神，切实把林业工作抓好。

全省地市林业局局长会议在郑州召开

2月4~7日　河南省林业厅在郑州召开全省地市林业局局长会议，宋照肃副省长到会作重要讲话，强调要切实保护好现有森林资源，努力增加新的林业资源，抓好春季造林和育苗工作，为秋冬造林做好准备。省林业厅副厅长吴烈继、王庭训分别传达了全国林业厅局长会议和中央绿化委员会办公室主任会议精神。张企曾厅长作了《深化林业改革，振兴河南林业》的报告。信阳、周口、三门峡、南阳、新乡等5地市以及鹿邑、武陟、济源、黄石奄林场、郑州市苗木场等10个单位在会上介绍了深化林业改革的经验。各地市林业局局长、办公室主任，省财政厅、公安厅、交通厅、煤炭厅，郑州铁路局，省建设银行、农业银行及省会各新闻单位的代表参加了会议。

安阳林药厂产品获林业部优质产品称号

2月9日　在林业部公布的13项优质产品中，河南省安阳林药厂生产的松鹿牌对硫磷微胶囊片榜上有名，获得了林业部优质产品奖。根据国家经济委员会《优质产品标志实施办法》规定，生产企业可在优质产品或产品说明书、产品检验合格证、包装容器等上面标记优质产品标志。

中德技术合作项目专家考察河南林业

3月24~28日　中国、联邦德国技术合作“杨树造林育种”项目专家工作组一行6人来河南考察林业工作。专家们先后考察了尉氏县沙区造林绿化和农桐间作，禹县泡桐基因库、农田林网及两个村以毛白杨为主的村旁绿化。

宋照肃副省长谈林业

3月26日　在全省农业银行行长会议上，河南省副省长宋照肃发表关于林业的看法，认为发展豫西山区的旱作农业，要积极治理小流域，在搞好小流域治理的同时，大力发展植树造林，努力绿化山区。宋照肃特别提到3月12日植树节《河南日报》头版发表的《完善平原　主攻山区》的评论，指出这是省委、省政府在和有关部门认真研究以后，提出的关于林业方面的指导方针和指导思想。认为河南省这几年平原绿化取得了很大成绩，在全国都比较有影响，但还需要继续完善；主攻山区，就是要把山区的造林工作、绿化工作搞起来，而要做好这个工作，需要农村金融战线的同志给予很好的支持。

全省森林保护工作会议在开封召开

4 月初　全省森林保护工作会议在开封召开。会议的中心议题是：互通情报，总结交流经验，研究部署当年的防治任务，评选表彰先进。

全省各地开展第七届爱鸟周活动

4 月 21 日　21～27 日是河南省第七届爱鸟周，全省各地采取多种形式开展了爱鸟护鸟活动。省会郑州开展了青少年学生挂鸟巢活动。河南省野生动物保护协会名誉会长、省人大副主任胡廷积参加了挂巢仪式，并在讲话中勉励青少年要树立保护鸟类的良好风尚。

鸡公山和宝天曼被列入国家森林和野生动物类型自然保护区

5 月 9 日　国务院公布第二批国家森林和野生动物类型自然保护区名单。河南信阳县鸡公山和内乡宝天曼被列入国家森林和野生动物类型自然保护区。

全省木材节约代用会议在郑州召开

5 月 23 日　河南省计经委、省物资局、省林业厅在郑州召开全省木材节约代用会议。会议的主要议题是：贯彻全国木材节约会议精神，讨论制定河南省“七五”后 3 年木材节约代用规划，总结交流经验，表彰先进。

河南省林业厅新的领导班子组成

5 月 31 日　经河南省委研究决定，省林业厅领导班子成员调整。马新高任厅长，免去其中共开封市委副书记、常委职务；吴烈继、王庭训、关耀信任副厅长；张企曾任总工程师(正厅级)。

太行山绿化试点造林现场会在林县召开

6 月 16 日　河南省林业厅在林县召开太行山绿化试点造林现场会。会议的主要议题是：总结经验，为进一步搞好太行山绿化试点工作，提高造林成活率，保质保量完成试点造林任务。

山区林业重点县建立林业公安机构

6 月 17 日 河南省公安厅、省林业厅印发《关于在山区林业重点县建立林业公安机构的通知》。通知要求：在济源县、鲁山县、卢氏县、栾川县、嵩县、南召县、西峡县、桐柏县、新县、商城县、登封县、林县、辉县、灵宝县、陕县、渑池县、汝阳县、宜阳县、洛宁县、确山县、泌阳县、内乡县、淅川县、信阳县、罗山县等 25 个山区林业重点县设立林业公安机构；林业保卫股受县公安局、林业局的双重领导，既是林业局的职能机构，又列入县公安局的序列；业务工作以县公安局领导为主，行政工作和党团关系由县林业局领导。

全省乡级林业工作站建设会议在济源召开

6 月 24 日 河南省林业厅在济源召开全省乡级林业工作站建设会议，贯彻全国区、乡(镇)林业工作站建设座谈会议精神，部署河南省乡(镇)林业工作站建设工作。

1987 年度林业科学进步奖评奖结果公布

7 月 7 日 河南省林业厅科技成果评审委员会对申报厅 1987 年度科学技术进步奖的项目进行了评审，共评选出获奖项目 20 项。其中，一等奖 2 项，二等奖 7 项，三等奖 11 项。由省林业科学研究所和河南农业大学分别组织完成的“核桃增产综合技术开发研究”和“泡桐速生抗病品种选育”2 个项目被评为一等奖，由省林业科学研究所等 7 个单位完成的“白蜡条(杆)栽培及条农间作配套技术研究”等 7 个项目被评为二等奖，由省林业科学研究所等 11 个单位完成的“河南省板栗资源综合技术研究”等 11 个项目被评为三等奖。

泡桐优良品种及丰产技术推广项目获国家技术开发优秀成果金杯奖

7 月 13 日 据林情快报[1988]21 期，由河南省林业技术推广站主持，国家经委投资，在禹县、睢县、鄢陵、民权等 4 县实施的“泡桐优良品种及丰产技术推广”项目获国家技术开发优秀成果金杯奖。这项成果奖是国家经济委员会为表彰 1983 ~ 1987 年在工业技术开发工作中作出突出贡献的单位而设立的。河南省林业系统获得这项奖励还是第一次。这个项目计划在 4 个县营造泡桐优良品种丰产林 7 000 亩、农桐间作 25 万亩。项目提前一年完成泡桐新品种丰产林 2 万亩、农桐间作 49. 8 万亩。另外，还栽植农田林网 61. 1 万株。经检查验收，成活率 96. 4%，保存率 90% 以上。据定点观测，由于改善了农田生态环境，小麦单产可增加 5%，在 4 个县已推广的农桐间作面积中，每年增产小麦 300 多万公斤。

全省地市林业局局长会议召开

7 月 14 日　河南省林业厅召开全省地市林业局局长会议，专题研究当前防治大袋蛾的情况、问题和措施。

全省地市林业局局长座谈会召开

7 月 15 ~ 16 日　河南省林业厅召开全省地市林业局局长座谈会，贯彻省委工作会议精神，汇报上半年生产情况，研究部署下半年工作任务。省林业厅厅长马新高在会议上提出五点要求：一是各级林业部门对加快林业改革和建设步伐要有紧迫感和责任感；二是要清理思路，端正发展林业的指导思想；三是要征好用好育林基金，逐步建立林业基金制度；四是要坚持高标准、高质量地建好管好各种林业基地，实行集约经营，提高经济效益；五是各级都要搞好领导班子建设，转变职能，改进作风，实行分类指导，扎扎实实地把我省的林业建设工作推向一个新台阶。

河南省林学会召开全体理事会议

7 月 20 日　河南省林学会全体理事会议在郑州举行，学会理事、各市地林学会负责人共 22 人出席会议。会上，传达贯彻了中国林学会工作会议精神和省科协有关文件，讨论了学会改革问题，修订和落实了下半年的重点活动计划，审批了一批新会员。河南农业大学校长、省林学会副理事长蒋建平出席会议，省林业厅副厅长、副理事长王庭训主持会议并就学会改革问题发表讲话

省林业系统评选省级林业优秀财会人员

7 月 25 ~ 28 日　河南省林业优秀财会人员评审委员会召开。省林业厅党组副书记、副厅长吴烈继代表厅党组向全省 59 名荣获省级林业优秀财会

人员称号的人员表示祝贺并颁发了荣誉证书。吴烈继副厅长号召全省林业财会人员向优秀会计人员学习，并要求将这项评优活动继续深入进行下去，在财会工作中引进竞争机制，树立人人争当先进的新风尚，把林业财会工作推向前进。评审委员会还向林业部推荐了“部级林业优秀财会人员”候选人名单。

省林业厅确认专业技术任职资格

7 月 27 日 河南省林业厅向省林业技术推广站职称改革领导小组行文，确认郝猛进、张雪梅、谢春景、吴理安、田光合、林晓安、马永平、卢云凤、耿月英、李建祥等 10 人具备工程师任职资格。省林业厅向省林业科学研究所职称改革领导小组行文，确认吕久儒、廉秀荣等 2 人具备工程师任职资格；冯述清、徐祯祥、李云典、赵北林、樊巍等 5 人具备助理研究员任职资格。省林业厅向河南省人民医院职称改革领导小组行文，确认马振中具备工程师任职资格。省林业厅向洛阳林校职称改革领导小组行文，确认付若桂、宋以谦、丁笑梅、李志奇、李润东、杨建成、吴玉洲、田爱琴、李当彬、崔凌华、田万森、李建娥、岳当珠、张宾子、段守顺等 14 人具备讲师任职资格。

于金明等 7 人获工程师任职资格

7 月 28 日 省林业厅向省林业勘察设计院职称改革领导小组发文，确认于金明、许幼曾、饶相如、刘健生、段绍光、巴梅玲、石严等 7 人具备工程师任职资格。

省政府发布河南省林木采伐和木材销售运输管理办法

8 月 18 日 河南省政府发布《河南省林木采伐和木材销售运输管理办法》(豫政[1988]72 号)。办法主要涵盖了林木采伐、木材销售、木材运输等方面的内容。分为 6 章共有 36 条。

宋照肃对林业工作提出要求

8 月 19 日 河南省委常委、副省长宋照肃对全省今后的林业工作提出要求，要求省林业厅做一个切实可行的十年绿化河南的林业发展规划，明确平原“达标”，丘陵、山区绿化的具体指标和年限。要求规划做好后报省委、省政府讨论审批，召开全省林业工作会，把十年林业规划纳入各级干部任期目标责任制，每年进行一次检查验收。工作搞得好的给予表彰奖励，差的进行批评，连续三年搞不上去的要追究其领导责任。

省林业厅表彰全省省级林业优秀财会人员

8 月 31 日　根据林业部林财字[1987]375 号文颁发的《林业财会人员奖励暂行办法》的精神，经河南省林业优秀财会人员评审委员会评定，确认张德瑞等 59 名同志为 1987 年度省级林业优秀财会人员。

河南省 1988 年飞播造林任务全部完成

8 月 23 日　1988 年河南省飞播造林工作全部结束。这项工作从 4 月上旬开始，先后在商城、嵩县、卢氏、栾川、西峡、内乡、林县、辉县、修武、焦作郊区、鲁山、桐柏等 12 个县、区依次展开，共完成飞播造林40.4 万亩，其中油松 35.4 万亩，马尾松 5 万亩。

鸡公山和宝天曼自然保护区更名

9 月 2 日　根据国务院国发[1988]30 号文通知，河南省原“信阳鸡公山”、“内乡宝天曼”两个自然保护区升为国家级自然保护区。按照林业部“关于统一国家级自然保护区名称的通知”，两个保护区分别更名为“河南鸡公山国家级自然保护区”、“河南内乡宝天曼国家级自然保护区”。

全省山区基地造林整地现场会在内乡召开

9 月 9 ~ 10 日　河南省林业厅在内乡县召开全省山区用材林、薪炭林基地造林整地现场会。省林业厅厅长马新高、副厅长王庭训分别主持会议，与会人员参观了造林整地现场，听取了内乡县委书记郭长明的经验介绍。南阳地区行署副专员黄玉钧以及南阳、洛阳、驻马店、平顶山、信阳、三门峡等 6 个市地和 19 个基地县的林业局局长、21 个重点乡的乡长参加了会议。

全省林政工作会议在郑州召开

9 月 13 ~ 14 日　河南省林业厅在郑州召开市地林业(农林)局林政科科长或林政负责人参加的全省林政工作会议。会议的主要议题是：汇报贯彻落实省政府《关于坚决制止乱砍滥伐森林的通知》(明传电报)情况，学习《河南省林木采伐和木材销售运输管理办法》。会议要求各地认真贯彻落实省政府的两个文件精神，进一步搞好河南省的林政管理工作。省林业厅吴烈继副厅长出席会议并讲话。

全省山楂幼树早期丰产现场会在济源市召开

9 月 20～22 日 河南省林业厅在济源市召开全省山楂幼树早期丰产现场会。焦作、洛阳、郑州等 3 个市林业局及 20 多个山楂生产重点县林业局技术负责人参加了会议，部分山楂生产专业户也自愿参加了会议。会议期间，与会人员参观了济源市承留乡栲栳树村、玉阳村山楂早期丰产栽培现场。焦作市林业局就如何促进幼树早结果、早丰产作了现场技术讲解，济源市杨峡副市长介绍了全市发展经济林生产的经验。济源、林县、辉县、巩县、登封、嵩县、方城等 7 县(市)在会上发言，分别从不同角度介绍了低产园改造和高标准园建设、幼树丰产经验。省林业厅副厅长王庭训就河南省山楂生产现状、存在问题及今后工作意见发表了讲话，要求认真总结几年来经济林生产的经验；注意优良品种，择优发展，以优取胜；发展规模经营，形成商品基地；稳定林权，推广地随树走的做法，并签订好承包合同；创造条件，土洋结合搞贮藏、加工；切实加强现有经济林的管理；进一步办好林果服务站，搞好产前、产中、产后服务，提高经济林发展的后劲。

全省飞播造林工作会议在辉县召开

9 月 26～29 日 河南省林业厅在辉县召开由飞播地、市、县林业局局长和省民航、气象、安阳滑翔学校等单位参加的 1988 年全省飞播造林工作会议。会议总结交流了 1988 年飞播造林的情况和经验，布置了 1989 年的飞播造林任务。

副省长宋照肃安排部署林业工作

10 月 6 日 省委常委、副省长宋照肃在听取省林业厅副厅长吴烈继、王庭训关于河南省秋季林业工作安排的汇报后，对当前林业工作进行了安排部署，要求 1988 年冬和 1989 年春的植树造林工作早抓、抓好；完善平原绿化注意两个方面，一方面对没有绿化的空当按规划搞好填空补缺，另一方面对过密的报请当地林业部门审核批准后允许合理间伐，但决不能造成毁林；召开一次省绿化委员会全会，讨论研究全省的绿化工作；十年林业规划搞好后，要尽快报省政府讨论审定。

省林业厅通知要求切实搞好泡桐大袋蛾防治工作

10 月 7 日　河南省林业厅发出《关于切实搞好我省泡桐大袋蛾防治工作的通知》，要求做好以下工作：一要进一步认识搞好大袋蛾防治对发展河南平原林业，巩固平原绿化成果的重要意义；二要坚持人工防治和药物防治相结合；三要抓住冬季农药使用淡季，积极购备治虫农药；四是林业部门要认真搞好虫情测报；五要合理调配林种树种。

全省泡桐大袋蛾防治工作会议在开封召开

10 月 12 ~ 14 日　河南省林业厅在开封市召开全省泡桐大袋蛾防治工作会议，总结 1988 年大袋蛾防治情况，交流经验，研究部署 1988 年冬和 1989 年春大袋蛾防治工作。省林业厅副厅长王庭训出席会议并对 1988 年冬和 1989 年春的大袋蛾防治及秋冬造林、森林防火、林业宣传等工作进行了部署。开封、许昌、周口等市地介绍了防治大袋蛾的经验。各市地林业局局长、林业工作站站长和重点县的林业局局长参加了会议。

周爱菊获会计师任职资格

10 月 14 日　河南省林业厅向林业部郑州泡桐研究中心行文：受林业部委托，经省林业厅会计系列中级职务评审委员会评审，确认周爱菊具备会计师任职资格。

省林业厅召开黄河故道防护林工作会议

10 月 14 日　河南省林业厅召开黄河故道防护林建设工作会议，总结黄河故道防护林工程建设取得的经验和成绩，探讨搞好后期工程、管理好现有林木、发挥其最佳的生态效益和经济效益的方法与途径。

省护林防火指挥部安排部署森林防火工作

10 月 26 日　河南省护林防火指挥部在郑州召开会议，省委常委、副省长、省护林防火指挥部指挥长宋照肃主持会议，省护林防火指挥部副指挥长兼指挥部办公室主任马新高传达了田纪云副总理最近关于森林防火工作的指示，指挥部成员兼办公室副主任王庭训向指挥部通报了全省 1987 年冬和 1988 年春森林防火工作的情况和 1988 年冬和 1989 年春森林防火工作安排的意见。会议讨论通过了省护林防火指挥部“关于处理重大森林火灾事故预案”。宋照肃副省长对 1988 年冬和 1989 年春的森林防火工作作了重要部署，要求进一步提高干部群众对森林防火工作的认识，切实加强对森林防火工作的领导，认真抓好扑火队伍建设和防火设施建设，搞好《森林防火条例》的宣传教育，并保持经常化、制度化。

西峡软木厂产品被评为部优质产品

11 月 11 日 在林业部公布的 1988 年林业部优质产品名单中，河南省西峡软木厂生产的伏牛山牌软木砖榜上有名，被列入 1988 年林业部优质产品。

全省林业成人教育工作会议召开

12 月 6 ~7 日 全省林业成人教育工作会议在新乡召开。会议的主要内容是：贯彻林业部全国林业成人教育工作会议精神，总结交流河南省林业成人教育工作经验，安排部署下一步林业成人教育工作任务。

全省林业宣传工作会议召开

12 月 13 日 河南省林业厅在新乡召开由各市地林业局办公室主任参加的林业宣传工作会议。会议传达了全国林业宣传工作会议和省政府信息、催办查办、信访会议精神，新乡市在会上介绍了做好林业宣传、信息工作的经验，与会代表就搞好 1989 年宣传、信息工作发表了意见。省林业厅副厅长关耀信参加会议并讲话。

全省平原绿化工作会议召开

12 月 21 ~22 日 河南省政府在郑州召开由 36 个平原绿化未“达标”县主抓林业的副县长、林业局局长和 17 个地市林业局局长参加的全省平原绿化工作会议。会上，省林业厅厅长马新高传达了全国林业厅(局)长会议精神，并作了关于加快河南省平原绿化步伐的报告。省政府要求各地，要根据农、林、牧、副、渔全面发展，水、田、林、路综合治理的原则搞好规划；要抓好林业育苗，每个县都要根据规划算算账，育足苗木；要多方面筹集造林绿化资金，继续实行“统一规划，树随地走，苗木自筹，谁造谁有”的政策，黄淮海开发区的县要在投资中列出一定比例发展林果业，水利部门主管的河渠由水利部门投资，主干公路绿化由公路部门投资苗木费与当地群众合作植树；要加强对平原绿化工作的领导，要把两年完成“达标”任务作为一项主要指标列入各级领导目标管理责任制，定期考核，奖罚兑现。

宋照肃与参加全省平原绿化工作会议代表座谈

12 月 22 日　省委常委、副省长宋照肃与参加全省平原绿化工作会议的代表进行座谈，共商振兴平原林业大计，并和 36 个平原绿化未“达标”县的副县长商定了完成平原绿化“达标”任务的具体时间。

省绿化委员会召开第十次全体会议

12 月 23 日　新调整后的河南省绿化委员会在省委常委、副省长、省绿化委员会副主任宋照肃主持下召开了第十次全体会议，省绿化委员会副主任马新高、张永昌、张企曾，省绿化委员会顾问徐枫、魏芳亭、徐国梁和全体委员及新闻单位的代表共 30 多人参加了会议，省林业厅厅长马新高、城乡建设环境保护厅副厅长蒋书铭、省军区后勤部副部长尹继书分别向大会汇报了农村、城市和部队开展义务植树与绿化工作的情况以及今后的工作安排意见，团省委向全会提交了书面材料。顾问徐枫、魏芳亭及部分委员分别作了发言。宋照肃副省长强调，要正确认识河南省的林业形势，增强生态观念；抓好规划，加快绿化步伐；对 1989 年的绿化工作实行目标管理，引进竞争机制；建立健全机构，保证绿化办公室工作的正常开展。

宋照肃专题研究平原绿化和黄河青年防护林工作

12 月 28 日　省委常委、副省长宋照肃邀请参加全省农村工作会议的 36 个平原绿化未“达标”县和 6 个黄河青年防护林没有完成任务县的县长及所在市地的市长、专员座谈对话，专题研究“两个”善始善终完成造林绿化任务问题，要求善始善终完成平原绿化任务，保证在 1990 年底全省完成平原绿化“达标”的栽植任务；在 1989 年善始善终完成黄河青年防护林的造林绿化任务，不拖全国六省协作区的后腿。

河南省 17 个县（区）获全国平原绿化先进单位称号

12 月 28 日　林业部授予河南省南乐县、清丰县、范县、台前县、濮阳县、濮阳市区、长垣县、新乡县、延津县、新乡市郊区、襄城县、郏县、开封市郊区、滑县、温县、中牟县、漯河市源汇区等 17 个县（区）和开封、濮阳等 2 个地级市“全国平原绿化先进单位”称号，委托河南省林业厅代发达到“平原绿化标准”证书和“全国平原绿化先进单位”奖牌。

1989 年

省林业厅与美国达成森林培育和林木病虫害防治合作意向

1 月 12 日 美国田纳西河流域水土资源统一开发局(TVA)亚洲事务协调员谢汶(Lawr Ence Hsie Hwen)先生来河南访问，同河南省林业厅有关工程技术人员就林业技术合作、交流与服务进行了座谈和讨论，双方在河南干旱丘陵地带育林、速生林培育、林木病虫害防治方面达成合作开发意向。省林业厅副厅长吴烈继向谢汶介绍了河南省林业的现状、存在的技术问题及今后的发展规划，并代表省林业厅对谢汶先生来豫寻求林业方面的合作及提供技术服务表示欢迎，希望今后在林业多方面开展双边合作与交流。谢汶对与河南合作充满兴趣，愿为河南林业事业的发展作出努力。

省政协常委到省林业厅视察工作

1 月 16 日 河南省政协常委、农经委主任刘应祥和省政协常委徐国梁、何家泌、胡连生及省政协委员黄恩隆一行到省林业厅视察工作，省林业厅厅长马新高，副厅长吴烈继、王庭训、关耀信分别汇报了一年来对政协提案的办理情况、河南林业概况及十年造林绿化规划。汇报结束后，刘应祥对林业工作提出了四点建议：一是加强横向联系，搞活林业经济；二是狠抓林业宣传，扩大社会影响；三是搞好林产品加工增值，以加工促生产，以生产保加工；四是抓好泡桐丛枝病的防治。胡连生常委建议省林业厅重视发展庭院经济，在城市郊区大力发展小杂果。

表彰 1988 年度森林防火先进单位

1 月 23 日 河南省政府护林防火指挥部表彰在 1988 年度中，工作扎实，措施得力，全年无森林火灾事故，作出突出成绩的森林防火先进单位，授予渑池县、汝阳县、光山县等 9 个县(市、区)及国营西峡木寨林场、国营方城大寺林场、国营卢氏淇河林场等 23 个国营林场"1988 年度森林防火工作先进单位"称号。

全省山区造林绿化会议召开

1 月 24～26 日 河南省林业厅在辉县市召开全省山区造林绿化会议。

会议组织参观了辉县市沙窑乡南坪村的万亩治山造林绿化现场；全国林业劳动模范、南坪村党支部书记崔电亮向大会介绍了自力更生、奋斗20年绿化万亩荒山、兴林致富的经验；省林业厅厅长马新高作了《关于加快荒山造林绿化步伐的意见》的报告；省绿化委员会办公室副主任张企曾传达了全国绿化委员会办公室主任会议精神；会议讨论了《河南省十年造林绿化规划》（送审稿）和中共河南省委、河南省人民政府《关于十年基本绿化中州大地的决定》（代拟稿）。省委常委、副省长宋照肃和与会人员就如何加快治山造林绿化步伐问题进行了座谈，并在会上提出了五点要求。

全省育苗现场会召开

2月25日　河南省林业厅在叶县召开全省育苗现场会，各市地林业局及平原绿化未“达标”县林业局的局长参加了会议。

全省竹林资源开发利用研讨会召开

2月23~25日　河南省林业厅、中国竹业协会河南分会在博爱县召开全省竹林资源开发利用研讨会，参加会议的有河南省竹业协会理事和主要产竹地（市）县领导等共38人，省林业厅副厅长王庭训出席会议并讲话。会议交流了竹林资源开发利用的经验和技术方面的信息，组织参观了博爱县的竹林管理、竹器加工、竹业市场，就河南省竹业生产现状、今后发展目标进行了座谈。

省绿化委员会第十一次全体（扩大）会议召开

3月3日　省绿化委员会在郑州召开第十一次全体（扩大）会议。会议的中心议题是：传达贯彻全国绿化委员会第八次全体（扩大）会议精神；讨论河南省十年造林绿化规划；研究部署植树节十周年纪念活动有关事项；开展全民义务植树和表彰奖励1988年实现平原绿化“达标”的3个省辖市与19个县（区），分析河南省造林绿化形势，明确任务，研究措施，加快全省造林绿化步伐。省绿化委员会主任、省长程维高在会议上发表讲话，要求：第一，要增强全民的绿化意识。第二，要制定切实可行的造林绿化规划。第三，要扎扎实实地搞好全民义务植树。第四，依法治理林业“三害”。第五，广开渠道，多方筹集绿化资金。第六，实行领导干部任期绿化目标责任制。

全省林业育苗现场会在平顶山召开

3 月 6～8 日 省林业厅在平顶山市召开全省林业育苗现场会。河南省政协常委、省林业厅顾问徐国梁，省林业厅副厅长吴烈继，平顶山市副市长马国璋出席会议并讲话；省林业厅副厅长王庭训作大会总结。会议要求各地市切实抓好春季林业育苗，为按期实现平原绿化"达标"、加快山区造林绿化步伐奠定可靠的物质基础。会议期间，与会人员参观了宝丰县赵庄乡、石桥乡的绿化现场，平顶山市市委副书记毛兴中以及叶县、宝丰、遂平、临颍、息县、淮滨、南阳等县介绍了组织春季林业育苗的经验。全省 17 个市(地)林业局局长和 35 个平原绿化未"达标"县(市、区)林业局的负责人参加了会议。

省委书记杨析综发表纪念植树节电视讲话

3 月 11 日 在纪念植树节十周年之际，河南省省委书记杨析综发表电视讲话。杨析综在讲话中指出：河南省人民积极贯彻执行全国人大的决议，在全省城乡普遍掀起了义务植树、绿化中州大地的热潮。自 1982 年以来，全省共义务植树近 5 亿株。平原绿化走在了全国的前列，全省已有 5 个市、地 59 个县(区)达到了国家规定的平原绿化标准。近几年在"完善平原，主攻山区"方针指导下，山区造林稳步前进。1988 年，全省林木覆盖率已由 1980 年的 12.9% 上升到 14.8%；活立木蓄积量比 1980 年增长 34.2%。城市绿化也有较大进展。全省城市园林绿地面积比 1980 年增长了 40%。为把今后的植树造林、园林绿化工作搞得更好，杨析综提出五点要求：第一，要广泛宣传绿化国土的重大意义，对全体公民和青少年加强教育，进一步提高全省人民对造林绿化的认识。第二，造林绿化是一项群众性、社会性很强的系统工程，全社会各行各业都要尽到自己的责任。第三，绿化工作一定要扎扎实实，讲究实效。第四，绿化工作要因地制宜，从各地实际出发，不仅可以种树，而且可以种花、种草。农村在发展用材林的同时，要注意经济林的发展。第五，各级党委和政府要加强对造林绿化工作的领导。杨析综强调：春季是植树造林的黄金季节，全省人民要紧急动员起来，不失时机地掀起植树造林的高潮，扎扎实实地把河南省的造林绿化工作推向一个新的阶段。

宋照肃副省长到禹州检查林业工作

3 月 19 日 河南省委常委、副省长宋照肃到禹州市检查林业工作，并和禹州市的主要领导座谈林业发展问题。宋照肃指出：禹州市有实现平原绿化的干劲，又有治山绿化的经验。因此，禹州市应先走一步，在巩固完善平原绿化的同时，主攻山区。在谈到治理荒山宜林地时，宋照肃要求禹州市主要抓好以下几点工作：一要认真搞好规划；二要制定能够促进山区林业发展的政策；三要抓好典型；四要综合开发山区；五要抓好当前的育苗工作。

全省乡镇林业工作站建设会议召开

4 月 1 ~3 日 河南省林业厅在鹿邑县召开全省乡镇林业工作站建设会议。会议的主要内容是：总结河南省 1988 年乡镇林业工作站建设的经验，表彰先进，部署 1989 年建站工作。

华北六省市区绿化检查团到郑州市检查工作

5 月 12 ~15 日 由全国绿化委员会办公室组织的华北六省、市、区(北京、天津、河北、山西、内蒙古、河南)绿化办公室和石家庄、太原、呼和浩特绿化办公室有关人员组成的绿化检查团，对郑州市的全民义务植树和园林绿化工作进行了检查。在检查期间，郑州市政府领导胡书俭、李生盛，副秘书长刘本昕和有关委、局及市内各区的负责人共同听取了检查团对郑州绿化工作的意见。郑州市建设委员会负责人汇报了开展全民义务植树和园林绿化工作的情况。检查团实地检查了郑州市 23 条道路、7 个单位庭院、2 处义务植树基地(黄河游览区、登封县)、1 个公园和 1 个苗圃，一致认为，郑州市历届党、政领导对绿化工作高度重视，群众发动广泛深入，绿化效果显著。

全省乡镇林业工作站建设座谈会召开

6 月 19 ~20 日 河南省林业厅在郑州召开加快河南省乡(镇)林业工作站建设座谈会。会议传达学习了林业部部长高德占、副部长刘广运在全国区、乡(镇)林业工作站建设研讨班上的讲话；结合河南实际，就如何加快河南省乡(镇)林业工作站建设进行了座谈。省林业厅副厅长王庭训出席会议并讲话，各市地林业局、林业技术推广站的负责人参加了会议。

1989 年林业科学技术进步奖揭晓

6 月 26 日 河南省林业厅印发 1989 年科学技术进步奖公报。省林业厅科技成果评审委员会于 1989 年 5 月 30 日至 6 月 2 日在郑州召开了林业科技进步奖评审会议，对各部门向林业厅申报的1989年科学技术进步奖项目进行了评审。经评审，全省共有24个项目获奖。其中：由河南农业大学蒋建平等人完成的“泡桐属基因库的营建与基因资源的研究利用”和由省林业科学研究所王广钦等人完成的“农田防护林人工生态系统的研究”获得一等奖，由河南农业大学等单位组织完成的“泡桐丛枝病‘去丛灵’的研制应用及综合防治新技术的研究”等7个项目获得二等奖，由新郑县枣树研究所等单位组织完成的“枣树归圃育苗生物学原理及应用研究”等15个项目获得三等奖。

中共河南省林业厅机关第一次代表大会召开

6月28～29日 中共河南省林业厅机关第一次代表大会在郑州召开，大会听取审议了上届机关党委工作报告和河南省林业厅厅长马新高代表厅党组所作的关于深入学习四中全会精神的动员报告，选举产生了新的机关党委和纪委，圆满完成了大会预定的任务。

中共河南省林业厅机关第一次代表大会选举结果产生

7月10日 中共河南省直属机关委员会经过研究同意中共河南省林业厅机关第一届委员会、纪律检查委员会第一次全体会议选举结果：王会卿兼任省林业厅机关党委书记，张兴山任省林业厅机关党委专职副书记，王敬民任省林业厅机关纪委书记。

中央记者团来河南省采访考察平原绿化

7月上旬 由人民日报社、农民日报社、光明日报社、中央人民广播电台、林业部教宣司等单位组成的中央记者采访团一行6人，对河南省的平原绿化进行考察、采访。河南省省长程维高、副省长宋照肃在省政府会议室和记者们进行了座谈，代表省委、省政府对采访团表示热烈欢迎，并分别介绍了河南平原林业建设情况和省委、省政府关于“完善平原、主攻山区”的林业工作方针。采访团在豫期间，对许昌市的禹州市，周口地区的商水县、扶沟县、西华县、淮阳县，商丘地区的柘城县、夏邑县、永城县、宁陵县、民权县，开封市的兰考县、尉氏县，新乡市的原阳县、延津县、卫辉市进行了考察，和有关地、市、县的领导以及林业部门的人员就平原林业的发展前景进行了座谈和探讨，广泛地倾听了群众对农桐间作、农田林网、固沙造林、沟河绿化、“四旁”植树、果农间作等造林形式的看法。通过这次考察采访，采访团对河南各级政府在领导平原地区人民，组织千家万户，大搞植树造林，发展平原绿化事业等方面给予了高度的评价。

省林业厅处以上干部及党支部书记会议召开

7月14～15日　河南省林业厅党组召开全厅处以上干部及党支部书记会议。会议认真学习贯彻党的十三届四中全会精神和邓小平、江泽民、李鹏等领导的重要讲话，座谈落实省委四届九次全会各项要求的具体措施。全体与会人员表示，坚决拥护十三届四中全会作出的各项决定，从思想上、政治上、行动上与党中央保持高度一致，认真完成四中全会和省委四届九次全会提出的各项任务。

全国首次乡村林场工作研讨会在新县召开

7月13～16日　林业部在河南省信阳地区新县召开由14个省(区)乡村林场负责人参加的全国首次乡村林场工作研讨会。河南省林业厅副厅长王庭训到会祝贺并讲话，林业部造林经营司司长祝光耀作会议总结。会议组织参观了新县乡村办林场；信阳地区林业局、新县人民政府在会上作典型发言，介绍了发展乡村林场的成绩与经验；讨论修改了《乡村林场达标升级管理办法》和《乡村林场管理条例》。与会代表回顾总结了我国乡村林场工作30多年来走过的曲折历程、取得的成绩、存在的问题，提出了新的奋斗目标和加快乡村林场改革、发展的政策、技术、措施。

三十五县平原绿化规划现场会在博爱召开

8月1～2日　河南省政府在博爱县召开35县平原绿化规划现场会。会议的中心议题是：研究、部署35个未“达标”县的平原绿化规划工作，为1989年冬和1990年春的植树造林工作做准备。会议组织参观了博爱县的平原绿化现场，博爱县政府介绍了《加强领导，科学规划，加快平原绿化步伐》的典型经验，叶县、息县、唐河、临颍、郾城、邓县、新蔡、正阳和许昌等县汇报了平原绿化规划的进展情况和下一步的工作安排。35个平原绿化未“达标”县的县长、林业局局长、有关市地的林业局局长，共110人参加了会议。会议由省林业厅副厅长王庭训主持，省林业厅厅长马新高作会议总结，省政府副秘书长张永昌到会并作重要讲话。会议要求35个平原绿化未“达标”县在9月底前完成平原绿化规划工作。

全省森林资源管理工作会议召开

8 月 20 ~ 21 日 河南省林业厅在郑州召开全省森林资源管理工作会议。这次会议的中心议题是：研究、部署河南省森林资源管理和五年(1991 ~ 1995 年)森林采伐限额编制、森林资源调查和国营林场经营方案编制工作。会上，张企曾总工程师传达了全国森林资源和林政管理工作会议精神，分析了河南省森林资源第三次清查成果和资源管理现状。与会人员就资源管理、国营林场定权发证、森林采伐限额编制、资源调查、乡级林业工作站建设等工作进行了认真讨论。省林业厅厅长马新高出席会议并作总结讲话。副厅长吴烈继、王庭训、关耀信及有关处室负责人、各地市林业局局长、国营林场管理科科长参加了会议。

核发狩猎许可证

8 月 28 日 河南省林业厅、河南省财政厅、河南省物价局联合向各市(地)、县林业(农林)局、财政局、物价局下发《关于核发狩猎许可证有关问题的通知》。通知规定：狩猎许可证的发放、收费及管理，由县(市)林业主管部门负责办理，到物价部门领取收费许可证，并使用财政部门规定的统一收据。野生动物资源管理费属于预算外收入，主要用于野生动物资源调查、保护、科研、管理等项工作的开支。本证仅用于猎取一般野生动物，凡猎取国家明令保护的野生动物，必须按规定申领特许猎捕证。

宋照肃副省长到南阳地区检查林业工作

8 月 29 日 河南林情快报[1989]43 期报道，省委常委、副省长宋照肃到南阳地区检查林业工作。他在听取地区行署领导和有关部门负责人关于农口工作的汇报时，对该地区林业工作提出明确要求，指出：南阳地区林业建设任务很重，特别是平原绿化工作更艰巨，要认真研究，采取措施，必须保证 1990 年实现“达标”。宋照肃强调：要利用各种场合和机会，特别是大会，大讲林业的重要性，以引起各方面的重视，加快南阳地区平原绿化的步伐。

全省冬春水利建设和造林绿化准备工作会议召开

9 月 2 ~ 4 日 河南省政府在漯河市召开全省冬春水利建设和造林绿化准备工作会议。副省长宋照肃出席会议并讲话，要求全省要早规划、早准备，切实抓好1989年冬和1990年春的植树造林工作。河南省林业厅厅长马新高就1989年冬和1990年春的林业工作提出五条意见：一是扎扎实实搞好造林规划；二是切实组织好35个平原绿化未“达标”县的绿化“达标”大会战，通过努力实现林业工作大头落地；三是认真抓好平原绿化已“达标”县的完善、提高工作；四是大力开展山区造林；五是切实加强对造林绿化工作的领导。

全省制止乱砍滥伐查处毁林案件工作会议召开

9月5日　河南省政府召开全省制止乱砍滥伐查处毁林案件工作会议。会议听取了有关市地对12起重大林业案件处理情况的汇报，研究部署了进一步加强森林资源保护和制止毁林工作的措施。宋照肃副省长出席会议并讲话，强调：要把这次会议作为依法治林的一个新起点，把全省的林木保护工作提高到一个新的水平。要求各级政府和林业、公安等有关部门认真做好以下几个方面的工作：一是进一步提高对保护林木重要性的认识，坚持依法治林；二是加强政治思想工作，提高全民的爱林意识；三是严格执法，严肃查处毁林案件；四是继续落实好林业政策，正确处理林地权纠纷，尽快组织力量搞好国有林的定权发证工作；五是加强林政建设，搞好资源管理。省林业厅厅长马新高、省公安厅副厅长雷庆同通报了当前乱砍滥伐情况并提出工作意见。会议由省农委主任刘振岐主持，省人民检察院副检察长傅日敖、省纪律检查委员会秘书长朱业祥、省监察厅副厅长李炳凡参加会议并讲话。各市地林业局局长、公安局局长参加了会议。

信阳木工机械厂获部级优秀QC小组称号

9月5日　林业部通报表彰河南信阳木工机械厂热压机QC（即品质控制——编者注）小组为1989年度部级优秀QC小组，并颁发了奖状和荣誉证书。

全国薪炭林试点工作汇报会在泌阳召开

9月上旬　林业部在泌阳召开全国薪炭林试点工作汇报会，黑龙江、吉林、辽宁、内蒙古、北京、河北、湖南、江西、贵州、四川和河南省林业厅（局）主管薪炭林工作的负责人及全国14个薪炭林试点县（旗）林业局局长参加了会议。会议交流了经验，研讨了工作中存在的问题及下一步的发展意见，参观了泌阳县薪炭林造林现场。与会代表一致认为泌阳的经验很好，值得推广学习。

全省林木种苗工作会议在郑州召开

9 月 13～14 日 全省林木种苗工作会议在郑州召开。会议的主要议题是：传达贯彻林业部全国种苗工作会议精神，学习宣传《中华人民共和国种子管理条例》，总结交流种苗工作经验，部署下一步的工作。河南省林业厅副厅长王庭训出席会议并讲话。各市地林业工作站、良种基地、种子站(库)和部分国营苗圃、县林业局的负责人参加了会议。

河南省林业厅技师评聘工作领导小组成立

9 月 22 日 省林业厅成立以副厅长吴烈继任组长的“河南省林业厅技师评聘工作领导小组”，负责组织厅直属单位的技师聘任和检查指导林业行业的技师聘任工作，领导小组下设办公室，负责具体工作。

省政府与 12 个市地签订山区造林绿化目标责任书

9 月 22～26 日 河南省委、省政府在三门峡市召开全省山区工作会议，省委、省人大、省政府、省政协及省直有关单位的领导和各有关市(地)、县政府的市长(专员)、县长、农委主任、山区开发办公室主任等参加了会议。会议期间，与会人员参观了灵宝县寺河乡的林果基地；程维高省长与 12 个市(地)的市长(专员)签订了《河南省造林绿化目标责任书》。根据责任书规定，到 1999 年底，全省山区将基本完成宜林荒山造林绿化任务。省委书记杨析综、省长程维高、副省长宋照肃分别作了重要讲话。杨析综书记在讲话中高度评价了灵宝县寺河乡大力发展苹果、靠林果走上致富路的经验，要求山区大力发展林果业。程维高省长要求各地要发扬自力更生精神，扎扎实实按期完成目标责任书规定的各项造林绿化任务。

全省国营林场建设四十年表彰会在郑州召开

9 月 27～29 日 全省国营林场建设四十年表彰会在郑州召开。会上，河南省林业厅副厅长吴烈继宣读了河南省林业厅关于表彰国营林场建设先进单位和个人的决定，为 39 个先进林场、474 名林场先进工作者和 18 名林场工作管理先进工作者颁发了锦旗或证书；先进集体和先进个人代表作了发言。省林业厅厅长马新高，副厅长王庭训、关耀信出席会议并讲话。参加会议的有先进林场的场长、先进工作者的代表以及各市地林业局的负责人，共

144 人。

全省林业宣传信息工作会议召开

10 月 11 ~ 12 日　全省林业宣传、林情信息工作会议在郑州召开。会议总结交流了经验，评出了 5 个 1989 年度林情信息先进单位和 10 个先进个人。河南省林业厅副厅长关耀信为先进单位和个人颁发了奖状、荣誉证书和奖品，并为 1989 年度林业报刊发行工作作出贡献的先进单位和个人颁发奖状。各市(地)林业局办公室主任，林业宣传、信息工作负责人及厅直有关单位的人参加了会议。

1988 年度造林实绩和平原绿化达标县核查验收结果揭晓

10 月 12 日　1988 年度河南省造林实绩和平原绿化达标县核查验收结果揭晓。林业部华东森林资源监测中心负责，1988 年造林实绩和平原绿化达标县核查验收工作自 8 月 19 日开始，由抽查单位涉及清丰县、武陟县、延津县、陕县、嵩县、登封县、开封县、民权县、禹县、叶县、淅川县、镇平县、罗山县等 13 个县(市)的 37 个乡(镇)。抽查面积为 74 216 亩，占全省上报面积 231 万亩的 3.2%，占 13 个县市上报造林面积的 20%。经实地测量和成活情况调查，落实造林面积为 64 064 亩，占上报面积 74 216 亩的 86.3%。其中合格面积(成活保存率在 85%以上)为 33 639 亩，占上报面积的 45.3%，占落实面积的 52.5%。造林面积核实率：国营林场 101%，合作造林 100%，集体造林 87%，个体造林 86%；成活保存合格率：国营造林 86%，集体造林 51%，合作造林 38%，个体造林 33%。按林种统计，造林面积核实率为：用材林 80%，防护林 103%，经济林 88%；成活保存合格率：用材林 41%，防护林 67%，经济林 46%。

换发林木采伐许可证

10 月 20 日　河南省林业厅根据林业部林资字[1989]138 号文《关于加强林木采伐许可证管理的通知》的要求，对换发林木采伐许可证作出规定。新发林木采伐许可证 1989 年 11 月 20 日启用，原发林木采伐许可证截止到 1989 年 11 月 19 日。

省护林防火指挥部第三次全体成员会议召开

10 月 23 日　省护林防火指挥部第三次全体成员会议在省政府会议室召开。省护林防火指挥部办公室副主任、省林业厅副厅长王庭训首先传达了田纪云副总理、林业部高德占部长在第五次国家森林防火总指挥部成员会议上的讲话；省护林防火指挥部副指挥长、省林业厅厅长马新高就 1988 年冬和 1989 年春的护林防火工作情况和 1989 年冬和 1990 年春的工作意见作了汇报；省农委主任刘振岐受省护林防火指挥部指挥长、副省长宋照肃委托主持会议并作总结讲话。

全省飞播造林工作会议召开

10 月 27 日　河南省林业厅在焦作市召开 1989 年度全省飞播造林工作会议。

全省护林防火工作会议召开

10 月 28 ~29 日　全省护林防火工作会议在焦作市召开。会上，济源市人民政府、辉县林场等 25 个护林防火先进单位和王正用、艾全利等 40 名长期奋战在护林防火第一线、为保护森林资源作出突出贡献的先进工作者受到了省护林防火指挥部的表彰和奖励；省护林防火指挥部办公室副主任、省林业厅副厅长王庭训传达了国家森林防火总指挥部第五次全体成员会议精神；省护林防火指挥部副指挥长、省林业厅厅长马新高总结了 1987 年以来河南省的森林防火工作，并就 1989 年冬和 1990 年春的森林防火工作提出了具体安排意见。各市地和 25 个重点山区县护林防火指挥部的负责人、林业局局长及省直有关单位的负责人、新闻记者共 100 余人参加了会议。

调整省林业厅老干部工作委员会

11 月 3 日　河南省林业厅对厅老干部工作委员会作出适当调整。由厅党组副书记、副厅长吴烈继担任主任委员，厅有关处室和单位的负责人担任委员。

党政领导干部办造林绿化点意见出台

11 月 20 日　河南省委办公厅、省政府办公厅印发转发省绿化委员会《关于各级党政领导干部都要办造林绿化点的意见》的通知。通知要求各级党政领导干部认真落实，为实现“十年绿化河南”这一宏伟目标作出积极贡献。

全省经济林工作会议召开

11 月 29～30 日　河南省林业厅在巩县召开全省经济林工作会议。会上分析了河南省近几年的经济林生产形势，交流了经验，明确了今后经济林工作的任务及指导思想，研究了夺取 1990 年经济林丰收的措施。省林业厅副厅长王庭训总结了近几年的经济林工作，并就今后的经济林生产提出了意见。各市地、县林业局局长、经济林科科长、省直有关单位的负责人和新闻记者共 200 多人参加了会议。

工商林业联手整顿松香市场

12 月 8 日　河南省工商行政管理局、河南省林业厅联合下发《关于进一步加强我省松香经营管理、整顿松香市场的通知》。提出四条意见：第一，进一步加强松香等林化产品的归口经营管理，整顿流通环节；第二，改革计划分配下拨办法，确保流通渠道畅通；第三，搞好市场调查和服务工作；第四，认真执行国家对松香市场管理的有关规定和松香调运制度，严格松香调运手续。

河南省林业厅无线电管理领导小组成立

12 月 14 日　河南省林业厅成立以副厅长王庭训为组长的厅无线电管理领导小组。

河南省军区营房处获核发林木采伐许可证授权

12 月 17 日　河南省林业厅决定授权河南省军区绿化主管部门，根据制定的年采伐限额和年度采伐计划，核发林权属于部队的林木采伐许可证，以加强部队的林木管理，促进部队造林绿化事业的发展。驻豫部队自产自用木材的内部调拨运输，由产材单位持林木采伐许可证，到驻地县以上林业主管部门办理运输证件。驻豫部队采伐林木，应按照总后勤部规定的标准，由省军区绿化主管部门收缴育林资金，并全部留给部队用于更新造林、抚育管理等支出，专款专用。

省政府护林防火指挥部等单位要求加强森林防火体系建设

12 月 30 日 河南省护林防火指挥部、省编制委员会、省劳动人事厅、省林业厅联合转发国家森林防火总指挥部、人事部、林业部国森防[1989]21 号文《关于加强森林防火体系建设的通知》，要求加强森林防火体系建设。通知指出：森林防火任务大的市(地)、县森林防火办公室的编制和人员配备，具体应由市(地)、县森林防火指挥部提出意见，报同级编委审批。各级森林防火办公室配备的专职人员，应从现有党政机关干部中调剂解决，不得从社会上招收。

1990 年

河南省重点保护野生动物名录公布

1 月 2 日　河南省政府公布《河南省重点保护野生动物名录》(豫政[1990]2 号)。这次列入省重点保护的野生动物共有 5 纲 16 目 24 科 36 种。

河南省林业厅机关党委受表彰

1 月 14 日　河南省林业厅党组作出决定，表彰厅机关党委在 1989 年度工作深入，成绩显著，圆满完成了年度工作目标。

南阳等 10 个地市获林业工作站建设先进单位称号

1 月 18 日　河南省林业厅作出《关于表彰 1989 年度乡(镇)林业工作站建设先进单位的决定》，对 1989 年全面完成乡(镇)林业工作站建设任务的南阳地区、新乡市、洛阳市、周口地区、驻马店地区、郑州市、鹤壁市、开封市、濮阳市、漯河市林业局给予表彰，并授予“林业工作站建设先进单位”称号。

全省市地林业局局长会议在郑州召开

1 月 14～18 日　河南省林业厅在郑州市召开全省市地林业局局长会议，传达贯彻全国林业厅(局)长会议精神，学习宋平、田纪云关于林业建设的重要讲话。省委常委、副省长宋照肃到会看望代表并作重要讲话，省林业厅厅长马新高作《1989 年工作回顾和 1990 年工作任务》的报告。全省省辖市林业局局长、5 个国营林场和 8 个市地林业科学研究所及三所林校的负责人参加了会议。

省政府批准 1989～1992 年森林防火基础设施建设规划

2 月 9 日　河南省政府作出决定，原则同意《河南省 1989～1992 年森林防火基础设施建设规划》，并同意配套资金落实意见。规划明确了全省森林防火瞭望网、防火隔离带、防护林带、无线通信网、对讲机、传真机、森林防火车辆和风力灭火机等设施设备建设内容及投资，拟订 4 年完成投资 3 600万元，每年投资 900 万元，请求国家每年补助 100 万元，按国家：

省：市(地)、县 1：2：4 的比例配套，每年省投资 200 万元，市(地)、县投资 600 万元。

汤阴等 8 个平原绿化县(区)受到奖励

2 月 15 日 根据《河南省造林绿化奖励办法》(试行)，河南省政府按照以奖代补的原则，对获得平原绿化先进单位的 8 个县(区)给予奖励，奖励汤阴县、浚县、淇县、密县、荥阳县、偃师县各 5 万元，奖励安阳市郊区、洛阳市吉利区各 2 万元。

省政府通令嘉奖青年黄河防护林建设单位

2 月 15 日 河南省政府对参与营建河南青年黄河防护林工程的团省委、省林业厅、水利厅、财政厅、河务局、省军区政治部和沿黄 7 市 25 县(市、区)的有关部门进行通令嘉奖，同时授予在工程建设中作出突出贡献的卫战省、刘振东、张士学、张利平、刘茂森、韩丙勤、胡长玉等 7 位同志“河南省绿化先进工作者”称号。

林晓在七届十四次常委会上发表林业讲话

2 月 17 日 河南林业简报[1990]2 期报道：河南省人大常委会副主任林晓在七届十四次常委会上就河南省林业生产和十年造林绿化规划问题发表讲话。要求做好四项工作：一是要切实加强对造林绿化工作的领导，进一步深化林业改革，稳定林业政策，增加林业投入，健全各级林业管理机构和服务体系，深入扎实地开展造林绿化运动；二是认真落实领导干部任期绿化目标和资源管理责任制，进一步落实林业政策，完善林业生产责任制；三是大力开展科技兴林，积极地把一些实用性强的林业科研成果推广到生产实践中去，切实抓好造林、营林的质量；四是把林业生产和管理逐步纳入法制化轨道。

省政府召开平原绿化未达标市地县座谈会

2 月 17 日 河南省政府在郑州召开平原绿化未达标市(地)县领导座谈会。尚未完成平原绿化“达标”的 9 个市地分管农业工作的副专员、副市长，27 个平原绿化未“达标”县(市、区)的县(市、区)长参加了会议。省委常委、副省长宋照肃听取了汇报并与与会代表进行座谈，强调完成平原绿化“达标”，县委、县政府的工作是关键，希望参加会议的人员回去后做好宣传、组织，把平原绿化“达标”任务拿下来。

全省春季森林防火电话会议召开

2 月 19 日　河南省护林防火指挥部召开春季森林防火电话会议。会议收听了国家森林防火总指挥部召开的春季森林防火电话会，对 1990 年的春防工作做了全面安排部署。省委常委、副省长、省护林防火指挥部指挥长宋照肃出席会议并讲话，强调森林防火已到关键时候，要全省上下一起动员，把森林防火工作搞得更好。省护林防火指挥部副指挥长、省林业厅厅长马新高在会上结合河南省实际情况，提出五点意见。12 个森林防火任务大的市地和 25 个林业重点县的护林防火指挥部成员参加了会议。

省林业厅派出工作组到基层督促检查林业工作

2 月 20 日　河南省林业厅党组作出决定，1990 年春季、秋季组织两批干部到基层开展检查、调研工作。第一批 25 人，组成 7 个工作组，由王庭训副厅长带队，分赴信阳、南阳、驻马店、平顶山、漯河和许昌等地市的 27 个平原绿化未“达标”县和造林任务大的重点山区县，主要任务是督促、检查、协调春季林业生产，了解当前造林、育苗、护林防火等项工作进展情况。

省委省政府作出实施河南省十年造林绿化规划的决定

3 月 7 日　省委、省人民政府作出《关于实施河南省十年造林绿化规划的决定》。决定内容分六个方面，一是充分认识造林绿化的重要意义，下决心把林业搞上去；二是层层落实任务，确保《河南省十年造林绿化规划》目标的实现；三是依靠林业科技，提高造林质量；四是进一步完善和落实林业政策，多渠道筹集林业资金；五是强化林政和资源管理，依法治理林业“三害”；六是切实加强对造林绿化工作的领导。

省委组织部和团省委领导亲自办绿化点

3 月 10 日　河南省委组织部部长刘广祥、团省委书记吉炳轩带领省委组织部和团省委的 120 多名工作人员，自带干粮专程到造林绿化点——武陟县东营村和群众一起参加义务植树劳动，共栽树 2 000 余株。在省委组织部和团省委的帮扶下，东营村春季共营造 8 条防风林带，全长1. 28万米，面积 2 100 亩；共植树 18 500 株，补植杨树速生丰产林 450 亩，保存率 98% 以上，是造林质量最高的一年。

省主要领导致信省绿化委员会第十二次全会

3 月 11 日 河南省委书记杨析综、省长程维高致信河南省绿化委员会第十二次全体(扩大)会议，对大会的召开表示祝贺，并向所有为绿化中州大地作出贡献的人员表示慰问。省领导在信中指出：林业是国民经济中一个具有多功能的产业。植树造林，绿化祖国，是我们的一项基本国策，也是保护生态环境、造福千秋万代的大事。各级党委和政府要高度重视造林绿化工作，认真实施十年造林绿化规划，下决心奋斗十年，基本绿化中州大地。各级党政领导要带头办好造林绿化点，真抓实干。信中强调：造林绿化事业是一项群众性、社会性很强的系统工程，因此，要加快绿化中州大地的步伐，必须加强宣传教育，充分认识开展全民义务植树的法定性、义务性和全民性，增强全民的绿化意识和法制观念，充分发动群众，实行全社会办林业，全民搞绿化。春季是植树造林的黄金季节，全省人民要向绿化战线上的英雄模范和先进人物学习，不失时机地掀起植树高潮，扎扎实实地把河南省的造林绿化工作推向一个新阶段。

全省核桃生产现场会在禹县召开

3 月 20 日 全省核桃生产现场会在禹县召开，重点学习推广核桃高接换优技术。会议期间，与会人员参观了禹县诸葛乡下宋村的高接换优核桃园，现场学习了高接换优技术。会上，县林业局等 5 个核桃主产县的人员介绍了核桃生产管理、高接换优的经验。

全省林业计划财务工作会议召开

4 月 7 ~9 日 全省林业计划财务会议在郑州召开。会上，河南省林业厅副厅长吴烈继代表林业厅党组作《计划财务工作报告》；副厅长王庭训通报了 1990 年春全省造林情况，并代表林业厅安排部署了下一阶段的工作；张企曾总工程师介绍了河南省黄淮海开发资金林业部分使用的情况；马新高厅长作总结讲话。会议还传达了林业部、河南省计划工作会议精神，与会代表就计划财务改革和做好当年工作进行了讨论。

省林业厅召开党员重新登记工作动员会

4 月 14 日 河南省林业厅在郑州召开全体党员会，动员部署党员重新登记工作。厅党组书记、厅长马新高作动员报告，副厅长、党组成员吴烈继、王庭训出席会议并发言。省直党委纪检书记薛继曾应邀参加会议并讲话。

河南省火炬松和湿地松推广工作取得显著成效

4 月 21 日　省林业厅《林情快报》[1990]23 期发表消息，河南省火炬松和湿地松推广工作取得显著成效，截至 1990 年，驻马店、南阳、信阳等 3 个地区的 23 个县(市)已营造“两松”林 40 多万亩，普遍生长良好。其中桐柏的湿地松和泌阳马道林场的火炬松被确定为河南省“两松”良种生产基地。“两松”已成为桐柏、大别山区主要造林树种之一。河南省于 20 世纪 70 年代开始引进火炬松和湿地松，1984 年开始在适生区有计划地组织大面积推广。

省林业厅召开党员重新登记第二阶段动员会

4 月 26 日　省林业厅党员重新登记领导小组召开厅直党员重新登记第二阶段动员会，厅长马新高作动员报告，对前一段的学习情况进行了总结，并对搞好第二阶段个人总结提出了要求。

省委省政府召开表彰袁婉婉及其家长大会

4 月 24 日　河南委、省政府在鄢陵县举行隆重的表彰大会，对袁婉婉及其家长捐助珍贵树苗的行为给予表彰。在 20 世纪 90 年代第一个植树造林季节，袁婉婉同学及其家长关心祖国的绿化事业，给省领导写信，将 2 000 多棵价值 3 万余元的珍贵树苗捐献给许昌烈士陵园，为推动全民义务植树运动，加快祖国的绿化步伐作出了重要贡献。河南省委书记侯宗宾、省长程维高联名给袁婉婉同学及家长复信，高度赞扬她们无私奉献的优秀品德，并要求以省政府的名义向袁婉婉及其家长和培育她的学校赠送锦旗，委托省政府办公厅、省绿化委员会、团省委、省教委的有关领导亲赴鄢陵县，举行隆重的赠旗仪式。河南省绿化委员会副主任、省林业厅厅长马新高在表彰大会上代表省绿化委员会、省林业厅，向袁婉婉及其家长，以及辛勤培育她的鄢陵县实验小学的园丁们表示衷心的感谢和崇高的敬意。

全省林业目标管理签字仪式在郑州举行

5 月 4 日　全省林业目标管理签字仪式在郑州举行，河南省林业厅厅长马新高与 17 个市地林业局局长及厅直各单位的负责人签订了 1990 年林业目标管理责任书，把省政府下达的林业生产任务分解落实到了各市（地）和厅直各处（室、院、所、站）。签字仪式上，王庭训副厅长受厅党组委托报告了全省春季林业生产情况和下步工作意见；吴烈继副厅长传达了全国林业科技工作会议精神，马新高厅长作总结讲话。

省政府印发河南省十年造林绿化规划

6 月 19 日 河南省人民政府发出关于印发《河南省十年造林绿化规划（1990 ~ 1999）》的通知（豫政[1990]69 号），要求各市、县人民政府、各地区行政公署及省政府各部门，认真组织实施，努力实现《河南省十年造林绿化规划》所提出的各项目标。到 1999 年，全省完成大面积造林 2 000 万亩（其中飞播造林 350 万亩），使全省成幼林面积达到 4 000 万亩；全省林木覆盖率由 1988 年的 14.8% 提高到 20%；活立木蓄积量由 9 152 万立方米增加到 1.2 亿立方米；木材采伐限额按照国务院批准的数量严格执行；年提供 5 万吨木浆造纸原料，50 万立方米坑木；经济林产品的总量由 1988 年的 9.7 亿公斤增加到 30 亿公斤；林业直接经济产值（按现行价）由 1988 年的 17.25 亿元增加到 50 亿元。

全省林业系统自然保护区建设十周年会议召开

6 月 20 ~ 23 日 河南省林业厅在鲁山县召开全省林业系统自然保护区建设十周年会议。各有关市（地）县林业局主管局长、科长和各保护区的负责人，中央和省内有关大专院校、科研单位的专家、学者及新闻工作者，以及平顶山市政府，鲁山县委、县政府的有关领导参加了会议。省林业厅副厅长关耀信在会上总结了十年自然保护区建设成绩，安排部署了今后的工作。厅长马新高出席会议并讲话，强调要全面、客观分析和认识河南省森林及野生动物类型自然保护区建设情况；要扩大和深化对自然保护区性质、作用、意义的宣传；认真检查落实《森林和野生动物类型自然保护区管理办法》执行情况，并将执行中存在的问题如实向当地政府汇报。

省林业厅科技进步奖评审领导小组成立

6 月 25 日 经河南省林业厅党组批准，成立以副厅长吴烈继任组长、河南农业大学校长蒋建平、省林业厅总工程师张企曾任副组长的厅科技进步奖评审领导小组。

省林业厅召开防治大袋蛾战前动员会

6 月 26 ~ 27 日　河南省林业厅在商丘召开防治大袋蛾战前动员会，认真落实省委常委、副省长宋照肃关于防治大袋蛾的批示，进一步发动部署防治大袋蛾工作。省林业厅副厅长王庭训作动员讲话，有关代表汇报了各地大袋蛾的发生状况和防治准备工作情况，相互交流了工作经验。商丘地区、周口地区、开封市、许昌市及 4 地市的 20 个大袋蛾重发县（市）的林业局局长、林业技术推广站站长参加了会议。

省人大通过基本绿化中州大地的决议

6 月 29 日　省七届人大常委会第十六次会议通过了《关于全民动员，奋斗十年，基本绿化中州大地的决议》。决议指出：植树造林，绿化祖国，是我国的一项基本国策。加快绿化中州大地，培育更多的森林资源，对改善自然生态环境、抗御自然灾害、保障农业稳产高产、促进国民经济发展都具有重要意义。要求各级人大常委会要加强对林业工作，特别是对《河南省十年造林绿化规划》）的执行情况进行检查，监督各级政府确保规划如期实现。号召全省人民树雄心、立壮志，发扬“愚公移山”精神，自力更生、奋发图强、坚持不懈，奋斗十年，为实现绿化中州大地的宏伟目标作出贡献。

1990 年林业科学技术进步奖公布

7 月 2 日　河南省林业厅印发 1990 年科学技术进步奖公报。公报显示：由河南省林业科学研究所王广钦等完成的“黄淮海平原沙区类型区综合防护林体系配套技术及生态经济效益研究”和河南省林业技术推广站魏鉴章等完成的“白榆种子园优质丰产低成本综合配套技术研究”等 2 个项目获得一等奖；由河南省林业技术推广站等单位完成的“泡桐金花虫测报及防治技术研究”等 8 个项目获得二等奖；由洛阳林业科学研究所等单位完成的“杜仲无性繁殖技术与推广”等 18 个项目获得三等奖。

全省开展造林绿化达标晋级活动

7 月 8 日　河南省政府印发批转省林业厅关于在全省开展造林绿化达标晋级活动的通知（豫政[1990]75 号）。通知指出：开展造林绿化达标晋级活动，是林业建设的一项改革，也是保证《河南省十年造林绿化规划》顺利实施的重要措施。要求各地应结合自己的实际情况，制定达标晋级规划，切实把这项活动开展起来。已“达标”的市(地)、县要再接再厉，完善提高，争取晋级；未“达标”的市(地)、县，要采取有力措施，限期“达标”，尽快改变林业建设落后的状况。

河南省林业厅行政复议委员会成立

7月11日 根据河南省政府[1990]22号文件精神和林业部[1990]137号文件要求，河南省林业厅决定成立由副厅长王庭训任主任的厅行政复议委员会，从省林业厅公安处、防火办公室、林政处、林场管理处、绿化办公室、计财处、林业工作站、资源管理站等8个单位抽出专人任委员，负责厅行政复议委员会工作。

全省森林防火干部培训班开学

7月11日 河南省第一期森林防火干部骨干人员培训班在洛阳林业学校开学，主要学习森林防火基础理论知识。河南省林业厅副厅长王庭训参加开学典礼并讲话。《森林防火》杂志主编、东北林业大学教授郑焕能受聘为培训班重点讲授“综合森林防火体系”和“林区火源管理” 。有关市(地)、县护林防火指挥部副指挥长，防火办公室主任、副主任，国营林场场长等森林防火有关人员80多人参加了培训。

全省乡村林场工作会议在信阳召开

7月25日 全省乡村林场工作会议在信阳召开。林业部造林司总工程师徐世格等人专程到会指导。会议传达了全国乡村林场工作会议精神，河南省林业厅副厅长王庭训在会上作了《一手抓巩固，一手抓发展，努力开拓我省乡村林场建设的新局面》的工作报告。与会代表参观了信阳市金牛山和信阳县柳林乡非梁村、十三里桥乡寺河村林场及浉河乡造林整地现场。12个单位在大会上介绍了办乡村林场的经验。会上还表彰了在乡村林场建设中成绩优异的14个市(地)、县林业局，111个乡村林场和153名作出突出贡献的个人，并分别授予“全省乡村林场先进单位”和“全省乡村林场工作先进工作者”称号。

河南省国家造林项目领导小组成立

8月9日 河南省政府决定成立河南省国家造林项目领导小组。副省长宋照肃担任组长，省政府副秘书长张治平、省农委副主任李友忱、省林业厅厅长马新高任副组长。省计经委副主任王全书、省财政厅副厅长杨万书、省林业厅副厅长王庭训等及省直机关有关负责人为成员。项目办公室设在省林业厅，王庭训兼任办公室主任。

河南省林产品经销公司木器综合加工厂建立

8 月 9 日 河南省林业厅批复省林产品经销公司，同意建立“河南省林产品经销公司木器综合加工厂”。该厂属公司二级机构，实行独立核算，自负盈亏。

省政协副主席刘玉洁到林业厅视察工作

8 月 27 日 河南省政协副主席刘玉洁一行 4 人到省林业厅视察工作，共商科技兴林大计。刘玉洁认真听取了林业厅副厅长吴烈继关于河南省开展科技兴林工作的情况汇报，并就科技兴林的目标、任务及存在的困难和问题与林业厅的领导和有关人员进行了座谈。刘玉洁指出：林业是农村经济的一个重要组成部分，要发展农村经济就必需发展林业，农业的稳定与发展需要林业的保护，农民脱贫致富需要发展林业，村镇文明建设与环境保护也都需要林业的发展。刘玉洁强调：要利用舆论工具大力宣传科技兴林，把科技兴林从林业系统推向全社会；加强领导，理顺关系；解决基层林业工作站没编制、没人去，留不住人等问题；要增加科技投入，提高研究水平，恢复实行对林业科研经费的对口管理；要加强技术培训和基地建设，建立健全省、地、县、乡四级培训网络。

河南省利用世界银行贷款营林项目专家支持组成立

9 月 6 日 根据林业部世界银行项目管理中心要求，河南省林业厅决定成立河南省利用世界银行贷款营造速生丰产林项目科研、设计、环保、后勤支持小组，负责项目的科研推广、规划设计、环境保护和后勤服务等咨询、指导、服务工作。

省林业厅廉政建设和纠正行业不正之风领导小组成立

9 月 10 日 省林业厅党组研究决定：成立林业厅廉政建设和纠正不正之风领导小组，以加强廉政建设和纠正行业不正之风。领导小组下设办公室，组长由省林业厅厅长马新高担任，副组长由副厅长吴烈继、王庭训、关耀信和纪检组长王会卿担任。

副省长宋照肃强调抓好冬春造林绿化工作

9 月 18 日 在全省农田水利基本建设准备会议上，省委常委、副省长宋照肃特别强调，冬春是植树造林的黄金季节，必须在抓好农田水利基本建设的同时，不失时机地把造林绿化工作搞上去。宋照肃要求：一要扎扎实实做好造林的各项准备工作，争取 1990 年植树造林有一个大的发展；二要突出重点，明确主攻方向，继续坚定不移地贯彻“完善平原，主攻山区”的指导方针，尽快把造林绿化的重点转向山区；三要及早抓好苗木准备和余缺调剂；四要切实抓好冬春森林防火。

省林业厅马克思主义理论培训班圆满结束

9 月 19 日至 10 月 20 日 河南省林业厅在省林业科学研究所举办第一期马克思主义哲学、社会主义若干问题脱产培训班。来自省林业厅机关、厅直属企事业单位共 41 人参加了培训。经过一个月的脱产学习，全体学员通过考试，平均成绩为 85 分，达到了预期目的。

省护林防火指挥部召开第四次会议

9 月 22 日 河南省护林防火指挥部第四次全体会议在郑州召开。省委常委、副省长宋照肃主持会议并作重要讲话。宋照肃强调：要正确认识河南省的森林防火形势，坚决克服麻痹思想和畏难情绪；狠抓各项措施落实，认真做好预防和扑救的组织。他要求有关部门要紧密配合，切实抓好 1990 年冬和 1991 年春的森林防火工作。

省林产品经销公司开设营业部

10 月 3 日 河南省林业厅批复：同意省林产品经销公司在郑州市区开设营业部。

信阳木工机械厂产品列入部优产品名单

10 月 5 日 在林业部公布的 51 项部优产品中，河南省信阳木工机械厂生产的飞洋牌 MJ3510 自动进料木工带锯机名列其中，优质产品有效期 5 年，自 1990 年 9 月 27 日始至 1994 年 9 月 26 日止。

全省林业宣传信息工作会议在平顶山市召开

10 月 8 ~9 日　全省林业宣传信息工作会议在平顶山市召开，河南省林业厅副厅长关耀信参加会议并讲话。会议传达了全国林业宣传座谈会和省政府信息工作会议精神，总结、交流了一年来林业宣传信息工作的经验，表彰了一批在林业宣传信息工作方面做出优异成绩的先进单位和个人，研究和部署了 1991 年林业宣传信息工作。各市(地)林业局局长和办公室主任参加了会议。

全省林业科技工作会议在新乡召开

10 月 16 ~19 日　全省林业科技工作会议在新乡召开。河南省政府副秘书长张志平出席会议并讲话，省林业厅厅长马新高作题为《依靠科技进步，振兴河南林业》的工作报告，吴烈继副厅长出席会议并作会议总结。会议学习传达了全国林业科技工作会议精神，安排部署了下一步全省科技兴林工作的措施和任务。南阳地区林业局等 17 个单位及个人在会上作典型发言和书面经验交流，与会代表对《河南省科技兴林实施意见》、《河南省八五林业科技发展规划》进行了修改。

省联合检查组对党政主要领导干部绿化点进行检查

11 月 9 日　河南省委组织部、河南省绿化委员会联合检查组对 17 个市、地及 34 个县的 159 位党政主要领导干部的绿化点进行了检查，并就检查结果发出通报。通报指出：领导干部带头办造林绿化点工作开展一年来，在全省各地引起了强烈的反响，受到了广大干部群众的称赞，取得了显著成绩。省、市(地)、县、乡四级共有 6 059 位领导干部承办了造林绿化点，共完成成片造林 100.8 万亩，完成林网间作 748.3 万亩，占全省年人工造林任务的 50%。被抽查的 159 位领导干部，人人都有绿化点。1989 年冬和 1990 年春，成片造林 120 800 亩，完成“四旁”植树 451 万株，保存率平均在 85%以上。

省林业厅等单位下发规范猎枪弹具经营管理的通知

11 月 15 日　河南省林业厅、省公安厅下发《关于我省猎枪弹具经营管理问题的通知》，就猎枪弹具经营管理问题提出建议和意见。主要内容有：从 1991 年 1 月 1 日起，全省猎枪弹具的经销、订货、运输、贮存、分配和批发、销售等项业务，由省林业厅物资站统一经营管理，其他任何单位和个人不得私自到省外或猎枪生产厂家订货和购买。原经各市、县批准的猎枪弹具经销点至 1991 年 1 月 1 日起一律停止经销。猎枪弹具实行计划供应。各市、县公安局负责办理猎枪购买证。

全省山区整地造林现场会在嵩县召开

11 月 23～24 日　全省山区整地造林现场会在嵩县召开。与会人员参观了嵩县整地造林现场，洛阳、嵩县、新县、济源、登封、桐柏、确山等单位作了典型发言。12 个山区市(地)和部分山区县(市)的农委主任、林业局局长参加了会议，河南省林业厅副厅长关耀信作总结讲话。

1989 年度林业综合统计工作质量评比结果揭晓

12 月 4 日　河南省林业厅通报 1989 年度林业综合统计工作质量评比结果。原培新、季宛增等 12 名同志被评为河南省林业统计工作质量一等奖；牛有玲、王学德和赵长林等 7 名同志被评为河南省林业统计工作质量二等奖。

表彰全省林政管理先进单位和先进工作者

12 月 5 日　河南省林业厅研究决定，授予南阳地区林业局林政资源科、禹州市林业局等 35 个单位“河南省林政管理工作先进单位”称号，并颁发了奖牌；授予郭学谦等 63 位同志“河南省林政管理先进工作者”称号，并颁发了证书。

部分市地县平原绿化现场会在新蔡召开

12 月 9 日　部分市(地)、县平原绿化现场会在新蔡县召开。4 个未达标市(地)的林业局局长和 11 个未达标县(市)主管林业的副县长、林业局局长参加了会议。与会人员参观了新蔡县冬季平原绿化现场，交流了经验，找出了差距，明确了任务，为再掀绿化高潮、确保按期达标奠定了基础。河南省林业厅副厅长关耀信主持会议，厅长马新高作总结讲话。

全省林政和资源管理工作会议在禹州召开

12 月 11～14 日　全省林政和资源管理工作会议在禹州市召开。林业部资源林政司刘龙惠副处长专程到会指导。会上，河南省林业厅张企曾总工程师传达了全国森林资源和林政管理工作会议精神，马新高厅长作了《强化资源和林政管理，加快中州绿化》的工作报告，关耀信副厅长作了总结讲话，9个先进单位和2个先进个人介绍了林政管理经验。会议还表彰了35个先进单位和63个先进个人。

全省大枣冬季管理现场会在中牟召开

12月16～17日 河南省林业厅在中牟县召开枣树冬季管理会议，推广中牟枣树管理经验。副厅长关耀信出席会议并讲话。与会人员参观了中牟县枣树冬季管理现场，分析了当前河南省大枣生产的形势及面临的问题，相互交流了各地大枣管理的经验。

部分全国人大代表视察新县和商城林业

12月23～29日 河南省林业厅厅长马新高、省农牧厅总畜牧医师甘永祥、省建设总公司总工程师黄守武、省粮食学院粮油研究所所长陈启宗教授和黄河水利委员会黄河水利科学研究所高级工程师潘贤娣等全国人大代表一行5人，视察了新县和商城等老、边、贫地区的林业建设。代表们高度赞扬了老区人民发扬艰苦奋斗的优良传统，自力更生、不等不靠的精神和基层林业工作者在艰苦条件下奋力创业的精神，对新县高标准、大规模的造林方法和积极兴办乡村林场、大力发展集体经济的做法给予了高度评价，并针对视察中发现的问题提出了六点建议。

省林业厅表彰赵北林抢救湖北落水干部

12月26日 河南省林业厅发出关于表彰赵北林同志的通报，指出：林业厅项目办公室工程师赵北林同志，于1990年10月16日在湖北省咸宁市温泉浴池，冒着生命危险抢救了溺水的辽宁省本溪市林业局干部王传多。为了表彰赵北林临危不惧、忘我救人的可贵精神，决定给予赵北林通报表扬。号召全省林业职工向赵北林学习，为建设社会主义物质文明和精神文明作出贡献。

1990年河南省平原绿化成绩显著

12月28日 《林情快报》[1990]51期报道，安阳市、新乡市、洛阳市、许昌市、漯河市及安阳县、卫辉市、洛阳市郊、临颍县、许昌县、息县、淮滨县、平舆县、驻马店市、遂平县、西平县、南阳市、南阳县、郾城县、叶县、宝丰县等 5 个地级市、16 个县(市、区)达到林业部规定的平原绿化标准，被林业部授予“全国平原绿化先进单位”和“达到平原绿化标准”奖牌与证书。至此，河南省已有 12 个市(地)、83 个县(市、区)平原绿化达标。

1991 年

河南省首届绿叶杯书法大奖赛评选结果揭晓

1 月 20 日 由河南省绿化委员会、省林业厅联合举办的河南省首届“绿叶杯”书法大奖赛评选结果揭晓。这次活动共收到参赛作品 673 件，经过大赛评委会的精心遴选，共评出毛笔、硬笔书法一等奖各 2 名，二等奖各 5 名，三等奖各 10 名，优秀奖各 30 名；篆刻二等奖 1 名，优秀奖 3 名。

宜阳花果山森林公园建立

1 月 25 日 林业部对《河南省林业厅关于建立花果山森林公园的请示》作出批复，同意建立宜阳花果山森林公园；明确宜阳花果山森林公园系国营宜阳林场的组成部分，在建制上与林场实行两块牌子、一套班子；宜阳林场的隶属关系、山林权属和经营范围不变。

表彰全省林业技术推广先进单位和先进个人

1 月 28 日 河南省林业厅表彰全省林业技术推广先进单位和先进个人，授予南阳地区林业技术推广站等 114 个单位和李盟等 107 名人员“全省林业技术推广站先进单位”、“全省林业技术推广先进个人”称号。

全省市地林业局局长会议召开

2 月 1 ~4 日 全省市（地）林业局局长会议在郑州召开，河南省政府副秘书长张志平出席会议并发表讲话，要求：进一步提高对造林绿化重要意义的认识，切实加强对林业工作的领导；认真落实造林绿化规划，抓好平原绿化和山区造林；切实加强资源保护和林政管理；解放思想，开阔视野，积极发展林业商品经济；认真组织好全民义务植树十周年纪念宣传活动。

省林业厅表彰 1990 年度先进单位和个人

2 月 8 日 河南省林业厅作出表彰决定：省林业勘察设计院、计财处、绿化办公室为 1990 年度先进单位；侯尚谦、李景云等 46 名人员为 1990 年度先进工作者。

省林业厅机关党委获先进单位称号

2 月 9 日 河南省林业厅党组作出关于表彰厅机关党委的决定，授予厅机关党委“1990 年度先进单位”称号。

省林业厅机关党委表彰年度先进党组织和优秀党员

2 月 22 日 河南省林业厅机关党委作出关于表彰 1990 年度先进党组织、先进党小组和优秀党务工作者、优秀共产党员的决定：省林业科学研究所党总支、林业技术推广站党支部、业务处党支部为先进党总支、支部；省林业科学研究所支部第一党小组、林业厅办公室支部综合党小组等 5 个党小组为先进党小组；夏祥云、张兴山等 5 位同志为优秀党务工作者；刘占军、李华堂等 14 位同志为优秀共产党员。

省林业厅直属单位工会工作委员会成立

2 月 23 日 根据中央[1989]12 号文件、省委[1990]14 号文件精神和省直工会要求，河南省林业厅党组研究决定成立省林业厅直属单位工会工作委员会，委员会主任由机关党委副书记张兴山担任，闫朝花任副主任。

省林业厅委托焦作等单位签发出省木材运输证

3 月 5 日 河南省林业厅豫林政[1991]39 号文决定：除已委托的 6 个市(地)外，从 1991 年 4 月 1 日起，委托焦作、新乡、平顶山、许昌、濮阳、漯河、鹤壁、开封、安阳市林业(农林)局和驻马店地区林业局负责签发本市(地)范围内的“出省木材运输证”。

省政府召开义务植树十周年宣传活动协调会

3 月 5 日 省政府主持召开由省绿化委员会、宣传部、林业厅、广播电视厅、教委、军区、妇联、团省委、总工会、城建厅、财政厅、文化厅等 12 个部门和新闻单位负责人参加的义务植树十周年宣传活动协调会议，对河南省如何开展纪念宣传活动作周密部署。会上，省绿化委员会副主任马新高介绍了河南省十年来开展全民义务植树的情况，提出了开展纪念宣传活动的意见；省绿化委员会副主任张企曾传达了国家十部委文件精神；省政府副秘书长张志平主持会议并讲话。与会人员经过认真讨论，研究确定了开展纪念宣传活动的主要内容。

全省乡级林业工作站建设会议召开

3 月 4 ~6 日　全省乡(镇)林业工作站建设会议在扶沟县召开。林业部林业工作站管理总站王炳勋副总站长、河南省林业厅副厅长王庭训出席会议并讲话。

省绿化委员会颁发 1990 年度河南省绿化奖章

3 月 6 日　河南省绿化委员会作出关于颁发 1990 年度“河南省绿化奖章”的决定，向鲁祥、张家勋等 179 位在造林绿化事业中作出突出贡献的人员颁发首批“河南省绿化奖章”。

省政府嘉奖商水县达到省颁平原绿化高级标准

3 月 7 日　河南省人民政府发出关于商水县达到省颁平原绿化高级标准的嘉奖令。10 年来，商水县在党的十一届三中全会精神的指引下，认真贯彻党的各项林业政策，带领全县广大干部群众，综合治理水、田、林、路，大力发展林业生产，在 1986 年达到部颁平原绿化标准的基础上，积极调整林种、树种结构，全面完成了“四旁”绿化和农田林网化建设，全县形成了田成方、林成网、路相通、沟相连的农田新格局，改善了生态环境，提高了抗灾能力，第一个达到了省人民政府颁布的平原绿化高级标准，为全省平原县(市)树立了新的榜样。

全省造林绿化表彰动员大会在郑州召开

3 月 9 日　河南省委、省政府在郑州隆重召开全省造林绿化表彰动员大会，纪念开展全民义务植树运动十周年，表彰在植树造林、绿化祖国活动中作出突出贡献的先进单位和个人。省党政军领导侯宗宾、李长春、阎济民、黎明、宋照肃、吴光贤、胡梯云、胡廷积、秦科才、刘源和省绿化委员会全体成员出席了会议。省委常委、副省长胡梯云宣读了省政府关于商水县达到省颁平原绿化高级标准的嘉奖令，省绿化委员会副主任、林业厅厅长马新高宣读了省绿化委员会、省林业厅、省人事厅关于表彰商水县、新县等 25 个造林绿化先进单位的决定和省绿化委员会关于颁发 1990 年度“河南省绿化奖章”的决定。侯宗宾、李长春等省领导向受表彰的商水县、新县、济源市、登封县、嵩县、南召县、卢氏县、平舆县、原阳县、尉氏县、商丘县、滑县、淇县、息县、鹿邑县、临颍县、清丰县、长葛县、周口市、南阳市、驻马店市、洛阳第一拖拉机制造厂、中国科学院713厂、河南省平原制药厂、平顶山锦纶帘子布厂等25个先进单位颁发了“河南省造林绿化先进单位”奖牌，代林业部向1990年河南省平原绿化“达标”的5市16县颁发了“全国平原绿化先进单位”奖牌，并向鲁祥、张家勋等179名先进个人颁发了“河南省绿化奖章”。

林情快报更名为河南林业信息

3月10日 《林情快报》即日起更名为《河南林业信息》，以适应新的林业发展形势，建立灵敏的信息运行机制，及时、准确地传递信息。《河南林业信息》坚持“一个中心，两个基本点”，紧紧围绕党的中心工作和河南省林业建设，提供高质量、高层次的林业信息，为领导决策提供科学依据。

一批单位和个人获全国表彰

3月12日 全国绿化委员会、林业部、人事部授予河南省16个单位为“全国绿化先进单位”，10人为“全国造林绿化劳动模范”。

省党政军领导参加义务植树劳动

3月12日 河南省委、省人大、省政府、省政协、省军区的主要领导人带领300多名省直机关干部到荥阳县庙子乡环翠峪参加义务植树劳动，以实际行动纪念全民义务植树运动十周年。省委书记侯宗宾、省长李长春、省人大常委会主任杨析综、省军区政委吴光贤等领导在植树时接受了记者采访，并就进一步在全省深入开展植树造林、提高荒山绿化标准、加快平原绿化进程等问题发表重要意见。

河南省获平原绿化先进省称号

3月12日 全国绿化委员会、林业部作出《关于表彰福建省等九省(区、市)和北京军区造林绿化工作的决定》，其中授予河南省“平原绿化先进省”称号。

新县等16个单位荣获全国造林绿化先进单位称号

3月12日 全国绿化委员会、林业部、人事部作出决定：授予河南省的新县、济源市、登封县、嵩县、南召县、卢氏县、平舆县、商水县、滑县、原阳县、尉氏县、商丘县、南阳市、洛阳第一拖拉机制造厂、河南省平原制药厂、平顶山锦纶帘子布厂等 16 个单位“全国造林绿化先进单位”称号。

表彰豫北黄河故道防护林建设先进单位和先进工作者

3 月 16 日　河南省林业厅决定对建设成绩优异的濮阳市林业局、清丰县林业局、南乐县林业局、新乡市林业局、长垣县林业局、延津县林业局、内黄县林业局、浚县林业局等 8 个市、县林业局和在黄河故道防护林建设中作出贡献的李久兰、丁善民、邓朝君等 22 名个人予以表彰，分别授予“豫北黄河故道防护林建设先进单位”和“豫北黄河故道防护林建设先进工作者”称号。

祝光耀司长考察河南林业

3 月 28 日　林业部造林司司长祝光耀来河南考察林业，在听取林业生产情况汇报后，对河南省林业工作的成绩给予了肯定，认为河南林业工作一是有基础，平原绿化在全国一直处于领先地位，已有 83 个县实现了平原绿化达标；二是有特色，提出的“完善平原，主攻山区”的林业建设方针符合省情，总体设想很好，积极调整林种、树种结构、大力发展经济林的指导思想明确；三是有潜力，河南大搞平原绿化，使广大平原地区环境条件发生了深刻的变化，林业的三大效益得到总体体现，说服力很强。祝光耀要求今后在新的起点，瞄准新的目标，作出新的贡献；山区造林要发挥优势，争取有新的突破。

明确猎枪经销有关事项

3 月 28 日　河南省林业厅、河南省公安厅联合发文(豫林公[1991]89 号)，明确了猎枪经销单位及有关经销事项。

全省森林防火现场会在济源市召开

4 月 7 ~9 日　河南省护林防火指挥部在济源市召开全省森林防火现场会。会上，传达了国家森林防火指挥部第八次全体会议精神；河南省林业厅副厅长王庭训向大会介绍了全国森林防火现场会情况，并对森林防火工作作了安排部署；济源市市长张殿臣介绍了济源市近年来森林防火工作的经验。

嵩县等 10 县被列为重点森林火险县

4 月 12 日 国家森林防火总指挥部办公室公布第一批重点森林火险县级单位名单，河南省的嵩县、内乡县、新县、西峡县、南召县、栾川县、洛宁县、灵宝县、鲁山县、卢氏县被列入第一批重点森林火险县级单位。

省林业厅老干部工作委员会调整

4 月 19 日 河南省林业厅调整老干部工作委员会，厅党组副书记、副厅长吴烈继任主任委员，张兴山、李之甫等 9 人任委员；委员会下设办公室，邓建钦任办公室主任。

河南省林产品质量监督检验测试中心站建立

4 月 19 日 河南省林业厅对省林业科学研究所《关于建立河南省林产品质量监督检验测试中心站的请示》作出批复，同意建立河南省林产品质量监督检验测试中心站。该站为科级单位，配备人员 10 人。

周口地区林业局等单位和个人受到表彰

4 月 20 日 河南省林业厅分别对获得全省国营苗圃管理先进单位和先进个人称号的周口地区林业局、南阳地区林业技术推广站、洛阳市林业技术推广站等单位及刘保立、吴燕等个人进行了表彰。同时还表彰了登封县等 16 个先进苗圃和董西良等 20 名苗圃先进工作者。

洛阳林校庆祝建校 40 周年

4 月 21 日 洛阳林业学校隆重举行建校 40 周年庆祝大会。林业部副部长刘广运、省林业厅厅长马新高为校庆题词，省林业厅副厅长吴烈继、王庭训，省教委主任徐玉坤以及洛阳市委副书记张世军、副市长马延军等领导出席校庆活动。

洛阳林校建于 1951 年，是河南省第一所林业中等专科学校。1954 年至 1957 年，学校属林业部领导。1962 年因国民经济困难停办一年。“文革”期间学校遭到严重破坏，停止招生，绝大多数教职工被下放，直至 1974 年才恢复招生。1980 年洛阳林校被国家教育部、林业部和省政府同时定为国家和省级重点中专。40 年来，洛阳林校为国家培养了 5 000 多名大、中专和初级林业专业毕业生，培训了近 3 000 名林业科技干部和技术工人。

省野生动物保护协会表彰先进

4 月 23 日　河南省林业厅和省野生动物保护协会研究决定：授予鲍法秀等 152 名同志野生动物保护先进工作者称号。

豫北黄河故道防护林工程建设工作会议召开

4 月 24 ~25 日　河南省林业厅在濮阳市召开豫北黄河故道防护林建设工作会议，工程涉及的 4 市 16 县林业局派人参加了会议。会议表彰了 8 个先进单位和 22 名先进工作者。省林业厅副厅长王庭训作总结讲话，要求各地切实加强领导，按照总体设计要求，善始善终地完成营造林任务。同时，加强管理，搞好经营，巩固防护林成果。

废止部分林业规范性文件

5 月 4 日　河南省林业厅下发《关于废止部分规范文件的通知》，规定省林业厅于 1981 年 6 月 4 日、1984 年 6 月 7 日、1985 年 6 月 12 日和 1986 年 1 月 1 日分别颁发的《河南省木竹运输管理暂行规定》、《关于征收育林基金和竹木经营等几个问题的通知》、《关于印发河南省调处山林权纠纷工作会议纪要的通知》和《关于统一使用林木采伐等新票证的通知》予以废止。

全省国营苗圃工作会议在洛阳召开

5 月 3 ~5 日　全省国营苗圃工作会议在洛阳召开 。86 个国营苗圃的主任、市(地)林业局局长、林业技术推广站站长参加了会议。会议传达了全国国营林场、国营苗圃工作会议精神和省委、省政府领导最近一个时期有关加快林业建设步伐、提高林果业经济效益的重要指示。省林业厅副厅长王庭训出席会议并讲话，要求：明确国营苗圃建设的指导思想和奋斗目标，搞好领导班子和职工队伍建设，进一步完善国营苗圃经营责任制，抓好育苗、秋季采种、封山育林、经济林夏季管理等工作。

省政府护林防火指挥部等单位
要求组织林区民兵参加森林防火工作

6 月 17 日　河南省护林防火指挥部、河南省军区司令部、河南省林业厅联合转发国家森林防火总指挥部、总参谋部、林业部《关于组织林区民兵参加森林防火工作的通知》(国森防[1991]1 号文)，要求切实做好组织林区民兵参加森林防火工作。

河南林业列入社科类管理

6 月 29 日 河南省新闻出版局报刊管理处同意将《河南林业》转社科类管理并公开发行。

全省大袋蛾防治现场动员会在商丘召开

6 月 21～22 日 全省大袋蛾防治现场动员会在商丘召开，商丘、周口、许昌、开封等 4 市(地)及 12 个重点县林业局的负责人参加了会议。河南省林业厅副厅长王庭训出席会议并讲话，要求做好六个方面的工作。一要进一步搞好思想发动，提高广大干部群众对防治大袋蛾重要性的认识；二要认真贯彻森林病虫害防治条例，建立防治责任制；三要继续搞好资金筹集，保证防治工作顺利进行；四要实行科学防治，集中力量打歼灭战；五要有计划地调整树种、林种结构和开展生物防治；六要转变作风，狠抓落实。

林业系统 45 名工人受聘为技师

6 月 河南省林业系统实行技师聘任制试点单位评聘技师工作圆满结束。全省林业系统共有 162 名技术工人取得高级工合格证，其中 45 名经考核被聘为技师，享受每月人均 20 元的职务津贴和本单位工程师等中级专业技术人员的有关福利待遇。

省林产品经销公司联办汽车修理厂

7 月 11 日 河南省林业厅同意省林产品经销公司与河南省福利实业公司郑州汽车维修站联合开办“郑州茂林联营汽车修理厂”。该厂经济性质为大集体，实行自主经营，独立核算，自负盈亏。

兰考县获全国治沙先进单位称号

7 月 20 日 全国绿化委员会、林业部、人事部授予兰考县“全国治沙先进单位”称号，授予兰考县县长刘远清“全国治沙劳动模范”称号。

省林业厅公布 1991 年林业科学进步奖公报

7 月 23 日 河南省林业厅发布了 1991 年度科学进步奖公报。其中：一等奖 2 项、二等奖 6 项、三等奖 9 项。

李长春省长到林业厅现场办公

7 月 25 日　省长李长春到省林业厅机关现场办公，重点研究发展林果业问题。李长春省长在听取省林业厅有关人员汇报后，作出重要指示。他要求各级领导站在振兴山区经济的高度来认识发展林果业的重要意义，采取过硬措施把这项工作切实抓好。他强调：植树造林不仅要讲生态效益，而且要和农民致富结合起来，通过植树造林，实现富县富民。

世界银行官员检查河南省世界银行造林项目

7 月 23～29 日　根据林业部安排，世界银行官员、印度籍林业专家阿基特·班奈吉先生到河南检查世界银行贷款造林项目执行情况。

河南省八五林业科学技术发展规划出台

8 月 13 日　河南省林业厅印发《河南省科技兴林实施意见》（试行）和《河南省“八五”林业科学技术发展规划》，规划到 1995 年，通过科学技术和科学管理的普及与提高，使造林成活率、保存率在现有基础上提高 15%，林木生长量提高 10% 以上；经济林单位面积产量提高 15%，基地造林基本实现良种化、标准化；科技成果的推广应用率由现在的 30% 提高到 40% 以上，常规应用技术的普及面在现有基础上提高 30% 以上，生产技术的总体水平有明显提高。良种选育、造林、营林、生态工程和森林保护等主要研究领域的科研水平进入国内先进行列等。建立一批科技兴林综合示范基地，为林业发展树立样板。科技体系进一步完善，技术条件和科研手段得到明显改善；科技队伍人员增长 10% 以上，全省林业科技的总体实力明显增强。

聘任张企曾为省绿化委员会顾问

8 月 21 日　河南省政府副省长宋照肃对省林业厅《关于聘任张企曾同志为省绿化委员会顾问的请示》作出批示，同意聘请张企曾为省绿化委员会顾问。

省林业厅表彰乡村林场质量管理先进单位

8 月 23 日　河南省林业厅印发表彰河南省乡村林场全面质量管理先进单位的通报，对信阳县柳林乡“八一”非梁林场等 33 个乡村林场进行通报表彰，授予“省乡村林场全面质量管理先进单位”称号，并对在组织乡村林场开展全面质量管理评比竞赛活动中措施得力、成绩突出的周口地区林业局、洛阳市林业局、淮阳县林业局、嵩县林业局、南召县林业局等5个单位予以表彰。

信阳木工机械厂两个QC小组受到林业部表彰

8月23日 信阳木工机械厂V型导热处理QC小组和带锯轮高精度量规QC小组获得1991年度先进质量管理小组称号，受到林业部通报表彰。

安阳林药厂和西峡猎枪厂获部优质量管理小组称号

8月26日 林业部通报表彰1991年度部级优秀质量管理小组，安阳林药厂和西峡猎枪厂获部优质量管理小组称号。

长江防护林建设现场经验交流会在内乡召开

9月1～3日 林业部长江防护林（以下简称长防林）办公室在内乡县召开自我启动建设长防林现场经验交流会。会议期间，与会人员实地参观了内乡县伏天整地现场，进一步肯定了南阳地区“不等不靠，自我启动，主动建设‘长防林’的做法。会上，正式把河南省的淅川、内乡、西峡、南召、方城、镇平等6个县列入200个“长防林”建设“达标”县。由内乡县发起，以参加这次会议县的名义，向所有参加“长防林”建设“达标”竞赛活动的县（市）发出了高标准、高质量、高速度建设“长防林”的倡议书。

省政府召开全省经济林现场会

9月19～21日 省政府在三门峡市召开全省经济林现场会，郑州、安阳、新乡、焦作、洛阳、三门峡、平顶山、信阳、驻马店、鹤壁等12个市（地）的农委主任、林业局局长、农业局局长和55个山区、部分山区县的县长及省直有关部门、新闻单位的代表共160多人参加了会议。会议期间，与会人员参观了灵宝县寺河乡、东村乡、焦村乡发展经济林的现场，省农经委副主任李友忱宣读了李长春省长给会议写的一封信，省林业厅厅长马新高出席会议并作了题为《调整产业结构，振兴山区经济，把我省经济林生产推向新的阶段》的讲话，省农牧厅副厅长李玉忠就水果发展问题发表了讲话。这次会议的主要任务是：贯彻落实省委、省政府关于“调整产业结构，大力发展经济，加快山区造林绿化步伐，振兴山区经济”的指示精神，动员山区广大干部群众，认真落实十年造林绿化规划，大力发展经济林，振兴山区经济，改变山区面貌。

长防林建设领导小组成立

9 月 19 日　河南省林业厅成立以副厅长王庭训任组长的长防林建设领导小组。领导小组下设办公室，办公室设在营林处，负责日常工作。

信阳木工机械厂部优产品称号被延期有效

10 月 14 日　在林业部公布的 1986 年部优产品继续有效的产品名单中，河南省信阳木工机械厂生产的飞洋牌 MJ3110 型 1060 毫米普通木工带锯机于 1986 年获部优产品称号被延期处理，称号继续有效。

马新高到商丘现场办公

10 月 20 日　河南省林业厅厅长马新高、纪检组长王会卿带领省林业厅 8 个处室的负责人到商丘现场办公，进一步贯彻省委、省政府关于把商丘地区作为深化农村改革、大力发展商品经济试验区的决定精神，帮助研究制定试验区林业开发规划。

一批市县获全国平原绿化先进单位称号

10 月 24 日　林业部发出通知，授予驻马店、信阳、南阳、平顶山等 4 个市(地)和新蔡、上蔡、正阳、确山、潢川、固始、唐河、社旗、镇平、邓州、平顶山市郊区等 11 个县(市区)“全国平原绿化先进单位”称号。

于培英获生产许可证发放工作优秀个人荣誉称号

10 月 24 日　在林业部表彰的生产许可证发放工作优秀个人名单中，河南省林业厅于培英受到通报表彰。

河南省治沙工作协调小组成立

10 月 29 日　河南绿化委员会决定成立河南省治沙工作协调小组，小组下设治沙工作办公室，负责研究协调治沙工作中的重大问题。治沙工作协调小组由省政府副秘书长张志平担任组长，由省林业厅厅长马新高、省林业厅副厅长王庭训担任副组长，省计经委副主任夏宗勇、省财政厅副厅长杨万书、省农牧厅副厅长马政宣、省水利厅副厅长冯长海、省交通厅副厅长张圣城、郑州铁路局副局长朱武宪分别为成员。治沙工作办公室设在省林业厅。

河南省林业资源监测中心建立

10 月 31 日 河南省林业厅对省林业勘察设计院《关于成立河南省林业资源监测中心的请示》作出批复，同意建立河南省林业资源监测中心，明确该中心为科级单位，配备人员 20 人。省林业勘察设计院党支部书记金烈谊兼任监测中心主任职务。

河南省治沙工程十年规划出台

10 月 《河南省治沙工程十年规划》出台。十年治沙工程总的目标是：以豫北的濮阳市、安阳市、新乡市和豫东的开封市、郑州市、商丘地区、周口地区的黄河故道、黄泛区的沙荒宜林地为重点，以提高经济效益为中心，以保护和扩大现有防护林、用材林、经济林、新增基本农田为基础，建立河南省防、治、用有机结合的治沙工程体系，彻底改变沙区自然面貌和经济状况。治沙工程规划的总任务是：在切实保护利用好现有植被的基础上，十年间综合治理开发沙区沙荒盐碱地 120 万亩。

河南省封山育林规划出台

10 月 《河南省封山育林规划》出台。规划的总体布局是：以河南省太行、伏牛、大别、桐柏四大山系为主线，在已完成封山育林 100 万亩的基础上，加快封育速度，完成封山育林面积 400 万亩，建立封育型集体林场 650 个。

王会卿任省林业厅党组成员

11 月 22 日 河南省委组织部同意王会卿任河南省林业厅党组成员。

全省淮河流域中上游综合治理造林绿化工程会议召开

11 月 27 日 河南省林业厅在郑州召开全省淮河流域中上游综合治理造林绿化工程会议，省政府农业处、省农经委、水利厅水保处、林业厅有关处室、淮河流域 11 个市(地)林业部门的负责人参加了会议。会议研究了河南省淮河流域综合治理的重点工程，要求本着不等不靠、先行启动的精神，在搞好农田水利基本建设的同时，把造林绿化工作搞上去。

省长江防护林工程建设领导小组成立

11 月 28 日　河南省政府决定成立以副省长宋照肃任组长、省政府副秘书长张志平、省农经委副主任李又忱、省林业厅厅长马新高任副组长，省计经委副主任马连兴、省财政厅副厅长杨万书、省林业厅副厅长王庭训、省农牧厅副厅长常运诚、省水利厅副厅长冯长海、省农业银行副行长李全鑫为成员的河南省长江防护林工程建设领导小组，以加强对河南省长江防护林工程建设工作的领导。

印发河南省贫困山区县板栗发展规划

12 月 4 日　河南省贫困地区经济开发领导小组办公厅和河南省林业厅联合印发《河南省贫困山区县板栗发展规划》，规划的奋斗目标是："八五"期间新发展板栗 50 万亩，老园低改 16 万亩，幼树早果丰产 11 万亩，年总产量由现在的 900 万公斤提高到 1 200 万公斤，加工贮藏能力达到 300 万公斤；"九五"期间新发展 50 万亩，老园低改 10 万亩，幼树早果丰产 22 万亩，年总产量达到 1 800 万公斤。总体布局和重点开发基地以大别山为主，在信阳地区的信阳县、新县、罗山县、光山县、商城县、固始县，驻马店地区的确山县、泌阳县，洛阳市的嵩县，三门峡市的卢氏县，南阳地区的桐柏县、南召县，平顶山市的鲁山县建立板栗出口创汇和内销基地。

省人大常委会举行纪念全民义务植树活动十周年座谈会

12 月 10 日　河南省人大常委会和省绿化委员会举行座谈会，纪念全民义务植树活动十周年。参加座谈会的有省绿化委员会、省农业咨询组的成员和省直有关部门的领导及新闻单位的同志。在座谈会上，省绿化委员会副主任、林业厅厅长马新高简要介绍了河南省十年来全民义务植树和整个造林绿化工作所取得的成就；省人大常委副主任胡廷积在讲话中充分肯定了过去十年义务植林的成绩，强调要进一步增强全民的绿化意识，发动全社会把义务植树工作做好。

河南省长江防护林建设办公室成立

12 月 12 日　根据河南省政府豫政文［1991］208 号关于成立省长江防护林工程建设领导小组的通知要求，河南省林业厅决定成立河南省长江防护林建设办公室，办公地点在省林业厅营林处。办公室主任为王庭训，副主任为石长荣(专职)、王树选、甘雨，成员由孟庆欣、乔文彬、杨朝兴担任。

绿色之声文艺汇演在郑州举行

12 月 12～13 日　由河南省绿化委员会、省林业厅、省文化厅、省城乡建设环境保护厅联合主办的首届“绿色之声”文艺汇演在郑州举行，并于 13 日晚在省人民大会堂举办了部分获奖节目汇报演出，河南省人大常委会主任杨析综、省政协主席阎济民、省顾问委员会负责人黎明以及省绿化委员会、林业厅、文化厅等单位的领导出席观看，并为获奖节目颁奖。这次汇演，共有 14 个市(地)组队参加，演出节目 40 多个。这些节目以不同形式，从不同角度讴歌了 10 年来全民义务植树所取得的成就和基层林业职工的献身精神。其中由开封选送的哑剧《爱护树木》、焦作选送的独唱《绿色的爱》、平顶山选送的舞蹈《绿色的梦》等 10 个节目被评为一等奖；19 个节目被评为二等奖，8 个节目被评为三等奖。2 个幼儿节目获育苗奖，省歌舞团著名唢呐演奏家郝玉岐及著名独唱演员崔明获特别荣誉奖。同时，董文建、刘斌、殷观文、杨树元分别获导演、灯光和演奏一等奖。

李长春省长到造林绿化点植树

12 月 13 日　省长李长春到他的造林绿化点——登封县城关镇耿庄和送表乡贯宝山查看幼树生长情况，并和群众一起植树。

省林产品经销公司联办现代办公设备服务中心

12 月 18 日　河南省林业厅对省林产品经销公司联办河南省现代办公设备服务中心的请示进行了批复，同意省林产品经销公司与金水区办公自动化销售部联办河南现代办公设备服务中心。该中心性质为大集体，实行自主经营，独立核算，自负盈亏。

全省林产工业暨多种经营工作会议召开

12 月 22～26 日　全省林产工业暨多种经营工作会议在郑州召开。各市(地)林业局局长、国营林场科科长以及省、市(地)林产品公司经理、林业科学研究所所长、林校校长、87 个国营林场场长、88 个国营苗圃场场长和大中型林产工业企业的负责人计 250 多人参加会议。会上，河南省林业厅副厅长关耀信传达了林业部两次会议精神，纪检组长王会卿和焦作市林业局李长金分别介绍了江苏、浙江、北京、河北等省市发展林产工业和多种经营的经验，部分市(地)、县林场、苗圃、企业等作了典型发言，省林业厅厅长马新高作了工作报告。

绿叶杯摄影大奖赛评选结果揭晓

12 月 25 日 由河南省绿化委员会、林业厅、文化厅、摄影家协会共同举办的“绿叶杯”摄影大奖赛评选结果揭晓。这次活动共收到作品 550 幅。由省会著名摄影家及发起单位负责人共同组成的评委会对作品进行了评奖，17 幅作品分别获得了一、二、三等奖，其中：由河南日报王根乾选送的《人工林海》和由郑州李连朴选送的《绿城新貌》获一等奖，由郑州王绘选送的《和平的呼唤》等 5 个作品获得二等奖，另外获得三等奖的作品 10 个，优秀奖的作品 44 个。

举办绿叶杯摄影大奖赛获奖作品展

12 月 25 日 “绿叶杯”摄影大奖赛获奖作品展览会开幕，省绿化委员会副主任、林业厅长马新高在开幕式上致词；省人大常委会副主任胡廷积，省绿化委员会副主任、省军区副司令员王英洲以及省摄影家协会主席王世龙为摄影展开幕式剪彩。

全年林业生产任务完成情况公布

12 月 31 日 1991 年林业生产任务完成情况统计结果公布，全省完成大面积造林 206.23 万亩，超额完成了目标任务(200 万亩)；其中，工程造林 110 万亩，飞播造林 44.71 万亩，国营林场造林 4 万亩；封山育林 472 万亩，其中 1991 年新封 105 万亩；“四旁”植树 1.5 亿株，占目标任务 1 亿株的 150%；完成林业育苗 28.5 万亩，占目标任务 25 万亩的 114%；抚育中幼林 330 万亩，其中国营林场抚育 11.1 万亩；全省又有 11 个县达到部颁平原绿化标准，实现了全省平原绿化“达标”。林产工业和多种经营有新的发展，全省生产胶合板、刨花板 2 700 立方米、纤维板 10 500 吨、栲胶 560 吨、软木制品 6 882 立方米。林业“三害“得到有效治理。全省共发生森林火灾 34 次，其中火警 23 次，过火面积 12 120 亩，受害森林面积 4 965 亩，森林受害率为 0.2‰；全省发生各种林木病虫害 2 214 万亩，防治 1 200 万亩，占发生面积的 54.2%；查处林业案件 3 016 起，处理违法犯罪分子 5 000多人。

全省平原绿化成绩显著

12 月 31 日 据验收，全省又有 11 个县达到了部颁平原绿化标准，实现了全省平原绿化“达标”。全省初步形成了点、片、网、带相结合的综合农田防护林体系，成为平原农区一项永久性生物大工程。全省 94 个平原县农田林网和农林间作面积达到 6 500 多万亩，约占适宜面积的 85%。全省平原保存“四旁”树木 13.6 亿株，林木覆盖率从新中国成立初期的 1.5% 提高到 11%。商水县率先达到省颁平原绿化高级标准，省政府号召全省学习商水经验，为全面实现河南十年造林绿化规划而努力奋斗。林业部领导对河南平原绿化所取得的成绩给予了充分肯定，并希望河南继续摸索经验，提高水平，防止滑坡，在全省形成向高标准迈进的高潮。林业部部长高德占进一步勉励河南人民要把河南变成华北平原地区乃至全国的平原绿化示范省，为全国平原绿化作出更大贡献。

1992 年

省政府印发河南省经济林十年发展规划

1 月 9 日 河南省政府印发《河南省经济林十年发展规划(1991 ~ 2000 年)》的通知。通知指出：发展经济林是省委、省政府振兴农村经济的战略措施，也是河南省十年造林绿化规划的重要组成部分。大力发展经济林，对于发展农村商品经济、实现“一高一低”战略目标，对于优化农林产业结构、加快山区农民群众致富步伐，都具有十分重要的意义。各地要充分认识发展经济林的重要性、必要性，把发展经济林放在重要位置，组织林业、农业部门及有关部门研究制定有力措施，切实把这项工作抓紧抓好。规划十年新发展经济林 700 万亩。“八五”期间发展 300 万亩，使全省经济林总面积达到 1 100 万亩，总产达到 20 亿公斤，年产值 20 亿元。

全省中小学生绿化知识普及宣传教育活动评奖结果揭晓

1 月 14 日 由河南省绿化委员会、省教委、省广播电视厅、团省委等部门联合组织的全省中小学生绿化知识普及宣传教育活动评奖结果揭晓，登封县第一中学等 6 个学校获先进集体一等奖，确山县第一高中等 12 个学校获先进集体二等奖，郑州市第一中学等 16 个学校获先进集体三等奖。刘刚等 6 人获得先进个人一等奖，魏志欣等 12 人获得先进个人二等奖，廖伟等 18 人获得先进个人三等奖，郭世宏等 10 人被授予优秀辅导员奖，李立等 10 人被授予省级优秀个人奖，郑州市、平顶山市、濮阳市、焦作市、洛阳市、驻马店地区获省级组织奖。

省林产品质量监督检验测试中心站通过计量认证

1 月 17 ~ 18 日 河南省林产品质量监督检验测试中心站通过了省技术监督局组织的专家评审组的审查（验收），计量认证评审合格，可以正式对外开展检测业务。

取消木材运输许可证制度

1 月 18 日 河南省人民政府下发《关于进一步搞活流通，加快市场建设若干问题的决定》(豫政[1992]8 号文)，规定“省产木材由当地林业部门实行源泉管理，不再上路检查，取消运输许可证制度，全省木材市场长年开放”。至此，河南省基本停止了木材运输的监督、检查。

信阳地区获造林绿化特等奖

1 月 21 日 河南省林业厅作出表彰《1991 年度全省造林绿化先进单位的决定》，授予信阳地区林业局“1991 年度造林绿化特等奖”；授予超额完成省下达造林任务的驻马店地区、郑州市、三门峡市、平顶山市、许昌市林业局“1991 年度造林绿化先进单位”称号。

省七市地林业宣传信息工作受到表彰

1 月 21 日 河南省林业厅授予在 1991 年林业宣传信息工作中做出突出成绩的信阳地区、驻马店地区、平顶山市、洛阳市、焦作市、濮阳市、漯河市林业局“全省林业宣传信息工作先进单位”称号。

全省市地林业局长会议召开

1 月 24～26 日 省林业厅在郑州召开全省市（地）林业局长会议。会上传达贯彻了党的十三届八中全会、省委五届三次全体（扩大）会议和全国林业行业思想政治工作会议及全国林业厅（局）长会议精神，厅长马新高安排部署了 1992 年度全省林业工作。会议还表彰了 1991 年度全省造林绿化先进单位，信阳地区获得“造林绿化特等奖”；驻马店地区、郑州市、三门峡市、平顶山市、许昌市被评为“造林绿化先进单位”。

马新高到太行山区慰问林业职工

2 月 2～3 日 省林业厅厅长、省护林防火指挥部副指挥长马新高带领省林业厅有关处室负责人，到地处太行山深山区的国营蟒河、邵原、黄楝树、愚公等林场和济源市王屋乡林业工作站，慰问林业干部职工，并与部分森林防火值班员、护林员和林业生产工人亲切交谈，了解生产生活情况，向一些生活条件艰苦的护林员赠送了手电筒、收音机等慰问品。

省林业厅工程科研教师系列中级职务评审委员会建立

2 月 25 日 根据《河南省专业技术职称评审委员会组织办法》规定和评审工作需要，经河南省林业厅研究并报省职改办批准，决定组建河南省林业厅工程科研教师系列中级职务评审委员会。

河南省林业系统法制宣传教育第二个五年规划出台

2 月 24 日　河南省林业厅印发实施《河南省林业系统开展法制宣传教育第二个五年规划》的通知(豫林政[1992]34 号文)。指出：实施法制宣传教育的第二个五年规划，是一项重大的社会教育工程，各地、各单位要切实加强领导，广泛深入地发动和组织全体职工，进一步增强广大林业干部职工的法制观念和法律意识，提高依法行政、依法管理的能力，逐步把林业工作纳入法制管理的轨道，为深化林业改革，实现河南省十年造林绿化规划和“八五”计划的奋斗目标，创造良好的法制环境，促进林业事业的发展。

省绿化委员会第十四次全体会议召开

3 月 9 日　河南省绿化委员会第十四次全体会议在郑州召开。会议传达学习了田纪云副总理在全国绿化委员会第十一次全体会议上的重要讲话。河南省绿化委员会副主任、省林业厅厅长马新高汇报了 1991 年全省造林绿化工作的进展情况及 1992 年造林绿化工作的安排意见。会议通过了向 155 位同志颁发第二批“河南省绿化奖章”的决定。省人大农工委主任张志平出席会议并讲话，强调要进一步提高认识，增强造林绿化的责任感和紧迫感；全党动员、全民动手、把义务植树运动引向深入；以经济林建设为重点，全面推进造林绿化工作；依靠科技，努力提高造林绿化质量。

霍景文等获全国绿化奖章

3 月 9 日　全国绿化委员会印发《关于颁发 1992 年度“全国绿化奖章”的决定》，霍景文、阎志谦、陈开满、郭有法、王顺荣、于文庆、杜文清、李文训、谢晋盘、禹殿记、王槐堂、宋根全、朱岫峰、佟超然、蒋建平、张新华、王长立、赵庚军、关耀信等 19 位同志获得“全国绿化奖章”并受到表彰。

六家企业获刨花板产品生产许可证

3 月 11 日　在林业部公布的获得刨花板产品生产许可证企业单位名单中，河南省郑州市木材公司、河南省安阳市机制板厂、河南省开封火柴厂、河南省开封第一木器厂、河南省新乡县朗公庙棉杆制板厂、河南省国营西华人造板厂等 6 家企业获得了刨花板产品生产许可证。有效期为 5 年，自 1991 年 7 月 1 日始，至 1996 年 6 月 30 日止。

省党政军领导和群众一起参加义务植树劳动

3 月 12 日 省、市党政军领导侯宗宾、杨析综、吴光贤、宋国臣、范濂、郭培鋆、胡廷积、赵正夫、朱超等来到郑州市金水河下游燕庄桥至 107 国道段，和数千名军民一起参加义务植树劳动，两个小时共栽植雪松、柏树、红叶李、碧桃、红绿梅和黄杨等 10 多个品种的树木 3 000 多棵。

毛春英等 30 名妇女获三八绿色奖章

3 月 12 日 河南省绿化委员会、河南省林业厅、河南省妇女联合会联合作出《关于表彰河南省“三八绿色奖章”获得者的决定》，决定授予毛春英等 30 名妇女河南“三八绿色奖章”。

中小学校开展森林防火教育

3 月 12 日 河南省护林防火指挥部、省教委、省林业厅联合发出通知，要求在全省广大林区学校开展森林防火教育。通知指出：林区中小学校要在每年的森林防火期(11 月 1 日至次年 4 月 30 日)，安排一定时间对学生进行森林防火教育，由有一定森林防火知识的人员授课；要有计划地组织学生开展森林防火有关知识宣传，提高人们的防火意识；发现森林火灾，广大中小学生要及时向当地行政部门或森林防火部门报告。通知规定，未满 16 岁的学生不得直接参与扑火。

1991 年度全省造林实绩核查结果揭晓

3 月 13 日 河南省林业厅对全省 1991 年度人工造林、更新实绩核查情况进行了通报。这次核查的 12 个市(地)、59 个县(市、区)上报造林面积 202.9 万亩(占全省上报造林面积的 84.8%)。经核查：核实面积为 185.3 万亩，核实率 91.3%；合格面积 134.7 万亩，合格率 66.4%。加上平原县(市、区)成片造林和世界银行贷款营造的速生丰产林核实面积及合格面积，全省人工造林核实率 94.7%，合格率为 69.3%；“两率”均值 82.0%，分别比 1989 年和 1990 年提高 23.2% 和 10%。被核查的 59 个县(市、区)中，核实率、合格率分别达 90% 和 60% 以上的县有 30 个，占 50.9%；“两率”分别在 75% ~89% 和 45% ~59% 的县有 10 个，占 16.9%；“两率”分别在 75% 和 45% 以下的县有 19 个，占 32.2%。其中沁阳市、鹤壁市郊区、焦作市中站区、焦作市马村区被核查的造林面积中，合格率为零。

林业部副部长徐有芳与副省长宋照肃商谈林业工作

3月18日　林业部副部长徐有芳等一行5人到郑州与河南省人民政府副省长宋照肃、副秘书长张志刚等就取消木材运输证和撤销木材检查站及国营通许林场改变隶属关系等问题交换意见。省林业厅副厅长吴烈继、王庭训、关耀信等出席了会议。

新增两处森林公园

4月9日　林业部同意国营郑州市林场、国营辉县市林场建立郑州市森林公园、白云寺森林公园，面积分别为0.47万亩、3.89万亩。

调整林业厅林产工业办公室成员

4月15日　河南省林业厅对林产工业办公室（非常设机构）成员进行适当调整。王镇兴任主任（兼），李军任副主任。

省林业厅团委表彰新长征突击手

4月20日　河南省林业厅团委授予李笑峰、赵黎明、李永成、刘纳新、范巍、张松山、王磊、董琳、卢秋霞等8位同志新长征突击手荣誉称号。

全省春季林业生产汇报会召开

4月21～22日　河南省林业厅在郑州召开春季林业生产汇报会。各市（地）林业局负责人汇报了1991年冬和1992年春的林业生产情况及下一步工作的意见，交流了深化林业改革的经验。厅长马新高和副厅长吴烈继、王庭训、关耀信及纪检组长王会卿等参加了会议。马新高厅长作了总结讲话，要求夏季重点抓好以下几项工作：一是不失时机地抓好雨季造林；二是切实搞好苗圃管理；三是抓好经济林夏季管理和低产园改造；四是加强林政资源管理和林木保护；五是大力开展封山育林；六是有计划地开展中幼林抚育；七是组织好伏天整地；八是认真搞好造林检查验收。

河南省林业科技开发服务中心成立

4月22日　河南省林业厅同意省林业技术推广站成立“河南省林业科技开发服务中心”。该中心实行自主经营，独立核算。中心经营林业新技术的转让、开发咨询、服务，兼营林木良种、苗木、林药、药械、干鲜果品等林副特产。

省林产品和种子质量监督检验机构建立

4 月 27 日 河南省技术监督局批准成立河南省林产品质量监督检验中心站和河南省种子质量监督检验中心站等 2 个省级产品质量监督检验中心站。两个质量监督检验站是省技术监督局依据《中华人民共和国标准化法》有关规定认可授权的省级产(商)品质量监督检验机构，出具的检验数据有法律效力。两个质量监督检验站原隶属关系不变，监督检验业务受省技术监督局领导，按《河南省产品质量监督检验测试中心站管理办法(试行)》进行管理。

河南省绿原花木技术开发公司成立

4 月 30 日 河南省科学技术委员会同意省绿化委员会办公室创办河南省绿原花木技术开发公司。该机构为自主经营、独立核算的全民性质科技开发企业。

全省国营林场劳动制度改革工作会议召开

5 月 7 ~8 日 全省国营林场劳动制度改革工作会议在信阳南湾林场召开。会议总结了全省国营林场劳动制度改革试点经验，河南省林业厅副厅长吴烈继作了总结讲话。

博爱县实现平原绿化高级达标

5 月 9 日 河南省绿化委员会以豫绿字[1992]6 号文就博爱县实现平原绿化高级达标发出通报：经省林业勘察设计院实地检查验收，省林业厅审核，呈报省政府批准，确认博爱县达到了省颁平原绿化高级标准。有关奖励事宜，按省政府[1990]75 号文件办理。博爱县在实现平原绿化初级达标之后，按照省政府的要求，继续向高级标准迈进。经过全县人民共同努力，在平原农区实现了田成方，树成行，农、田、林、路、电相配套的农田林网化。树种结构进一步得到调整，有效地控制了干热风等自然灾害，实现了林茂粮丰，已有 7 个乡实现了亩产吨粮乡；率先在全省推行了林木资源档案管理，做到了计划采伐，及时更新，林网完整，永续利用；每年向社会提供 1 万多立方米木材、1 000 多万公斤竹材、1 300 多万公斤干鲜果品，这是继商水县之后在全省第二个实现高级平原绿化达标的县。

废止部分林业行政罚款标准和制定新的罚款标准

5 月 13 日 河南省林业厅发出关于废止部分林业行政罚款标准和制定新的罚款标准的通知，废止省林业厅豫林政字[1989]176 号关于野生动物保护法有关罚款标准的规定，其罚款按照 1991 年 2 月 12 日国务院批准发布的《中华人民共和国陆生野生动物保护实施条例》规定的标准执行。对《中华人民共和国种子管理条例》(下称《条例》规定的罚款(林业部分)，其标准按以下规定执行：一是违反《条例》第 16 条规定，未按规定取得种子生产许可证生产种子的，除按《条例》第 36 条规定给予其他处罚外，并可处以 500 元以上 1 000 元以下罚款；或者，有违法所得的，处以违法所得 2 ~5 倍的罚款。二是违反《条例》第 18 条规定，抢采掠青、损坏母树，在劣质林内采种的，除按《条例》第 39 条规定给予其他处罚外，并可处以 100 元以上 1 000 元以下罚款。三是违反《条例》第 29 条规定，在林木良种基地做病虫害接种试验，造成危害的，除按《条例》第 40 条规定责令赔偿损失外，并可处以 300 元以上 500 元以下罚款。

淮河流域防护林体系建设总体规划进行论证

5 月 16 日 河南省政府组织农业专家咨询组成员和省林业厅、水利厅、农牧厅等部门的负责人及专家，对河南省淮河流域防护林体系建设总体规划进行论证。

信阳举办首届茶叶节

5 月 15 ~19 日 信阳举办首届茶叶节。参加经贸活动的客商有 5 000 人，总成效额 7 亿多元。其中：引进科技成果 197 项，资金 960 万元；“三资”项目 43 个，引进资金 1.72 亿元；茶叶订货 400 多万元。

省林业厅林产工业及多种经营领导小组成立

5 月 18 日 河南省林业厅党组研究决定：成立以厅长马新高任组长，副厅长吴烈继、纪检组长王会卿任副组长的林产工业及多种经营领导小组，以加强对全省林产工业及多种经营工作的领导。

王英等被评为 1991 年省级林业优秀财会人员

5 月 18 日 根据林业部林财字[1987]375 号文颁发的《林业财会人员奖励暂行办法》及省林业厅豫林计字[1991]第 178 号文有关精神，省林业厅对各市地推荐的优秀财会人员进行了评审，确认王英等 44 名同志为 1991 年省级林业优秀财会人员。

河南省森林和野生动物类型自然保护区管理细则出台

5 月 19 日 河南省政府批准实施《河南省森林和野生动物类型自然保护区管理细则》。

省林业厅表彰全省林业计财先进工作单位

5 月 21 日 经河南省林业厅评议考核，授予洛阳市林业局计财科、新乡市林业局计财科、南阳地区林业局计财科、安阳市农林畜牧局计财科、驻马店地区林业局、信阳地区林业局、三门峡市林业局等 7 个单位全省林业计财先进工作单位称号。

利用世界银行贷款沿黄地区农业综合开发林果业项目专家支持小组成立

6 月 3 日 经河南省林业厅研究，决定成立河南省利用世行贷款沿黄地区农业综合开发林果业项目专家支持小组，负责项目的技术咨询、指导、服务工作，以保证“河南省利用世行贷款沿黄地区农业综合开发林果业项目”的顺利实施。

河南省银林技术开发服务公司成立

6 月 15 日 河南省林业厅成立“河南省银林技术开发服务公司”，其宗旨是开发全省名特优林产品资源，开展营林技术开发、转让、咨询、推广服务，交流科技兴林信息，培训技术人才。该公司是全民所有制科技开发企业，具有法人资格，是独立核算、自负盈亏的技术经济实体，其行政和业务工作隶属省林业厅营林处管理。

省绿化委员会等联合命名第二批城市绿色达标公园

6 月 16 日 河南省绿化委员会办公室、省城乡建设环境保护厅发出联合通知，命名河南省第二批城市“绿色达标公园”。这次被命名为“绿色达标公园”的单位有：新乡市的平原公园、人民公园；开封市的龙亭公园；安阳市的三角湖公园。

省林业厅会计工作达标升级领导小组成立

6月18日 经河南省林业厅研究，成立以吴烈继副厅长为组长的省林业厅会计工作达标升级领导小组，具体负责厅直单位的会计工作达标升级领导工作。

王泽有等享受政府特殊津贴

6月20日 根据人事部人专发[1992]4号文件精神，河南省林业厅党组研究推荐王泽有等9位同志享受政府特殊津贴，经人事部人专发[1992]22号文批准，津贴从1992年10月起发放。

省林业厅确认中级专业技术人员任职资格

6月22日 经专业技术人员申报、民主评议、单位推荐及各相应系列评委会1992年3月9日、13日、26日按程序评审通过，并经审查同意，确认赵海林等21名同志具备中级专业技术职务任职资格。其中：赵海林、王英武、杨献国、许思臣、张玉洁、张超英等6人具备工程师任职资格；朱延林、孔维鹤、贾志英、赵中懿等4人具备助理研究员任职资格；刘荣森、张青娥、姚方、张择根、张木霞、徐礼军、桑景栓、赵海宽、吕艳萍、梁铁旺、吴国新等11人具备讲师任职资格。

王泽有等具备高级专业技术职务任职资格

6月22日 据河南省职改领导小组豫职改字[1992]65号、74号、84号文件的通知，王泽有等17人具备高级专业技术职务任职资格，其中：王泽有具备研究员任职资格；王汉涛、徐祯祥、董铁民等3人具备副研究员任职资格；金烈谊、赵清道、王文芳、崔建国、周庆华、夏祥云等6人具备高级工程师任职资格；茹葳、李钦录、杨宗义、侯西珍、蒋伯廉、李如、丁笑梅等7人具备高级讲师任职资格。

原阳和息县达到省颁平原绿化高级标准

6月22日 河南省林业厅印发关于原阳县达到省颁平原绿化高级标准

的通知。通知指出：经省林业厅组织的绿化达标验收小组核查，并呈报省人民政府批准，确认原阳县达到了省颁平原绿化高级标准。有关奖励事宜，按省政府[1990]75 号文件办理。同年 11 月 20 日，经省林业厅批准确认，息县达到了省颁平原绿化高级标准。

防治大袋蛾战前动员会召开

6 月 23 日 河南省林业厅副厅长王庭训在兰考主持召开防治大袋蛾战前动员会。商丘、周口、开封等 3 市(地)的林业局局长、森林病虫害防治检疫站站长和 9 个重点县大袋蛾防治指挥部的指挥长参加了会议。会上各市(地)、县汇报了前一阶段的虫情测报、资金和药械准备、技术培训等情况，省、市(地)、县签订了 1992 年度大袋蛾防治任务书。王庭训副厅长作了总结讲话，要求重点抓好以下 4 项工作：一是深入贯彻《森林病虫害防治条例》，切实加强防治大袋蛾的组织工作；二是全面实行森林病虫害防治目标管理；三是进一步搞好集资备药工作，保证防治工作顺利进行；四是总结经验，集中力量打歼灭战，提高防治效果。

河南省林业厅公布 1992 年科学技术进步奖

7 月 4 日 河南省林业厅公布 1992 年科学技术进步奖。1992 年共评选出获奖成果 20 项，其中一等奖 2 项，二等奖 7 项，三等奖 11 项。

全省容器育苗推广协作组会议在焦作召开

7 月 6～9 日 全省容器育苗推广协作组会议在焦作召开。会议代表参观了修武县苗圃的容器育苗，总结了上半年的工作，安排了 1992 年的任务。会议认为，1991 年河南省容器育苗形势是好的，截至 6 月底，全省完成容器育苗 1.34 亿株，占年度目标任务的 77.6%。安阳、焦作、信阳、三门峡、郑州、濮阳等市(地)完成或超额完成了全年目标任务，其中，安阳市和焦作市，分别育容器苗 3 579 万袋和 2 300 万袋，占年度目标任务的 132.6% 和 115%；林县育容器苗 3 229 万袋，该县东姚镇育容器苗 450 万袋，创县、乡容器育苗之最。

省政府发出关于切实加强森林资源管理的通知

7 月 22 日 河南省政府发出《关于切实加强森林资源管理的通知》，同意重点林区县经当地人民政府批准，林业主管部门可在林区内设置森林资源管理站，负责林木采伐的检查、监督。

河南省贫困山区县银杏发展规划出台

7月29日　河南省林业厅、河南省贫困地区经济开发领导小组印发《河南省贫困山区县银杏发展规划》。根据规划："八五"期间全省新发展集中连片的银杏基地7万亩，加上"四旁"和房前屋后的银杏，达到1 500万株，银杏年产量由现在的不足25万公斤提高到50万公斤；"九五"期间，新发展银杏18万亩，"四旁"2 000万株，使河南省银杏集中连片面积达到25万亩，总株数达到5 000万株，山区贫困县人均达到1~3株。10年后年总产量达到1 000万公斤，15年后达到2 500万公斤，20年后达到5亿公斤。

调整省林业厅项目办公室成员

8月10日　根据工作需要，河南省林业厅研究决定：李占安任项目办公室主任(兼)；甘雨任项目办公室副主任(兼)，刘南任项目办公室副主任。

省林业勘察设计院通过省城乡建设环境保护厅考核验收

8月20日　根据建设部关于在勘察设计单位推行全面质量管理的有关部署，河南省城乡建设环境保护厅组织达标验收组，分别会同河南省林业厅、河南省粮食厅、河南省计划经济委员会、河南省交通厅、河南省铁路总公司，对有关单位全面质量管理工作进行了考核验收。经考核，认为省林业勘察设计院等5个单位已达到"河南省乙级勘察设计单位推行全面质量管理标验收细则"的标准，验收合格。

河南省三林林业联合开发公司成立

8月22日　河南省计划经济委员会同意省林业厅成立河南省三林林业联合开发公司(以下简称"三林"公司)，办公地点设在郑州。该公司是独立核算、自负盈亏的全民所有制企业，隶属省林业厅。主要任务是：开发各种林产资源，拓展林产品流通渠道，积极参与我省林产品市场建设，为林业生产经营和发展提供信息咨询服务，为林业经济再上新台阶作出贡献。

中共河南省林业厅厅直单位第二次党员大会召开

8月25~26日　中共河南省林业厅厅直单位第二次党员大会在郑州召开。会议的主要内容是：听取和审查中共河南省林业厅厅直单位第一届委员会的工作报告；审查中共河南省林业厅厅直单位纪律检查委员会的工作报告（书面）；选举中共河南省林业厅厅直单位第二届委员会；选举中共河南省林业厅厅直单位纪律检查委员会。

省林业厅兴办经济实体的具体规定出台

8 月 26 日 省林业厅制定兴办经济实体规定，要求：各级领导要高度重视，采取得力措施，积极办好经济实体。要以更好地为基层服务、推动林业生产、活跃林业经济为宗旨，坚持“一业为主、多种经营”和“立足服务办实体，办好实体促服务，搞好服务促发展”的方针，本着“项目自定、资金自筹、产品自销、自负盈亏”的原则，努力把经济实体办好。同时对兴办实体所需资金、人员待遇及奖励等方面作出了详细规定。

信阳毛尖被林业部列为首批名优茶

9 月 3 日 林业部在杭州举办了林业系统首届茶叶质量检测活动。经质量检测和专家审定，共确认名茶 11 个、优质茶 18 个。河南省信阳毛尖被林业部确定为首批名优茶，并发给名优茶证书。

新增 4 处国家森林公园

9 月 9 日 林业部批准建立五台山等 45 处国家森林公园。河南省五马寺国家森林公园、寺山国家森林公园、风穴寺国家森林公园、石漫滩国家森林公园、薄山国家森林公园榜上有名。

省直属机关党委同意
林业厅第二届委员会和纪委会选举结果

9 月 11 日 河南省直机关委员会对省林业厅《关于厅直属单位第二届委员会、纪委会选举结果的报告》作出批复：同意中共河南省林业厅直属单位委员会第一次全体会议选举的结果，吴烈继为中共河南省林业厅直属单位委员会书记，张兴山为副书记。同意中共河南省林业厅直属单位纪律检查委员会第一次全体会议选举的结果，王敬民为中共河南省林业厅直属单位纪律检查委员会书记，任朴任副书记。

三门峡市第六届灵宝金城果会开幕

9 月 15 日 三门峡市第六届灵宝金城果会开幕式举行，省委常委、副省长宋照肃出席开幕式并讲话。宋照肃代表省政府向果会表示热烈祝贺，向前来参加果会的各部门、各单位的领导及宾朋客商表示热烈欢迎。林业部副部长刘广运出席开幕式并发表讲话，指出近年河南省委、省政府高度重视经济林生产，把发展经济林作为农民脱贫致富奔小康的重要措施之一，大力调整林种结构，有效地加快了经济林建设步伐。

省绿化委员会组织检查领导干部造林绿化点

9 月 15 ~ 30 日 河南省绿化委员会组织联合检查组，对 1992 年各市(地)领导干部承办造林绿化点工作进行了检查。据统计：1992 年，全省有省、市(地)、县、乡四级领导干部承办造林绿化点 5 498 个，完成造林面积 120 万亩；营造农田林网 900 万亩。其中抽查了 17 个(市)地、40 个县的 171 个点，占市(地)县同类造林绿化点总数的 25%，完成成片林 12 万亩，完成农田网 110 万亩。11 月 20 日，省绿化委员会对被检查的 171 位领导承办造林绿化点情况进行了评定和通报。

林业部副部长刘广运与河南省委副书记吴基传商谈林业工作

9 月 21 日 林业部副部长刘广运与河南省委副书记吴基传就木材凭证运输及检查和国营通许林场改变隶属关系问题交换了意见。省林业厅副厅长吴烈继、王庭训出席了座谈。

李长春省长对林木采伐和运输工作作出批示

9 月 23 日 省长李长春就河南省政府发出的《关于切实加强森林资源管理的通知》作出批示：要坚持源泉管理，做到车行中原无“红灯”，可赋予资源管理站检查采伐证、运输证的职能。

团省委同意省林业厅第三届团代会选举结果

10 月 4 日 共青团河南省直属机关委员会对《关于林业厅第三届团代会选举结果的报告》作出批复：同意由李笑峰、李志峰、张静满、尚中海、赵益民、樊巍等 6 位同志组成共青团河南省林业厅委员会第三届委员会，李笑峰任书记，李志峰、张静满任副书记。

省林业厅招待所租赁给河南省三林联合开发公司

10 月 5 日 河南省林业厅党组作出决定，将厅招待所租赁给河南省“三林”公司经营 2 年，具体租赁事宜由厅办公室和“三林”公司负责办理，以搞活厅机关经济，办好“三林”公司。

省林业厅同意中美联合考察内乡宝天曼国家级自然保护区植物

10 月 15 日 河南省林业厅对中国科学院植物研究所《关于申请 1993 年中美联合对河南内乡宝天曼植物考察的报告》作出批复，同意中美联合对河南内乡宝天曼国家级自然保护区的植物进行考察。考察范围只限于内乡宝天曼国家级自然保护区，不得改变行进路线。

调整中级专业技术职务评审委员会

11 月 13 日 根据《河南省专业技术职务评审委员会组织办法》和单位推荐意见，经研究并报省职称改革办公室批准，河南省林业厅对工程、科研、教师系列中级专业技术职务评审委员会进行了调整。省林业厅科研系列中级专业技术职务评审委员会由刘双绂任主任委员，王本学、张之武任副主任委员，周哲身等 20 人为委员。省林业厅工程系列中级专业技术职务评审委员会由李焕章任主任委员，金烈谊、李福成任副主任委员，李占安等 20 人为委员。省林业厅教师系列中级专业技术职务评审委员会由吴烈继任主任委员，刘玉萃、王干生任副主任委员，单之星等 20 人为委员。

河南省林海服务公司成立

11 月 13 日 河南省劳动厅同意省林业厅成立“河南省林海服务公司”，地址在郑州市纬五路 40 号院。公司主营木材、林产化工、林业机械、林木种苗、农林产品、林副产品、农副产品、日用杂品、土特产品、干菜调料、建筑材料和花卉。

省政府通知要求搞好冬季植树造林

11 月 13 日 河南省政府向各市、县政府、各地区行署、省政府各部门发出通知，要求各地切实搞好冬季植树造林工作。通知强调：一要充分认识新形势下发展林业的重要意义；二要以经济效益为重点，优化结构，大力搞好冬季植树造林工作；三要切实搞好技术服务，努力提高造林绿化质量；四要切实加强对植树造林工作的组织领导。

林业部批准建立亚武山国家森林公园

11月14日 林业部批准河南省三门峡市河西林场建立亚武山国家森林公园，面积为22.7万亩。

乐山国家森林公园获林业部批准建立

11月24日 林业部批准河南省确山县乐山林场建立乐山国家森林公园，面积为10.2万亩。

全省森林防火电话会议召开

11月26日 全省森林防火电话会议召开。省委常委、省政府副省长宋照肃出席会议并讲话。要求：认清形势，进一步提高对森林防火工作重要性的认识；加强领导，进一步健全森林防火体系；狠抓预防措施，严格火源管理；加强协作，搞好衔接协调。强调：各级政府务必高度重视，严肃对待，把森林防火工作作为贯彻落实党的十四大精神和省委五届五次全会精神的实际行动，抓紧、抓细、抓实、抓好。同时，还要抓好冬春的植树造林，把河南省林果业生产推向一个新阶段。

规定林政管理费和森林植被恢复费征收与使用办法

12月1日 河南省物价局、省财政厅、省林业厅发出《关于林政管理费和森林植被恢复费征收、使用管理的通知》。通知具体规定了林政管理费和森林植被恢复费的征收对象、范围和标准以及两费的使用和管理办法。

牛同芳等10人具备讲师职务任职资格

12月1日 河南省林业厅中专教师系列中级专业技术职务评审委员会评审通过，确认牛同芳、许前忍、张洛雅、陈德成、孙丹萍、陈金法、马占营、宋建龙、郭现清、刘极霞具备讲师职务任职资格。

河南省林地保护管理暂行规定出台

12月2日 国务院国办发[1992]32号文件下发后，河南省政府结合河南省实际发出了《关于进一步加强林地保护管理工作的通知》(豫政办[1992]

35 号），对林地保护和管理工作提出了具体要求。鉴于河南省林地保护管理办法尚未出台，为了使全省林地管理工作尽快走上法制化、制度化轨道，根据省政府豫政办[1992]35 号文件精神，河南省林业厅制定出台了《河南省林地保护管理暂行规定》。规定共有 11 条，适应河南省境内所有林业用地的保护管理和利用。

省林业厅表彰全省国营林场普查工作先进集体和先进个人

12 **月** 6 **日**　河南省林业厅表彰全省国营林场普查工作先进集体和先进个人，授予在 1991 年国营林场普查工作中成绩突出的信阳地区林业局等 7 个市（地）先进集体称号，授予郑育等 13 人先进个人称号。

省林业厅出台猎枪管理规定

12 **月** 17 **日**　经河南省林业厅研究确定：从 1993 年 1 月 1 日起，授权省内猎枪经销单位在销售猎枪过程中代为核发部分“狩猎许可证”和收取购枪人员当年的野生动物资源保护管理费。

西峡县蛇尾木材检查站获全国先进木材检查站称号

12 **月** 18 **日**　在林业部表彰的全国 45 个先进木材检查站名单中，西峡县蛇尾木材检查站获“全国先进木材检查站”称号。

1993 年

省林业厅招待所签订租赁合同

1 月 1 日 省林业厅招待所租赁给省林业厅“三林”公司合同签订仪式举行。根据合同，租赁时间自 1993 年 1 月 1 日起到 1994 年 12 月 31 日终止，时间为两年。

吴顺卿等获先进工作者称号

1 月 3 日 河南省林业厅表彰在完成嵩山森林公园三皇寨栈道与嵩杨索道的修建、架设任务中作出突出贡献的先进个人，授予吴顺卿、于长战、司新超等 10 位同志先进工作者称号，并颁发荣誉证书。

三门峡等被评为 1992 年度造林绿化先进单位

1 月 8 日 根据造林核查结果，按照各市(地)1992 年度完成造林任务合格率、合格面积占总合格面积比重、人工造林核实率和合格率、荒山造林合格面积占实际造林合格面积比重等 4 个条件综合评比，河南省林业厅确定三门峡市、信阳地区为 1992 年度全省造林绿化先进单位。

省政府命名王泽有等为河南省优秀专家

1 月 19 日 河南省政府命名王泽有、魏鉴章、王铁章、罗秀钧等人为第二批“河南省优秀专家”。

信阳地区等单位荣获技师评聘工作先进单位称号

1 月 28 日 河南省林业厅授予信阳地区林业局等 25 个单位“河南省林业系统技师评聘工作先进单位”称号，授予胡炳苏等 51 人“河南省林业系统技师评聘工作先进个人”称号。

1993 年林业科技成果评审结果揭晓

1 月 30 日 河南省林业厅科技进步奖评审委员会就 1993 年申报的科技成果进行了评审，共评出获奖成果 7 项，其中：一等奖 1 项，二等奖 2 项，三等奖 4 项。

乔新江等被评为 1992 年度先进工作者

2 月 1 日 河南省林业厅作出关于表彰先进工作者的决定：授予乔新江等 17 人“1992 年度先进工作者”称号。

表彰三八绿色优质工程和三八绿色奖章获得者

2 月 1 日 河南省绿化委员会、省林业厅、省妇联联合作出关于表彰河南省“三八绿色优质工程”和“三八绿色奖章”获得者的决定。授予陈素凤等 25 名妇女“河南省三八绿色奖章”；授予新县苏河乡刘长寨等 5 个“三八绿色工程”为“河南省三八绿色优质工程”称号。

省林业厅表彰会计达标工作先进集体

2 月 11 日 河南省林业厅表彰会计达标工作先进集体，授予省林业勘察设计院、省林业技术推广站、洛阳林校、林业厅招待所等 4 个单位“会计达标工作先进单位”称号；授予个人考核总分 950 以上(含 950 分)的马群智、崔爱玲、郭际荣等 15 名同志“会计达标工作先进个人”称号。同时，授予在考核验收工作中作出突出成绩的张诚禹、王玉清“会计达标先进个人”称号。

表彰先进党组织和优秀党员

2 月 12 月 中共河南省林业厅机关委员会作出表彰先进党组织和优秀党员的决定，授予省林业技术推广站支部、省林业厅绿化支部“先进党支部”称号；授予省林业勘察设计院第二支部第二党小组、省林业科学研究所机关支部第二党小组、省林业厅林政支部防火办公室党小组“先进党小组”称号；授予吕本超等 10 人“优秀共产党员”称号；授予张兴山、史天润、杜永庆“优秀党务工作者”称号。

召开全省市地林业局局长会议

2 月 13 ~15 日 全省市(地)林业局局长会议在郑州召开。李成玉副省长出席会议并发表讲话，对当前林业建设提出了五点要求：一要进一步明确新形势下林业建设的地位和作用；二要认真落实造林绿化目标责任制，加快实施十年造林绿化规划；三要加强森林资源和林政管理，巩固扩大绿化成果；四要大力发展林业产业经济，增强林业自身经济活力；五要切实加强对林业工作的领导，动员全社会办林业。会上，省林业厅马新高厅长作了题为《以党的十四大精神为指针，加大改革力度，加速培育资源，把林业办成充满活力的多功能产业》的讲话，安排部署了1993年的林业工作。

省林业厅表彰1992年度林业工作先进单位

2月15日　河南省林业厅研究决定：对1992年度在兴办经济实体、开发利用资源、森林资源和林政管理、宣传信息、容器育苗、林业工作站建设、苗木生产和多种经营等项工作中做出优异成绩的41个先进单位进行表彰。授予南阳地区林业局等7个单位兴办经济实体、搞活林业经济先进单位称号；授予国营河西林场等5个单位开发资源效益显著先进单位称号；授予博爱县等13个单位森林资源和林政管理先进单位称号；授予信阳地区林业局等6个单位宣传信息工作先进单位称号；授予林县容器育苗先进县称号；授予西峡县等3个单位林业工作站建设先进县称号；授予内乡县板场乡林业工作站等3个单位先进林业工作站称号；授予国营淮阳县苗圃等3个单位苗木生产、多种经营先进单位称号。

河南省宏森开发服务公司成立

2月19日　河南省委老干部局批复同意省林业厅离退休干部创办河南省宏森开发服务公司。

全省林业公安被装供应会议在郑州召开

2月26日　全省林业公安被装供应会议在郑州召开。会议确定自1993年夏季起，全省林业公安干警的被装供应渠道由原来的地方公安机关价拨供应，改为由省林业公安处统一价拨供应。

河南省森林病虫防治检疫站行政复议委员会成立

3月1日　根据国务院《行政复议条例》和《植物检疫条例》的要求，河南省林业厅成立河南省森林病虫害防治检疫站行政复议委员会。森林病虫害防治检疫站行政复议委员会的主要职责是：负责全省森林植物检疫行政案件的复议、应诉工作；研究、解决办理检疫行政案件中存在的重大问题；搞好培训，提高检疫人员的执法水平。

董运奇等获河南省绿化先进工作者称号

3 月 6 日　河南省绿化委员会、河南省林业厅、河南省人事厅决定：授予董运奇、谢彩云等 145 位同志“河南省绿化先进工作者”称号，并颁发“河南省绿化奖章”。

河南省绿化委员会召开第十五次全体会议

3 月 6 日　河南省绿化委员会第十五次全体会议在省政府办公大楼召开，省绿化委员会主任、副省长李成玉出席会议并讲话。会上首先传达了国务院关于加强造林绿化工作的通知和田纪云副总理在全国绿委第十二次全会上的讲话精神；省绿化委员会副主任、林业厅厅长马新高汇报了 1992 年全省的造林绿化工作，安排部署了 1993 年的工作任务。城建、共青团、妇联等单位汇报了本部门的绿化情况，对 1993 年的绿化工作做了安排，会议同时表彰了 25 个荣获“河南省绿化先进单位”称号的单位。

全省 25 个单位获河南省绿化先进单位称号

3 月 6 日　河南省绿化委员会第十五次全体会议作出决定，授予郑州市（市区）、平顶山市西区、博爱县、内黄县后河乡、新县苏河乡、禹州市磨街乡、灵宝县西闫乡、洛宁县上戈乡、鹿邑县太清宫镇、延津县棉纺织厂、漯河市第一人民医院、河南省中原化肥厂、开封化肥厂、民权县国营代寨林场、南阳市自来水公司、洛阳轴承厂、河南省濮阳市公路管理总段、河南省南阳军分区、郑州建筑工程学校、河南省环保研究所、安阳市人民公园、郑州大学、河南农业大学、鹤壁矿务局第三煤矿、焦作矿务局王封煤矿等 25 个单位“河南省绿化先进单位”称号。

李当竹等获全国三八绿色奖章

3 月 6 日　全国妇联、林业部作出关于表彰全国“三八绿色奖章”和“三八绿色优质工程”的决定。河南省洛宁县退休干部李当竹、新乡市林业局王桂芳、禹州市神垕镇的赵秋凤、登封县大金店乡的王彩虹、确山县三里河乡的丁秀云获得全国“三八绿色奖章”，河南省新县苏河乡刘长寨“三八”林获得“三八绿色优质工程”奖。

马忠臣代省长要求因地制宜发展银杏生产

3 月 8 日　马忠臣代省长致信李成玉副省长和省林业厅马新高厅长，提出：要提高认识，加强领导，因地制宜地发展银杏生产。李成玉副省长在信上批示："马省长此信可以林业简报印发市(地)县，林业厅应选择一些重点县先行推广，逐步形成基地。"

河南省森林资源清查领导小组成立

3 月 8 日　河南省绿化委员会印发《关于成立河南省森林资源清查领导小组的通知》，成立以省绿化委员会副主任、省林业厅厅长马新高任组长，省林业厅副厅长吴烈继、王庭训，省军区后勤部副部长张德成，省城乡建设环境保护厅副厅长刘征远，省水利厅副厅长冯长海任副组长的河南省森林资源清查领导小组，负责全省森林资源清查的领导与协调工作。具体工作由省林业厅负责。

省林业厅表彰 1992 年度目标管理先进单位

3 月 16 日　根据对省厅各处室和厅直单位目标完成情况的考评结果，经河南省林业厅党组研究决定：人事处、林政处、林业技术推广站为"1992 年度完成责任目标先进单位"。

调整省林业厅普法领导小组组成人员

3 月 23 日　河南省林业厅对原厅普法领导小组组成人员进行调整。组长由副厅长关耀信担任。厅普法领导小组的职责是：制定并组织实施全省林业系统法制宣传教育分年度计划，了解和督促检查各市地、各直属单位普法工作进展情况，培养典型，总结推广普法先进经验，研究解决存在的问题等。

调整省林业厅行政复议委员会组成人员

3 月 23 日　河南省林业厅调整原厅行政复议委员会。根据工作分工情况，省林业厅研究决定对原厅行政复议委员会组成人员进行调整。调整后的厅行政复议委员会主任由副厅长关耀信担任，职责仍按豫林政[1990]128 号文件执行。

杨军等人被林业部聘为林业工业企业质量评审员

3 月 31 日 经各省林业主管部门推荐和综合评审，林业部确定向 14 人颁发林业工业企业质量评审员聘任证书。信阳木工机械厂的杨军、漯河林机厂的顿新兴、洛阳人造板厂的张克忠、西峡猎枪厂的马庄营等 4 人被林业部聘任为林业工业企业质量评审员，并颁发了证书。

省政府要求切实加强林政管理工作

4 月 1 日 河南省人民政府印发《关于切实加强林政管理，坚决制止乱砍滥伐林木、乱占滥用林地和乱捕滥猎野生动物的通知》(豫政[1993]15 号)。强调为迅速制止乱砍滥伐林木、乱占滥用林地和乱捕滥猎野生动物的现象，严厉打击违法犯罪活动，保护森林资源，促进林业发展，切实做好以下四个方面的工作：一是进一步加强森林资源保护管理工作；二是坚持实行森林采伐消耗全额管理；三是充分发挥林业部门的森林资源和林政管理职能；四是坚持依法治林，严厉打击破坏森林资源的违法犯罪活动。

邢铁牛等具备中级专业技术职务任职资格

4 月 19 日 经河南省林业厅工程、科研系列中级评审委员会 1992 年 11 月 30 日、12 月 5 日评审通过，河南省水利厅经济、工程系列中级评审委员会 1992 年 11 月 24 日、12 月 11 日评审通过，邢铁牛、徐忠、李国峰、黄维正、刘玉礼、高喜荣、王明富、王理顺、王海涛、光增云、姚勇、姬韶领、刘增喜、田金萍、菅根柱、杨智勇、曲进社、亓建农、夏丰昌、葛长江具备工程师任职资格，李良厚、郭良、刘占朝、宋宏伟、陈昌民、魏玉君具备助理研究员任职资格，崔关振具备经济师任职资格。

王彦英等具备高级专业技术职务任职资格

4 月 19 日 接河南省人事厅豫职改字[1993]28、58、65 号文件的通知，王彦英、冯述清、孙宝珍、钱振国具备副研究员任职资格；卢国美、黄品龙、卢钦尧具备高级工程师任职资格；付若桂、李志琦具备高级讲师任职资格。

河南省富林技术开发公司成立

4 月 20 日 河南省林业厅同意省林业勘察设计院成立河南省富林技术

开发公司。该公司为全民所有制企业，无行政职能。

干果和药材示范基地建设项目领导小组成立

4 月 25 日　河南省林业厅成立干果、药材示范基地建设项目领导小组，厅长马新高任组长，副厅长王庭训任副组长。示范基地建设项目办公室设在厅经济林处。同时林业厅还设立示范基地建设项目技术管理小组。

河南省松材线虫病普查领导小组建立

5 月 3 日　经研究，河南省林业厅成立由生产、教学、科研等单位人员参加的河南省松材线虫病普查领导小组。组长由副厅长王庭训担任，副组长由省林业技术推广站负责人担任。

省林业厅清产核资领导小组成立

5 月 9 日　省林业厅决定成立厅清产核资领导小组，组长由副厅长吴烈继担任，副组长由副厅长关耀信担任。领导小组下设办公室，具体负责全厅财产清查登记工作。

印发开封县后刘庄与中牟县林场土地纠纷会议纪要

5 月 17 日　河南省政府以豫政阅［1993］38 号文印发《关于处理开封县后刘庄因与中牟县林场土地纠纷来省集体上访问题的会议纪要》。纪要指出：5 月 10 日下午，受省政府秘书长鲁茂升委托，省政府办公厅副主任孙学顺主持召开会议，协调解决开封县后刘庄因与中牟县林场土地纠纷来省政府集体上访问题。省信访局、省林业厅、省土地管理局、郑州市政府等有关领导参加了会议。会议认为，关于开封县后刘庄与中牟县林场土地纠纷问题，省政府于 1992 年 4 月 30 日专门下发了《关于我省黄河滩地等六起跨市地重大土地纠纷处理决定的通知》（豫政［1992］35 号），提出了明确的处理意见，各方必须坚决贯彻执行，坚决维护这个文件的严肃性。根据会议讨论意见，孙学顺强调三点意见：一是开封县后刘庄群众集体上访的做法是错误的，请当地政府对其提出批评，并认真做好他们的思想工作；二是郑州市政府要按照豫政［1992］35 号文精神，进一步做好中牟县的工作，确保省政府文件无条件落到实处；三是豫政［1992］35 号文件中关于“中牟县林场与开封县后刘庄土地纠纷问题”的催办、监督、落实工作，仍由省林业厅负责。

全省乡镇林业工作站建设会议召开

5 月 19～21 日 全省乡（镇）林业工作站建设会议在西峡召开。林业厅厅长马新高在会上总结了近几年河南省乡级林业工作站建设工作，安排部署了今后的建设任务，强调加强领导，进一步巩固、完善和提高乡级林业工作站；大力兴办经济实体，提高乡级林业工作站的自我发展能力；抓紧岗位培训，按时完成培训任务，提高乡级林业工作站工作人员的政治觉悟、文化水平、业务技能和依法治林能力，使乡级林业工作站有效地行使管理、组织、指导、服务的职能；搞好乡级林业工作站自身建设，努力把乡级林业工作站建设提高到一个新的水平。

河南省新林开发公司成立

5 月 22 日 河南省林业厅批复同意厅物资站成立“河南省新林开发公司”。该公司为独立核算、自主经营、自负盈亏集体性质企业，独立承担民事责任。

省林业厅两项决算报表获奖

5 月 25 日 河南省林业厅国营林场、苗圃事业费决算报表得分 95 分，被林业部评为一等奖；森工会计决算报表得分 85 分，被林业部评为三等奖。

两省级森林公园获准建立

5 月 25 日 省林业厅分别作出批复，同意建立五龙洞省级森林公园和河南省中牟森林公园。

省高法等联合开展清查处理非法占用林地工作

5 月 26 日 河南省高级人民法院、省政府法制局、省林业厅和省土地管理局印发《关于开展清查处理非法占用林地有关问题的通知》，明确这次清理的范围：一是因勘察设计、修筑工程设施、开采矿藏、架设线路、铺设管道等国家建设使用的林地；二是非经国务院或省政府批准设立的各类开发区所使用的林地；三是乡（镇）村建设、乡镇企业、私营企业等使用的林地；四是其他非林业生产性建设所使用的林地。同时规定 1988 年 6 月 1 日以后征用集体所有的林地或占用国有林地，未经林业主管部门审核并签署同意意见的，视为非法占用林地。

省林学会更改业务主管部门

6月10日 经河南省科学技术协会与省林业厅研究，同意省林学会的业务主管部门由省林业厅变更为省科学技术协会，挂靠单位为省林业厅。

全省林业系统人民警察首批授衔仪式在郑州举行

6月17日 全省林业系统人民警察首批授衔仪式在郑州举行。河南省林业厅厅长马新高、副厅长关耀信，省公安厅副厅长雷庆同、政治部副主任张承锋为279名林业公安干警授予警衔。

银杏及后加工报告会召开

6月23日 河南省政府在中州宾馆召开银杏及后加工报告会，特邀原山东省人大常委会副主任李晔就发展银杏生产及加工问题作报告。马忠臣省长主持会议并作重要讲话。省林业厅厅长马新高、有关处室的负责人和6个市(地)的市长、专员，17个市(地)的林业局局长出席了会议。省人大常委会副主任胡廷积、省政协副主席del家骥也出席会议并讲话。

1993年林业科学技术进步奖评审结果揭晓

6月30日 河南省林业厅1993年科学技术进步奖评审工作结束，共评选出7个获奖项目。其中由省林业技术推广站等12个单位完成的“河南省日本落叶松丰产栽培技术研究与推广”项目获得一等奖。河南省商丘地区农林科学研究所等12个单位完成的“材菜兼用型香椿新品种——红香椿1号选育研究”和省林业科学研究所等11个单位完成的“优质、抗病、速生、丰产泡桐新品种——豫桐1~5号选育”等2个项目荣获二等奖。由禹州市林业技术推广中心等8个单位完成的“日本良种果梅引种与丰产优质栽培技术研究”等4个项目荣获三等奖。

表彰1992年度全省造林绿化先进单位

7月9日 根据全省人工造林、更新实绩核查结果，省林业厅研究决定：信阳地区、三门峡市、南阳地区林业局为“1992年度全省造林绿化先进单位”。

南阳地区林业局等获科技兴林示范工程建设先进单位称号

7 月 14 日 河南省林业厅研究决定，授予南阳地区林业局、桐柏县林业局、西峡县林业局、禹州市林业局为“211”科技兴林示范工程建设先进单位称号。

信阳等五县被评为全省经济林生产先进县

7 月 14 日 经河南省林业厅研究决定：信阳县、登封县、罗山县、桐柏县、灵宝县为“1992 年度全省经济林生产先进县”。

林县获飞播造林先进单位称号

7 月 14 日 河南省林业厅授予林县“1992 年度飞播造林先进单位”称号。

1993 年出省木材运输总量确定

7 月 14 日 河南省林业厅下达 1993 年出省木材运输控制总量为 20 万立方米。

1992 年度人工造林更新实绩核查结果揭晓

7 月 14 日 河南省林业厅通报 1992 年度人工造林更新实绩核查结果。通报指出：1992 年度全省上报人工造林、更新面积 197. 72 万亩。经核查：核实面积为 217. 5 万亩，核实率 110. 0%；合格面积 184. 46 万亩，合格率 84. 84%。核实率和合格率分别比 1991 年提高 19. 4% 和 20. 64%。

省政府批准河南省森林病虫害防治条例实施办法

7 月 19 日 河南省政府以豫政文[1993]260 号文批准《河南省〈森林病虫害防治条例〉实施办法》。本办法适用于河南省境内所有的森林、林木、林木种苗及木材、竹材的病虫害(包括鼠害)的预防和除治工作。森林病虫害防治坚持“预防为主，综合治理”的方针，实行“谁经营、谁防治”的森林病虫害防治责任制度。同时，还明确了各级林业行政部门主管本行政区域内的森林病虫害防治工作，其所属的森林病虫害防治机构负责森林病虫害防治的具体组织工作。

豫林科技开发公司成立

7 月 20 日 河南省林业厅同意省林业科学研究所成立豫林科技开发公司。公司主营：技术培训、技术开发、技术咨询、科技成果转让、园林工程设计、规划和施工；林果、种子、种苗经销。兼营：复印、打字，糖、烟、酒以及汽车配件、建材经销等。公司为独立核算、自负盈亏的全民所有制企业，归省林业科学研究所主管。

南阳地区被评为全国林业成人教育先进单位

7 月 23 日 林业部作出关于表彰全国林业成人教育先进单位的决定，河南省南阳地区被授予“全国林业成人教育先进单位”称号。

严厉打击破坏森林资源的违法犯罪活动

7 月 27 日 河南省林业厅、公安厅下发《关于严厉打击严重破坏森林资源的违法犯罪活动的通知》。通知要求各地根据国务院和省政府的指示精神，在全省“三打一禁一整顿”的统一部署下，集中对破坏森林资源的违法犯罪活动给以及时有力的打击。

河南省森林病虫害防治条例实施办法发布实施

8 月 3 日 河南省林业厅发布《河南省〈森林病虫害防治条例〉实施办法》的通知，指出该实施办法已于 7 月 19 日经省人民政府批准，现予以发布施行。

省林业厅对办理木材运输证作出规定

8 月 3 日 省林业厅对办理木材运输证作出规定，明确河南省办理木材运输证的范围按 1988 年 8 月 18 日河南省政府发布的《河南省林木采伐和木材销售运输管理办法》的规定执行，运输木材及其半成品应办理木材运输证，运输纤维板、刨花板、细木工板、胶合板免办木材运输证件。

省科委等部门同意成立河南省豫林科技开发公司

8 月 10 日 河南省科学技术委员会同工商行政管理部门经过审核，同意省林业厅所属的林业科学研究所申请成立“河南省豫林科技开发公司”。该公司为全民所有制性质。经营范围以林业科学技术方面的科研开发、技术培训、技术咨询、技术转让、技术服务和园林工程设计、规划和施工为主。兼营林果、种子、种苗的销售。

郑州林产品流通改革试验区在郑州建立

8 月 14 日 林业部发文批准建立“林业部郑州林产品流通改革试验区”，这是目前全国唯一的一个林产品流通改革试验区。试验区的实施以地方为主，由省政府领导，省林业厅和郑州市主办，林业部将按照国务院农村改革试验区办公室对试验区管理的有关规定，对试验区工作进行指导。试验区以选建在郑州市南阳路北段的郑州林产品综合市场为主要试验基地。该市场占地 300 亩，是目前全国最大的林产品综合市场。

河南省 1993 年林业科技发展计划出台

8 月 18 日 省林业厅下达《河南省 1993 年林业科技发展计划》。全年共安排科技计划项目(课题)50 个。厅管重点科研项目共 30 个课题，其中：国家科技攻关三、四级课题 12 个，部重点科研项目 5 个，省科委基础研究项目 3 个，厅重点科研项目 10 个；厅管重点科技开发项目共 15 个项目，其中国家星火计划项目 3 个，厅科技开发项目 12 个；科技兴林示范基地建设项目共 5 个。

李成玉副省长对森林公园管理作出批示

8 月 23 日 河南省政府李成玉副省长在省林业厅要情汇报(《嵩山国家森林公园现行体制和合法权益应得到维护》)上批示：请郑州市政府负责同志按《森林法》予以协调解决，原林业部门管理的森林公园，依然能开发旅游业，发展第三产业，不宜在体制上变来变去，避免使资源多头管理而受损失。

李当彬等被评为全国林业技术教育优秀教师

8 月 25 日 林业部分别授予河南省李当彬、姚芳、戴启金和刘殿国为全国林业技术教育优秀教师和优秀教育工作者称号。

李德臣任林业厅副厅长

9 月 18 日 河南省政府印发通知，任命李德臣为河南省林业厅党组成员、副厅长。

黄河故道省级森林公园获准建立

10 月 5 日　省林业厅作出批复，同意建立黄河故道省级森林公园。

省护林防火指挥部第六次全体成员会议召开

10 月 8 日　李成玉副省长主持召开省护林防火指挥部第六次全体成员会议。会议传达了《国务院批转林业部关于进一步加强森林防火工作报告的通知》(国发[1993]40 号)，听取了省林业厅厅长马新高对几年来特别是 1992 年冬和 1993 年春全省森林防火工作情况的介绍和 1993 年冬和 1994 年春工作安排的意见，以及评选 1990～1992 年全省森林防火先进集体和先进个人等情况的汇报，李成玉副省长作重要讲话。

林业部派员考察郑州林产品流通改革试验区

10 月 13～16 日　林业部政策法规司体改处汪绚处长一行 3 人来到郑州，对林业部林产品流通改革综合试验区的建设情况进行考察，省林业厅副厅长李德臣、纪检组长王会卿陪同考察。期间，省林业厅厅长马新高介绍了试验区的工作情况，林业厅有关部门负责人进行了专题汇报，考察人员还就试验区建设与发展等问题与林业厅领导及有关处室、公司负责人进行了座谈。

龙峪湾省级森林公园获准建立

10 月 20 日　省林业厅作出批复，同意建立龙峪湾省级森林公园。

林业中级专业技术职务评审委员会成员调整

10 月 20 日　根据《河南省专业技术职务评审委员会组织办法》和单位推荐意见，经研究并报省职改办批准，河南省林业厅工程、科研、教师系列中级专业技术职务评审委员会成员进行了调整。

表彰森林防火先进集体和先进个人

11 月 9 日　河南省政府护林防火指挥部作出决定，对 1990～1992 年森林防火工作中作出突出贡献和优异成绩的先进单位及先进个人予以表彰，授予新县人民政府等 47 个单位“1990～1992 年全省森林防火先进单位”称号，授予胡焕河等 71 位同志“1990～1992 年全省森林防火先进工作者”称号。

省政府召开全省护林防火电话会议

11 月 9 日 全省护林防火电话会议在郑州召开。副省长李成玉出席会议并作重要讲话。李成玉强调：进一步提高认识，继续做好森林防火工作；坚持“预防为主、积极消灭”的方针，把各项防火关键措施落到实处；切实加强组织领导，坚持实行森林防火工作行政领导负责制。

河南省木材销售管理细则出台

11 月 10 日 河南省林业厅印发《河南省木材销售管理细则》。该细则共 17 条，规定凡在河南省境内从事经营、加工木材(含竹材)及其半成品和以木材为原料进行生产、销售活动的，均适用本细则。出台该细则的目的，是为了加强木材销售管理，保护和合理利用森林资源，维护国家、集体、林农和消费者的利益。

太行山绿化工程启动动员会在济源召开

11 月 16 日 河南省太行山绿化工程启动动员会在济源市召开。会议的主要内容是：传达全国太行山绿化会议精神，增强绿化太行山的紧迫性、责任感；调整修订太行山绿化规划；成立河南省太行山绿化工程建设指挥部；广泛发动群众，全面开展植树造林活动。

林业部与河南省林业厅签订高产优质示范基地合同

11 月 林业部与河南省林业厅协商，签订干果、药材、调料高产优质示范基地责任合同书，双方共同承担项目的建设。合同约定：1993～1995 年，共同在信阳、确山、林县、新郑、汝阳等 5 个县(市、区)建设基地 3.92 万亩，总投资 750 万元。项目建成 5 年后亩产量达到：板栗新造林 200 公斤，低改林增产 150 公斤；核桃新造林 175 公斤，低改林增产 125 公斤；枣 500 公斤；仁用杏(仁)50 公斤；银杏 50 公斤；巴旦杏 75 公斤；腰果 50 公斤；杜仲(皮)150 公斤；枸杞 100 公斤；八角 75 公斤；肉桂(皮)160 公斤；花椒 200 公斤。

贯彻实施野生动物保护法五周年新闻发布会召开

12 月 4 日 河南省贯彻实施《中华人民共和国野生动物保护法》5 周年新闻发布会在郑州召开，省人大常委会副主任胡廷积在新闻发布会上指出：

河南地处亚热带向暖温带过渡区，动物资源比较丰富，其中列入国家一级重点保护的野生动物有 10 余种，省重点保护的野生动物有 36 种。这些野生动物资源是国家的宝贵财富，保护、发展和合理开发这些资源，对于维护生态平衡，保存物种，开展科学研究，促进文化交流、两个文明建设都具有十分重要的意义。胡廷积号召大力开展宣传教育活动，不断提高全民的保护意识，真正认识到保护野生动物的重要意义，自觉地贯彻执行野生动物保护法规。

老君山风景名胜旅游区建立

12 月 15 日　河南省林业厅对栾川县人民政府栾政文[1993]102 号、[1993]107 号作出批复，同意建立老君山省级风景名胜旅游区。按照《自然保护区工程总体设计规划》，积极开发利用实验区内的自然生态与人文景观资源。根据林业部确定的现行管理体制，老君山省级自然保护区与国营老君山林场实行两块牌子一套班子，继续享受国家为扶持国营林业在税利收缴等方面所给予的各项优惠政策。

河南省林业系统首批录用人民警察

12 月 17 日　河南省林业系统首批录用人民警察工作自 6 月初开始，至 11 月底基本结束。全省共有 447 人报名参加了考试(考核)，被批准首批录用森林公安警察 120 人，其中经考试录用的 82 人，经考核录用的 38 人。

表彰全省先进森林病虫害防治检疫单位和个人

12 月 20 日　河南省林业厅召开表彰大会，表彰全省先进森林病虫害防治检疫站和优秀森林病虫害防治检疫员，授予许昌市等 24 个单位全省先进森林病虫害防治检疫站称号，分别授予叶如义等 51 名森林病虫害防治员、王桂荣等 25 名检疫员、刘安民等 24 名测报员为优秀森林病虫害防治员、优秀检验员、优秀测报员称号，给予通报表彰，并颁发了证书。

河南省荣获全国部门造林绿化先进省称号

12 月 24 日　全国绿化委员会授予河南省“全国部门造林绿化先进省”称号。

通报领导干部绿化点和全民义务植树情况

12 月 25 日 河南省绿化委员会对领导干部绿化点和全民义务植树工作检查情况进行通报。1993 年，全省省、市(地)、县、乡四级领导干部绿化点 5 905 个，完成造林面积 176.02 万亩，营造和完善农田林网 737.8 万亩。其中抽查了 17 个市(地)、51 县的 105 个绿化点，占市(地)、县同类绿化点总数的 17.7%；完成片林 16.99 万亩，农田林网 11.44 万亩；全省共建义务植树基地 530 处，造林面积 33.6 万亩；以资代劳 85 万人次，征收绿化费 350 万元。

加强自然保护区与风景名胜区协调工作

12 月 28 日 河南省林业厅、省城乡建设环境保护厅联合发出《关于进一步做好自然保护区与风景名胜区之间协调工作的通知》。通知指出：1980 年以来，经国务院和省政府批准，河南省先后建立 15 处森林和野生动物类型自然保护区，其中国家级 2 处，省级 13 处。国家级风景名胜区 3 处，省级风景名胜区 15 处。风景名胜区与保护区的建立，对改善生态环境，保护风景名胜及珍稀动植物资源，开展科学研究，扩大国际国内科学技术交流和合作，促进旅游事业及地方经济发展和“两个文明”建设发挥了积极作用。根据省政府领导的批示精神，针对保护区面临的严峻问题，经省林业厅、城乡建设环境保护厅协商，并报请省政府同意，特发布此通知，以切实做好自然保护区和风景名胜区之间的协调工作。各级政府要认真贯彻执行《森林和野生动物类型自然保护区管理办法》、《风景名胜区管理暂行条例》和《河南省森林和野生动物类型自然保护区管理细则》，加强对自然保护区和风景名胜区的领导、管理。凡已被划入风景区范围内的自然保护区，坚持三不变原则。同时，实行新建风景名胜区和自然保护区的申报审批制度。

1994 年

陶栋伟等人享受政府津贴

1 月 3 日 经人事部人专发[1994]1 号文批准，河南省林业厅厅直单位陶栋伟、王彦英、刘翠峰、王树选、黄品龙 5 人享受政府津贴待遇。其中：王彦英、陶栋伟享受逐月 100 元的津贴，其他人享受逐月 50 元的津贴。津贴从 1993 年 10 月起发放。

全省十八位同志获全国绿化奖章

1 月 6 日 全国绿化委员会作出决定，颁发 1993 年度“全国绿化奖章”。河南省的孟继福、朱铁法、郑书庭、贾克定、牛济国、周景贤、李龙启、陈永亮、张国建、任云和、艾纪方、余仕银、高留振、段成钧、魏绍美、施振权、刘征远、王庭训等 18 位同志为“全国绿化奖章”获得者。

两部门获得全国部门造林绿化 300 佳单位

1 月 6 日 全国绿化委员会授予解放军 80304 部队和武警河南总队许昌市支队全国部门造林绿化 300 佳单位称号。

全省林业工作会议召开

1 月 17 日 河南省政府在郑州召开全省林业工作会议。会议就 1997 年基本绿化全省宜林荒山、全面促进林业发展、提高林业综合效益等工作，制定了新的措施，作出了新的部署。省长马忠臣、省人大常委会副主任刘广祥、副省长李成玉、省政协副主席屠家骥等领导出席会议，林业部副部长祝光耀到会祝贺。省委书记李长春为大会写来贺信，他指出：“造林绿化，发展林业是一项宏伟的生态工程”，“对改善生态环境，抗御自然灾害，促进农业生产，增加农民收入，振兴山区经济和改善外部投资环境，促进精神文明建设都具有十分重要的意义。农业是国民经济的基础，林业又是农业的一项基础建设，全党重视农业，也要同样重视林业。”副部长祝光耀、省长马忠臣、副省长李成玉在会上分别作了重要讲话。12 个山区市(地)分管林业的领导和 25 个重点山区县(市)的主要负责人以及 17 个市(地)林业局的局长参加了会议。

省政府嘉奖商城县基本绿化宜林荒山

1 月 17 日 河南省人民政府发出关于商城县基本绿化宜林荒山的嘉奖令。党的十一届三中全会以来，商城县历届县委、县政府坚持把荒山绿化作为一项重要职责和工作重点，组织全县人民坚持不懈地开展大规模治山造林，兴办县、乡、村、组、户五级林场，森林面积和森林资源持续增加，为全省山区造林绿化树立了榜样。省政府决定给予商城县通令嘉奖，授予其“全省绿化荒山第一县”称号。

全省市地林业局局长会议在郑州召开

1 月 18～19 日 全省市(地)林业局局长会议在郑州召开。会议讨论和研究了全省林业工作会议精神的贯彻落实意见，总结了 1993 年的林业工作，部署安排了 1994 年的工作任务，并对 1993 年度在经济林建设、森林防火等工作中做出成绩的单位进行了表彰。河南省林业厅厅长马新高出席会议并就贯彻落实李长春书记、马忠臣省长、李成玉副省长在全省林业工作会议上的讲话精神，提出六点要求：一要突出抓好荒山造林绿化；二要完善提高平原绿化；三要进一步调整林种、树种结构，发展名、优、稀经济林；四要加快发展林产工业和多种经营；五要继续强化森林资源保护和林政管理；六要全方位推进科教兴林工作。

全省林业职工思想政治工作研究会成立

1 月 19 日 全省林业职工思想政治工作研究会在郑州成立。河南省林业厅厅长马新高当选为会长，吴烈继副厅长当选为副会长，张兴山当选为秘书长，闫朝花、王敬民当选为副秘书长。

表彰林业公安先进集体和个人

1 月 20 日 河南省林业厅作出关于表彰 1991～1993 年林业公安先进集体和优秀人民警察的决定，授予嵩县林业保卫股等 18 个单位林业公安先进集体称号和马新平等 29 名公安人员优秀人民警察称号。

全省林业公安工作总结表彰会召开

1 月 31 日至 2 月 2 日 河南省林业厅、公安厅在登封市召开全省林业公安工作总结表彰会。省林业厅副厅长关耀信、李德臣和省公安厅副厅长江峰出席会议并讲话。会议在总结部署工作的同时，为18个先进林业公安股(所)和29名优秀干警颁发了奖品与证书。

省林业厅表彰林政管理先进单位和个人

2月5日　河南省林业厅决定：授予南阳市林业局林政资源管理科、洛宁县林业局等31个单位“全省林政管理先进单位”称号，授予朱万东等48人“全省林政管理先进工作者”称号。

表彰三八绿色优质工程和三八绿色奖章获得者

2月24日　河南省妇女联合会、河南省绿化委员会、河南省林业厅作出表彰“河南省三八绿色优质工程”、“河南省三八绿色奖章”获得者的决定，对崔峤梅、高慧然等29人颁发“河南省三八绿色奖章”，省妇联同时授予“河南省三八红旗手”称号；授予确山县三角山等6个“三八绿色工程”“河南省三八绿色优质工程”称号。

洛阳林业学校被列入省部级重点中等专业学校

2月25日　河南省教委公布38所省部级重点中等专业学校名单，洛阳林业学校名列其中。

表彰1994年度目标管理先进单位

2月27日　河南省林业厅对完成1994年度目标任务成绩显著的省林业勘察设计院、公安处、经济林处、人事处、绿化办公室、厅办公室等6个单位予以表彰，并授予“1994年度目标管理先进单位”称号；对年度目标任务完成较好的林场处(含林产办公室)、林政处、监察室提出表扬。

省林业厅等单位要求加强猎枪弹具管理

2月28日　河南省林业厅、公安厅联合发出《关于认真贯彻实施中华人民共和国猎枪弹具管理办法的通知》，要求各级林业行政主管部门和公安机关按照管理权限，各负其责，密切配合，共同做好猎枪弹具管理工作，坚决依法查处非法销售猎枪弹具的违法犯罪活动。

日本国际绿化考察团考察河南林业

3月2~5日　应林业部邀请，日本国际绿化推进中心以小林富士雄博士为团长的杨树考察团一行 7 人，来河南省考察杨树造林及杨木加工利用情况，并探讨今后合作开发杨树资源的可能性。

河南嵩山国家森林公园入选林业部示范森林公园

3 月 6 日 林业部公布确定的 20 处示范森林公园名单，河南省的嵩山国家森林公园被确定为示范森林公园。

省党政军领导参加植树劳动

3 月 9 日 省委、省人大、省政府、省政协、省军区领导在黄河游览区参加义务植树活动。

河南省绿化委员会召开第十六次全体会议

3 月 10 日 河南省绿化委员会在郑州召开第十六次全体会议。会议由省绿化委员会主任、副省长李成玉主持。全体绿化委员会委员、顾问及部分新闻单位的代表参加了会议。省绿化委员会副主任、省林业厅厅长马新高首先传达了全国绿化委员会第十三次全体（扩大）会议精神，汇报了河南省 1993 年的造林绿化工作，提出了 1994 年的工作安排意见。省城乡建设环境保护厅、郑州铁路局、交通厅的负责人分别作了发言。李成玉副省长代表省政府与郑州铁路局、省交通厅、省煤炭厅领导签订了 1994 ~ 1997 年部门绿化责任目标。会议通过了“关于表彰 34 个全省部门绿化先进单位的决定”和“关于在全省开展争创造林绿化百佳村、十佳乡、十佳县、十佳单位、一个最佳城市活动的决定”。会上还宣读了全国绿化委员会授予河南省全国部门造林绿化先进省和全国部门造林绿化 300 佳单位光荣称号以及表彰 18 名“全国绿化奖章”获得者的决定。最后李成玉副省长作总结，强调：要进一步提高对加快造林绿化重要意义的认识，增强紧迫感和责任感；以基本绿化宜林荒山为主攻目标，千方百计加快造林绿化步伐；深入扎实地开展全民义务植树运动，实行全社会办林业，全民搞绿化；要坚持依法治林，依法护绿，巩固造林绿化成果；认真落实领导干部任期造林绿化目标责任制，切实加强组织领导，迅速掀起造林绿化高潮，为加快绿化中州大地作出贡献。

省党政军领导和省直机关干部参加植树劳动

3 月 12 日 省党政领导马宪章、张文彬、胡廷积、李成玉、胡梯云、屠家骥以及省军区领导等率领省直机关干部及省直机关青年志愿者共 300 多人，在郑州黄河游览区参加了义务植树活动。植树活动结束后，省领导为“郑州市全民义务植树纪念碑”揭碑，并举行了河南省直青年志愿者义务植树授旗仪式。

省主要领导为植树节题词

3 月 12 日 河南省主要领导为植树节题词。省委书记李长春题词：“全党动员 全民动手 打一场绿化荒山的攻坚战”。省长马忠臣题词：“发扬光荣传统 绿化中州河山”。省政协主席林英海题词：“立千秋伟业 绿中州大地”。

李成玉副省长到南阳和信阳检查林业工作

3 月中旬 李成玉副省长在省林业厅厅长马新高、省农经委副主任卫斌的陪同下，深入桐柏、大别山区检查山区造林绿化工作，并到他的造林绿化点(信阳县邢集乡)上参加植树造林劳动。

罗秀钧等具备高级专业技术职务任职资格

3 月 26 日 河南省人事厅豫职改字[1994]5、44、68 号文件通知，罗秀钧具备研究员任职资格；刘治国、刘凤鸾具备副研究员任职资格；吴理安、段绍光具备高级工程师任职资格；李建娥、张宗德、杨建成具备高级讲师任职资格。

肖武奇等具备中级专业技术职务任职资格

3 月 26 日 经河南省林业厅工程、科研、教师系列中级专业技术职务评审委员会 1993 年 10 月 22 日、23 日、28 日评审通过，肖武奇、方保华、张红文、温保良、李向东、刘铁军、张松山、唐秀军、张万钦、王学会、李银生、贾满顶、朱光前具备工程师任职资格；茹桃勤、王团荣、丁向阳、王文彬具备助理研究员任职资格；刘进社、代爱瑜、司守霞、葛祖鸣具备讲师任职资格。

全省林产工业及多种经营现场会召开

4 月 22～23 日 河南省林业厅在密县召开全省林产工业及多种经营现场会。会议组织参观了密县林业局近几年兴办的无纺布厂等企业，听取了典型发言。厅长马新高在讲话中总结了全省林产工业及多种经营工作会议以来的发展经验，明确了今后一个时期林产工业和多种经营工作的指导思想和需要抓好的几项重要工作，提出了 1994 年的奋斗目标。会议代表围绕马新高厅长的讲话进行了讨论。会上，省林业厅对在 1994 年林产工业和多种经营工作中成绩突出的市、地、县(市)林业企业、国营林场和苗圃以及这些单位的主要领导进行了表彰。

省政府要求加强自然保护区和森林资源保护管理工作

5 月 3 日 河南省政府同意省林业厅、省政府法制局《关于切实加强自然保护区及森林资源保护和管理的意见》。指出：搞好自然保护区的保护与管理，对于保护自然环境和自然资源、拯救濒危物种、保护生物多样性、维持生态平衡等方面具有重要作用，同时也为科学研究、教学实习等提供了良好的基地和场所。各地要充分认识建立自然保护区的重要意义，珍惜有限的自然资源，采取有效措施，依法加以保护，决不允许任何理由、任何名义进行破坏。

南阳丹江等入选第四批省级风景名胜区

5 月 13 日 河南省政府公布第四批省级风景名胜区名单，南阳地区的丹江风景名胜区、驻马店地区的铜山风景名胜区、洛阳市的老君山—鸡冠洞风景名胜区、信阳地区的灵山风景名胜区被列入第四批省级风景名胜区名单。

1994 年林业科学技术进步奖评审结果揭晓

6 月 27 日 河南省林业厅发布 1994 年科学技术进步奖公报。1994 年科学技术进步奖共评选出一等奖 1 项、二等奖 3 项、三等奖 4 项。由河南省林业技术推广站等 12 个单位完成的“河南省林木种苗配套标准推广研究”获得一等奖；由省林业厅自然保护区管理站等 11 个单位完成的“白冠长尾雉人工饲养繁殖研究”等 3 个项目获得二等奖；由河南省林业厅等 6 个单位完成的“河南古树资源调查研究”等 4 个项目获得三等奖。

副厅长吴烈继因公殉职

7 月 8 日 河南省林业厅党组副书记、副厅长吴烈继在林州市检查指导工作期间，因公殉职。

省财政厅和林业厅追加商城县奖励款

7月2日 根据省政府豫政[1994]1号文“关于商城县基本绿化宜林荒山的嘉奖令”和“河南省山区造林目标责任书”的有关规定，省财政厅、林业厅追加全省灭荒第一县——商城县30万元奖励款，主要用于农村造林补助，巩固造林成果。

河南省银杏生产动员会召开

7月28日 河南省委、省政府在郑州召开河南省银杏生产动员会。马忠臣省长主持会议并作重要讲话，要求经过一个时期的努力，全省实现人均五棵银杏树的目标。省林业厅厅长马新高在会上汇报了河南省银杏生长和加工利用情况。各市(地)主要领导及省直有关部门的负责人参加了会议。

省委常委张文彬在信阳检查指导林业工作

8月28日至9月2日 省委常委、宣传部长张文彬在省林业厅副厅长李德臣等陪同下，先后到新县、信阳南湾实验林场等地检查指导林业工作。张文彬一行来到地处大别山腹地的新县，深入苗圃、乡村林场察看了育苗情况和林木生长状况；在信阳市南湾实验林场察看了林业生产基地，听取了林场努力发展生产、开发旅游资源的情况汇报，亲切慰问了林场干部职工并仔细地询问他们的生产生活情况；在信阳市金牛山管理区，到果木园察看树苗生长情况并为管理区题词：“综合开发、全面发展、光明在望”；在鸡公山自然保护区观看了自然保护区基本情况录像片，参观了树木园、自然博物馆、大鲵养殖场和防火瞭望台。

1994年林业科技发展计划出台

9月2日 河南省林业厅印发《河南省1994年林业科技发展计划》，共安排科技计划项目(课题)59个。根据项目类别分为三部分：第一部分为厅管重点科研项目，共34个课题，其中国家科技攻关三、四级课题13个，部重点科研项目3个，省科学技术委员会科技攻关和基础研究项目4个，厅重点科研项目14个；第二部分为厅管重点科技开发项目，共18个项目，其中星火计划项目3个，厅列科技开发项目15个；第三部分为科技兴林示范基地建设投资项目，共7个项目，其中科技兴林示范县2个，主要造林树种“百、千、万”试验示范工程项目5个。

表彰林业中等专业学校优秀教师和优秀教育工作者

9 月 8 日 河南省林业厅作出决定，对在林业教育战线上辛勤工作、取得显著成绩的丁笑梅等 17 位优秀教师和赵清道等 3 位优秀教育工作者予以表彰。

省绿化委员会组织检查领导和机关单位包山头造林绿化情况

9 月 12 ~30 日 河南省绿化委员会组织人员，对信阳地区、南阳市、驻马店地区、三门峡市、洛阳市、焦作市、郑州市、许昌市、平顶山市、新乡市、鹤壁市和安阳市等 12 个市(地)的领导和机关单位包山头造林绿化情况进行了检查。

河南获全国林业名特优新产品博览会组织奖

9 月 20 日至 10 月 2 日 由林业部主办的全国林业名、特、优、新产品博览会在北京举办。河南展区展品丰富，展出效果显著，获得圆满成功。中共中央总书记江泽民、国务院总理李鹏、国务委员罗干、国务委员宋健及有关部委和部分省、市、自治区领导参观了河南展区，给予了很好的评价。河南参展企业共签订供货合同 1 100 万元，签订意向性合同 1 200 万元。河南展团获得博览会组委会授予的组织奖、设计一等奖两个最高奖项；明镜牌花岗石板材等 7 个参展产品荣获博览会金奖，确山油栗等 17 个参展产品荣获博览会银奖，龙须草漂白浆板荣获博览会优良产品奖。

江泽民等中央领导视察林业博览会河南展区

9 月 26 日 江泽民总书记在林业部部长徐有芳、河南省林业厅副厅长李德臣的陪同下，视察了全国林业名特优新产品博览会河南展区。江总书记观看了河南省森林资源分布图和林产工业、多种经营、经济林产品以及桐木系统产品等，听取了徐有芳部长关于河南泡桐生产情况的简单介绍，欣赏了河南小提琴手铁静用河南兰考桐木制造的小提琴演奏的乐曲，观看了介绍河南造林绿化的图片。

国务委员宋健视察林业博览会河南展区

9 月 27 日 国务委员宋健在河南省林业厅副厅长李德臣同志陪同下视察了林业博览会河南展区。

李鹏等中央领导视察林业博览会河南展区

9 月 29 日 国务院总理李鹏在国务委员罗干、林业部部长徐有芳等领导陪同下，视察了林业博览会河南展区。

桐柏等县荣获全国科技兴林示范县称号

10 月 24 日 林业部命名河南省的桐柏县、鲁山县为第一批“全国科技兴林示范县”。

全省森林防火工作会议召开

11 月 5 ~7 日 全省森林防火工作会议在平顶山召开。会议由省林业厅厅长马新高主持，李德臣副厅长安排部署了 1994 年冬和 1995 年春的森林防火工作，省政府办公厅副主任王春生出席会议并讲话，12 个市（地）、25 个重点山区县的政府副秘书长、副县长和防火办公室主任等共 150 余人参加了会议。

省绿化委员会通报郑州铁路局等单位造林绿化检查情况

11 月 11 日 河南省绿化委员会办公室会同有关市（地）绿化委员会办公室的负责人对河南境内的铁路沿线、公路和新建、扩建路段的造林绿化以及全省煤炭系统的坑木林基地建设、矿区厂区的绿化美化等进行了检查，并通报了检查结果。1994 年，郑州铁路局计划植树 123 万株，绿化铁路 170 公里，实际完成植树 214 万余株，占计划的 174%；绿化铁路 167.6 公里，占计划的 92.3%。其中郑州分局和武汉分局漯河工务段超额完成任务，郑州分局植树 108 万株，占计划的 146%；漯河工路段植树 23.4 万株，占计划的 146%；洛阳分局植树 82.6 万株，占计划的 250%。省交通厅 1994 年绿化公路 391 公里，占计划的 271.2%，其中南阳市完成公路绿化 168 公里，信阳完成 56 公里；许昌完成 33 万公里，造林质量高，管护好。省煤炭厅完成坑木林基地建设任务 2 374 亩。

组建林业中级专业技术职务评审委员会

11 月 11 日 根据《河南省专业技术职务评审委员会组织办法》和单位推荐意见，经研究并报省职改办批准，省林业厅分别组成了林业工程系列中级专业技术职务评审委员会和林业厅教师系列中级专业技术职务评审委员会。

省政府召开豫西经济林基地开发建设会议

11 月 11 ~13 日 河南省政府在灵宝市召开豫西经济林基地开发建设会议。郑州、洛阳、三门峡市政府的主管领导，20 个基地县(市)政府的领导、林业局局长，17 个市(地)林业局局长和省直有关单位的 150 多名同志出席了会议。会议传达了《全国山区林业综合开发和经济林建设现场会议》精神，讨论修改了《豫西经济林基地开发建设十年规划》，灵宝、陕县、洛宁、登封、卢氏等县介绍了经验，与会代表参观了经济林开发现场，李成玉副省长作了重要讲话。省林业厅厅长马新高汇报了两年来实施豫西农业综合开发经济林基地开发建设情况，并对《豫西经济林基地开发建设十年规划》作了说明。

河南省林业厅在农村科技博览会上获奖

11 月 28 日至 12 月 1 日 河南省农村科技博览会在郑州举行。省委副书记宋照肃、省人大常委会副主任胡廷积、副省长张士英等领导出席开幕式并参观博览会。河南省林业厅展团由于领导重视、组织严密、设计精心，在博览会取得了优异成绩，获得博览会“特等组团奖”；22 个产品获博览会金奖，9 个产品获银奖，4 篇论文获优秀论文奖。获奖总数居参加本次博览会各单位之首。

省林业厅明确
郑州林产品流通改革综合试验区有关问题

12 月 3 日 河南省林业厅对郑州华豫实业开发公司呈报的“关于承办‘郑州林产品流通改革综合试验区’的报告”进行批复。批复的主要内容：一是“郑州林产品流通改革综合试验区”郑州林产品市场由郑州华豫公司承办，省“三林”公司参加，在林业厅直接领导下进行市场的建设、招商和经营管理等工作。“三林”公司协助开展招商工作和建立信息网络，并代表林业厅参与市场的建设和管理工作。二是林产品市场作为林业厅的下属单位，成立相应的管理机构，其主要领导由林业厅聘任。三是市场建设资金由华豫公司承贷承还。四是建成后的林产品市场，有承担试验课题的义务，并应为试验提供必须的条件。五是市场的招商引资工作及一系列有关的技术服务等问题，按协议有关内容执行。

博爱等县获全国林业宣传先进县称号

12 月 9 日　林业部授予河南省博爱县、信阳县和西峡县“全国林业宣传先进县”称号；授予李华堂、赵卫国、熊久坤、刘化忠等 4 位同志“全国林业宣传先进工作者”称号。

林业部通报河南省 1993 年度人工造林和更新实绩核查情况

12 月 13 日　林业部印发《关于通报 1993 年度全国人工造林、更新实绩核查情况的通报》。通报指出：河南的经济林占核实面积的 60% 以上，多数经济林是在立地条件较好的地块上营造的，成活率得到保障，这也是合格率增加的因素之一。河南在 4 个合格率增加省份中列第二位。

桐柏县林业局等单位获全国林业技术推广先进集体称号

12 月 13 日　为了表彰先进，促进林业技术推广工作进一步发展，林业部决定授予河南省桐柏县林业局、省林业技术推广站“全国林业技术推广先进集体”称号，授予董启元、刘本端、李根用“全国林业技术推广先进工作者”称号。

省林业厅消防工作领导小组成立

12 月 18 日　经河南省林业厅党组研究决定，成立河南省林业厅消防工作领导小组。组长由厅长马新高担任，副组长由副厅长张守印担任。厅办公室负责全厅消防安全的日常事务工作。

商丘地区森林病虫害防治检疫站等单位被评为全国先进单位

12 月 22 日　林业部授予河南省商丘地区、许昌市森林病虫害防治检疫站为全国森林病虫害防治先进单位；授予张玉林、郑世杰、张守德、陈相兰、雒海林等人全国森林病虫害防治先进工作者称号。

省绿化委员会通报领导和机关包山头造林绿化检查情况

12 月 27 日　省绿化委员会通报领导和机关包山头造林绿化检查情况。此次共检查 24 个山区或半山区县、201 个承包点，其中市（地）级领导 36 个，县级领导 65 个；市（地）级机关 36 个，县级机关 64 个。共完成造林面积 31.2 万亩。据统计，全省市(地)、县两级共有 1 457 名领导包山头造林绿化，其中市(地)级领导 237 位，县级领导 1 220 位；全省有 1 837 个机关单位包山头造林绿化，出动人员 10.5 万人次；规划 1994～1997 年包山头造林绿化面积300.37万亩，其中 1994 年完成造林面积 93 万亩，占包山头面积的 31%。

龙峪湾国家森林公园获准建立

12 月 29 日　林业部批复河南省建立龙峪湾国家森林公园，面积为 27 500亩。国家森林公园与现有国营林场实行“两块牌子、一套班子”的管理体制，原隶属关系、山林权属和经营范围不变。

设置纪检监察办公室

12 月 30 日　省林业厅作出决定，根据全国林业系统纠正行业不正之风座谈会关于“整个林业系统各个单位，都要挂纪检、监察两块牌子，实行合署办公”的精神和驻林业部纪检组、监察局的要求，在 1995 年 1 月底以前，省林业勘察设计院、林业科学研究所、林业技术推广站、洛阳林校等 4 个已明确专职或兼职人员负责纪检监察工作的单位，要设立纪检监察办公室，挂纪检、监察两块牌子，合署办公；没有专职或兼职人员负责纪检、监察工作的单位，在不增加编制的原则下，要尽快明确到位。

省林业厅住房制度改革领导小组成立

12 月 30 日　根据国务院国发[1994]43 号文件规定和郑州市人民政府郑政[1994]42 号文以及省直房改办豫直房改[1994]1 号文件的要求，河南省林业厅成立了由张守印任组长、万运龙任副组长的住房制度改革领导小组。省林业厅住房制度改革领导小组下设办公室，具体负责日常工作。

省政府组织处理全省七起跨市地重大土地纠纷

12 月 31 日　河南省政府印发《关于我省黄河滩地等七起跨市、地重大土地纠纷处理决定实施结果的通知》(豫政[1994]7 号)。通知指出：为了解决这些土地纠纷，省政府于 1992 年 4 月 30 日，下发了《关于我省黄河滩地等六起跨市(地)重大土地纠纷处理决定实施结果的通知》(豫政[1992]35 号)，又于 1993 年 6 月 9 日下发了《省政府关于贯彻执行豫政[1992]35 号文件的实施方案》(豫政阅[1993]45 号)，并成立了以张洪华副省长为组长，以省监察厅、民政厅、公安厅、土地管理局、林业厅、信访局、河务局等部门负责人为成员的省处理跨市(地)重大土地纠纷监督小组，从 1993 年 6 月至 8 月进行了 3 个月的工作，对豫政[1992]35 号文件处理的 6 起土地纠纷及 1993 年发生的开封县与封丘县黄河滩地使用权纠纷，按省政府决定的处理方案进行了落实。省河务局勘探测量队承担了 5 起黄河滩地测量定界埋桩任务，其他 2 起林场土地测量埋桩由省林业厅承担。在落实过程中，省政府监督小组成员与各有关市(地)、县(市)政府负责人亲临现场，使得这项工作较为顺利完成。至此，郑州市荥阳县与焦作市武陟县黄河滩地使用权纠纷、郑州巩义市与焦作市温县黄河滩地使用权纠纷、洛阳市孟津县与焦作市孟县黄河滩地使用权纠纷、郑州市巩义市与洛阳市偃师县、孟津县黄河滩地使用权纠纷、开封县后刘庄与中牟县林场土地纠纷划界定桩和开封市开封县与新乡市封丘县黄河滩地使用权纠纷等七起跨市地纠纷已处理结束。

1995 年

全省市地林业局局长会议暨森林资源保护管理工作会议召开

1 月 8～21 日 河南省市(地)林业局局长会议暨全省森林资源保护管理工作会议在郑州召开，17 个市(地)林业局局长、林政科科长、财务科科长参加了会议。会议的主要议题是：传达贯彻全国林业厅(局)长会议和全国森林资源保护管理工作会议精神，总结 1994 年林业工作，研究“九五”期间河南省林业发展的基本思路，制定进一步加强森林资源保护管理工作的对策及措施，安排部署 1995 年的工作任务。河南省林业厅厅长马新高、副厅长李德臣分别作了题为《以建立两大体系为目标，推动全省林业建设迈上新台阶》和《全面加强资源保护和林政管理，确保我省森林资源稳步增长》的报告。

省政府印发豫西经济林基地开发建设十年规划

1 月 10 日 河南省政府印发《豫西经济林基地开发建设十年规划》(豫政[1995]6 号)。规划 1995 年到 2004 年，建立以苹果为重点的豫西名优经济林基地。规划区范围是：以崤山黄土丘岗区为重点，涉及郑州市的邙山区、二七区、巩义市、新密市、登封市、荥阳市，洛阳市的偃师市、伊川县、孟津县、洛阳市郊区、嵩县、洛宁县、汝阳县、栾川县、宜阳县、新安县，三门峡市的义马市、渑池县、陕县、湖滨区、卢氏县、灵宝市，共 22 个县(市、区)。规划的目标任务是：到 2004 年，规划区内新发展经济林 380 万亩，新增经济林产量 13.8 亿公斤，使规划区经济林总面积达到 744.8 万亩，人均 0.87 亩，其中山区人均 1.5 亩，使该区经济林年产值达到 40.53 亿元；改造 76 万亩低产园(林)；年新增加工能力 22 万吨，新增贮藏能力 30 万吨，使加工能力达到新增产量的 16%，贮藏能力达到新增产量的 25%，年加工贮藏产值达到 3.7 亿元。

表彰林业公安先进集体和优秀人民警察

1 月 10 日 河南省林业厅作出决定，对在保卫森林资源、维护林区治安、打击违法犯罪工作中作出突出成绩的先进集体和公安干警给予表彰。授予南召县林业保卫股等 19 个单位“基层基础工作先进单位”和新安县林业派出所等 13 个单位“装备建设达标单位”称号，授予贾光勇等 37 名干警“优秀人民警察”称号。

全省林业公安工作会议召开

1 月 11～13 日　全省林业公安工作会议在洛阳召开。会议认真总结了近几年全省林业公安的基础工作及装备建设情况，分析了当前林区的治安形势，明确了 1995 年的主要工作任务，对 32 个先进单位和 37 名优秀干警进行了表彰和嘉奖。与会代表参观了新安县、偃师县林业派出所，听取了 14 个先进单位的经验介绍。林业部公安局副局长关松林、省林业厅副厅长李德臣、省公安厅副厅长江峰以及洛阳市政府副市长赵江涛、市政法委书记宋周寿出席会议并讲话。

省林业厅对原阳林场安置小浪底水库移民占用林地作出批复

1 月 23 日　河南省林业厅对新乡市林业局《关于国营原阳林场安置小浪底水库移民的请示》作出批复。批复意见是：小浪底水库工程移民所需占用 1 800 亩林地，应请求当地人民政府将林场以往被借用和被侵占的 6 900 多亩林地收回，从中加以解决，并依法办理占用林地手续，按规定给予补偿。

三个平原绿化滑坡县被黄牌警告

1 月 26 日　针对郸城县、虞城县、遂平县在农田林网控制面积上出现滑坡现象，已达不到部颁平原绿化标准的情况，河南省林业厅研究决定：对郸城县、虞城县、遂平县提出黄牌警告，并提出限郸城县在 1995 年春、虞城县和遂平县在 1996 年底以前，恢复部颁平原绿化标准。否则，将收回“全国平原绿化先进单位”奖牌和平原绿化合格证书。

省委省政府对信阳地区通令嘉奖

2 月 13 日　河南省委、省政府颁发《关于信阳地区基本消灭宜林荒山的嘉奖令》，鉴于信阳提前实现全区基本消灭宜林荒山的目标，为全省荒山造林绿化树立了榜样，决定给以信阳地区通令嘉奖，授予其“全省荒山造林绿化第一区”光荣称号，并号召全省人民学习信阳地区绿化荒山、改造自然、发展山区经济的先进经验和团结奋进、拼搏进取的创业精神，坚持“完善平原，主攻山区”的林业建设方针，加快绿化中州大地，为实现省委、省政府提出的 1997 年基本消灭全省宜林荒山的战略目标而努力奋斗。

省林业厅招待所隶属厅办公室管理

2 月 14 日 河南省林业厅明确从 1995 年 1 月 1 日起，厅招待所隶属厅办公室管理。

省绿化委员会第十七次全体(扩大)会议召开

2 月 16 日 河南省绿化委员会第十七次全体(扩大)会议在郑州召开。会议的主要议题是：总结近年来的造林绿化工作；表彰先进，鞭策后进；采取措施，加快河南省的造林绿化步伐。省委书记李长春给会议发了贺信，省长马忠臣参加会议并为先进单位和先进个人颁奖。省人大常委会副主任胡廷积、省政协副主席刘玉洁、省军区副司令员纪英田、省委秘书长王全书等领导出席了会议。省绿化委员会副主任、林业厅厅长马新高向大会汇报 1994 年的造林绿化工作情况以及 1995 年的工作安排。会上宣读了省委、省政府《关于信阳地区基本消灭宜林荒山的嘉奖令》和省政府《关于表彰荒山造林绿化先进县(市、区)的决定》。信阳地区行署专员介绍了全区提前一年实现基本消灭宜林荒山的经验。省绿化委员会授予新县等 130 个单位“造林绿化五佳”称号，授予杨生年等 228 名同志“河南省绿化先进工作者”称号。同时，省政府对唐河县、新安县、修武县等 10 个荒山造林任务完成情况差的县(市)和 8 个平原绿化严重滑坡的县(市、区)给予了通报批评，并对 4 个滑坡特别严重的县暂时收回了平原绿化先进县奖牌。副省长、省绿化委员会主任李成玉作总结讲话。

省政府批转林业厅关于 1994 年全省造林绿化情况的报告

2 月 16 日 河南省政府批转林业厅关于 1994 年全省造林绿化情况的报告。报告总结了 1994 年全省造林绿化工作取得的成绩，提出了存在的一些突出问题；对 10 个没有完成荒山造林绿化任务和 8 个平原绿化滑坡严重的县(市、区)提出了批评，并暂时收回了 4 个县(市)的奖牌；要求各地认真总结经验教训，切实加强对造林绿化工作的组织领导，努力开创河南省造林绿化新局面。

省政府表彰荒山造林绿化先进县

2 月 16 日 河南省政府以豫政[1995]11 号文决定，对已基本消灭宜林荒山的信阳县、信阳市、罗山县、潢川县、固始县、光山县、新县、平顶山市湛河区给予表彰，并授予“全省荒山造林绿化先进县(市、区)”称号；同时，按照省政府与各市(地)签订的山区造林绿化目标责任书的有关规定，给予资金奖励。

重新修订森林植被恢复费征收管理办法

2月20日　河南省物价局、省财政厅、省林业厅向各市(地)、县物价局、财政局、林业(农林)局下发了《关于森林植被恢复费征收、使用、管理有关问题的通知》。指出：凡在本省范围内从事生产建设活动，征用集体所有的林地或占用国有林地，乡(镇)、村建设使用集体林地，经依法批准出让林地，用地单位应按规定向林业行政主管部门缴纳森林植被恢复费。通知对森林植被恢复费征收标准作出规定：征用或占用幼林地、灌木林地和疏林地(含采伐迹地、火烧迹地)，按每平方米6元的标准征收；征用或占用中龄林地和成熟林地按每平方米8元的标准征收；属于防护林、经济林(含竹林)、特种用途林、苗圃地，以及城镇郊区林地，按成熟林地标准的两倍征收。对利用森林资源开展旅游等经营开发活动的，由林业行政主管部门从其每年收入中按10%的比例征收森林植被恢复费。通知强调森林植被恢复费主要用于林地管理及森林植被的恢复和保护，专款专用，不得挪用。同时明确本办法从1995年1月1日起执行。原省物价局、财政厅、林业厅豫价市[1992]232号文同时废止。

南召县获长防林工程建设先进单位称号

2月24日　林业部授予河南省南召县人民政府“长防林”工程建设先进单位称号，授予刘朝瑞、郭拾显“长防林”工程建设先进工作者称号。

安阳市森林病虫害防治检疫站等被评为先进单位

2月25日　河南省林业厅授予安阳市森林病虫害防治检疫站、济源市森林植物检疫站等14个单位“全省森林病虫害防治先进单位”称号。

永城县苗圃等获得1994年河南省十强国营苗圃称号

2月25日　河南省林业厅授予永城县苗圃、温县苗圃、洛阳市郊区苗圃、浚县苗圃、南乐县苗圃、沁阳县苗圃、汝州市苗圃，潢川县苗圃、南阳中心苗圃“河南省十强国营苗圃”称号，并给予通报表彰。

河南省林业技术推广工作者获有关部委表彰

2 月 26 日 农业部、国家科委、人事部、水利部、林业部、国家农业综合开发办公室对全国县以下(含县)长期直接从事农业科技推广工作并在近几年作出显著成绩的 185 个先进单位和 976 名先进工作者进行表彰，河南省洛宁县王哲理、扶沟县杜希朗、商城县杜复道等人受到表彰。

董雷等 19 位同志获全国绿化奖章

3 月 1 日 全国绿化委员会第十四次全体(扩大)会议决定：向在 1994 年植树造林、绿化祖国的伟大事业中作出突出贡献的 552 名同志颁发“全国绿化奖章”。河南省的董雷、景献琢、王梅亭、付玉林、林须然、张德欣、张武曾、李久兰、全振武、刘敬军、李志海、李长金、楚爱凤、李法、李海英、李兴林、李国超、张梦麒、冯肖楠等 19 位同志为“全国绿化奖章”获得者。

胡丹华等获全国林业审计先进工作者称号

3 月 2 日 林业部授予郑州市农林牧业局的胡丹华、开封市农林牧业局的阎保国和省国营新县林场的罗仁茂“全国林业审计先进工作者”称号。

河南省绿化委员会表彰造林绿化五佳单位

3 月 16 日 河南省绿化委员会作出关于表彰河南省造林绿化“五佳”单位的决定：授予鹿邑县郑家集乡等 10 个乡“河南省造林绿化十佳乡”称号；授予兰考县三义寨乡陈砦村等 100 个村“河南省造林绿化百佳村”称号；授予郑州矿务局等 10 个单位“河南省造林绿化最佳单位”称号；授予洛阳市“河南省造林绿化最佳单位”称号。授予杨生年等 228 位同志“1994 年度河南省绿化先进工作者”称号，并颁发“河南省绿化奖章”。

新县等 3 个县获全国造林绿化百佳单位称号

3 月 16 日 在全国绿化委员会表彰的 112 个县(市)全国造林绿化百佳县(市)中，河南省的新县、商丘县和尉氏县荣获“全国造林绿化百佳县”称号。

董云岚等具备高级专业技术职务任职资格

3月17日 河南省林业厅印发《关于董云岚等五位同志具备高级专业技术职务任职资格的通知》：根据省人事厅豫职改字[1995]11号、42号文件通知，董云岚具备副研究员任职资格；李当彬、李润东、吴玉周、田爱琴具备高级讲师任职资格。

杨建苹等具备中级专业技术职务任职资格

3月17日 河南省林业厅印发《关于杨建苹等十八位同志具备中级专业技术职务任职资格的通知》：经河南省林业厅教师、工程师系列中级专业技术职务评审委员会1994年9月19日、12月7日评审通过，杨建苹、张昭、刘玉卿、胡志东具备讲师任职资格；王建华具备实验师任职资格；郭国杞等具备工程师任职资格。

全省山区造林绿化现场会在鹤壁市召开

3月28~29日 全省山区造林绿化现场会在鹤壁市召开。11个山区市(地)的林业局局长、22个县(市、区)的主管县(市、区)长、林业局局长和省、市新闻单位记者参加了会议。省林业厅厅长马新高、副厅长张守印，鹤壁市副市长刘银锁出席会议并讲话。会议组织参观了鹤壁市郊区、淇县大规模整地现场，研究制定了加快河南省山区造林绿化工作的办法和措施。

省林业厅被评为1994年度目标管理先进单位

4月2日 省政府决定(豫政[1995]22号)：河南省林业厅等为1994年度目标管理、“焦裕禄杯”竞赛活动先进单位，并颁发奖励证书。

新安县等单位被林业部评为年度严打工作先进单位

4月4日 林业部表彰93个1994年度全国林业公、检、法先进单位，河南省新安县公安局林业派出所、桐柏县公安局林业保卫股和内乡县公安局林业保卫股受到通报表彰，并由各级林业主管部门对受表彰单位给予适当的物资奖励。

河南省山区县基本灭荒自查办法出台

4月5日 河南省林业厅印发《河南省山区县(市、区)基本灭荒自查办法》，对林地区划、技术标准、小班的划分与调整、内业统计汇总和自查成果等方面作出了具体规定。

全省平原造林绿化现场会召开

4 月 9 日 河南省林业厅召开全省平原造林绿化现场会。省林业厅厅长马新高出席会议并讲话，要求以完善林网为重点，认真搞好平原绿化规划；狠抓林业育苗，为完善提高平原绿化奠定良好的基础；严把栽植质量关，提高平原绿化水平；坚持“一优双高”(优质、高产、高效——编者注)方向，调整林种、树种结构，提高平原绿化的综合效益；加强管护，科学经营，走集约管理的路子。

全国经济林生产协作会在河南召开

4 月 21 ~24 日 全国经济林生产协作会在河南省洛阳市召开。参加这次会议的有北京、河北、山东、山西、甘肃和河南 6 省(市)主管经济林工作的负责人。会议由林业部造林司经济林处处长张安玲主持，河南省林业厅副厅长张守印、林业部经济林处樊喜斌、洛阳市委副书记段运劳、郑州市政府副市长王治业到会并讲话。这次会议的宗旨是，进一步贯彻“唐山会议”精神，明确经济林在山区林业综合开发中的重要作用和地位，共同探讨在社会主义市场经济体制下经济林的发展思路和长远目标，交流经验，通报信息，加强协作，商讨增强宏观调控的能力，进一步提高经济林生产的综合效益。会议期间，与会代表参观考察了由林业部投资，洛阳市郊区承建的洛阳牡丹基因库，洛阳市、郑州市、汝阳县、登封市分别就近几年经济林建设所取得的成绩、做法和一些好典型进行了交流，并就“九五”期间经济林发展规划和设想进行了座谈。

成立河南省 FRDPP 科研推广专家支持组

4 月 26 日 河南省林业厅成立以副厅长张守印任组长，省林业科学研究所和省林业厅项目办公室、营林处、科技处等部门负责人任副组长的“FRDPP”(世界银行贷款“森林资源发展和保护项目”——编者注)科研推广专家支持组。

省政府召开全省治理公路三乱电话会议

4 月 28 日 河南省政府召开全省治理公路“三乱”电话会议。副省长李志斌出席会议并就全省治理公路“三乱”进展情况、存在问题和危害后果以及今后治理措施作了讲话。省公安厅、省交通厅和省林业厅负责人分别结合行业特点，介绍了治理公路“三乱”情况和措施。省林业厅厅长马新高在讲话中指出：木材检查站是依法经国务院批准设立的林业基层行政执法机构，多年来在查处违法运输木材、非法贩运和走私珍稀野生动物、严厉打击破坏森林和野生动植物资源的违法犯罪行为、维护林业生产流通秩序等方面发挥了积极作用，要求各级林业主管部门把治理公路“三乱”作为纠正行业不正之风的重点抓紧抓实抓好。

森林资源发展和保护项目转贷协议签订

5 月 9 日　河南省林业厅同河南省财政厅签订了关于利用世界银行贷款实施“森林资源发展和保护项目”的转贷协议书。

全省森林消防队伍建设现场会召开

5 月 11 日　全省森林消防队伍建设现场会召开。河南省林业厅厅长马新高出席会议并讲话，强调要充分认识搞好专业森林消防队伍建设的重要性和必要性，多渠道投资把专业森林消防队伍建设好，同时抓好专业森林消防队伍的生产基地建设。

省林业厅举办林业公安培训班

5 月 13 ~23 日　河南省林业厅在铁道部郑州干部管理学院举办林业公安机关《人民警察法》培训班。来自全省各地的 159 名公安科、股、所长参加了培训。河南省林业厅厅长马新高、公安厅厅长王明义、林业厅副厅长李德臣等出席培训班开学典礼并作讲话。

郑州市和省林业厅领导研究林业工作

6 月 12 日　郑州市委书记张德广、市长朱天宝约省林业厅厅长马新高、副厅长李德臣，在嵩山饭店就郑州国家级森林公园开发建设问题交换意见。郑州市委常委、秘书长张立兴和副市长王治业、省林业厅林政处处长李奎然参加了协商，双方就有关问题达成了一致意见。

省长李成玉在政协简报上对林业作出批示

6 月 15 日　河南省省长李成玉在政协简报第 11 期《关于制止乱砍滥伐

林木，大搞植树护林的建议》上作出批示：建议很好，应结合今年绿化委员会提出完善平原林网的要求，检查重点滑坡县的恢复情况。

河南省实施中华人民共和国野生动物保护法办法通过审议

6 月 24 日 河南省八届人大常委会第十四次会议审议通过了《河南省实施〈中华人民共和国野生动物保护法〉办法》。办法共分为 5 章 45 条。省人大常委会副主任胡廷积作了题为认真贯彻《河南省实施〈中华人民共和国野生动物保护法〉办法》、依法保护野生动物资源的报告，指出：《河南省实施〈中华人民共和国野生动物保护法〉办法》是河南省保护珍稀资源的第一部地方性法规，它的颁布施行标志着河南省在保护、发展和合理利用野生动物资源方面进一步走向法制化管理轨道，是河南省保护野生动物工作的一个里程碑。他强调：要大力宣传野生动物保护法律、法规，提高全民依法保护野生动物的意识；依法加强野生动物保护管理，及时查处乱捕滥猎野生动物案件，严厉打击破坏野生动物资源的违法犯罪活动。

1995 年度林业科学技术进步奖评审结果揭晓

6 月 27 日 河南省林业厅 1995 年度林业科学技术进步奖评审结果揭晓。经厅科技进步奖评审委员会评审，评出一等奖 3 项、二等奖 4 项、三等奖 2 项。省林业厅发布了获奖项目公报，并对获奖者发放了奖金和证书。

河南省实施中华人民共和国野生动物保护法办法获批复

6 月 28 日 省人大常委会向省政府作出关于《河南省实施〈中华人民共和国野生动物保护法〉办法》的批复：省人民政府 1995 年 5 月 24 日提请省人大常委会审议的《河南省实施〈中华人民共和国野生动物保护法〉实施办法（草案）》（豫政文[1995]102 号），已经河南省第八届人民代表大会常务委员会第十四次会议审议通过，自公布之日起施行。

刘翠峰等获省优秀专家称号

7 月 6 日 河南省委、省政府以豫文[1995]38 号命名省林业科学研究所副研究员刘翠峰、刘启慎，省林业技术推广站高级工程师卢国美为第三批河南省优秀专家。

李成玉对贯彻执行河南省实施野生动物保护法办法作出批示

7 月 10 日　省政府副省长李成玉对贯彻执行《河南省实施〈中华人民共和国野生动物保护法〉办法》作出批示：请林业厅组织一些宣传活动，尤其林区属地的宣传力度应大一些。

省林业厅呈报职能配置内设机构和人员编制方案

7 月 12 日　河南省林业厅豫林[1995]131 号文呈报了《河南省林业厅职能配置内设机构和人员编制方案》。

成立机关事业单位工人技术等级岗位考核领导小组

7 月 15 日　按照河南省人事厅《河南省机关事业单位工人技术等级岗位考核实施意见》(豫人薪[1995]8 号)的要求，省林业厅成立了以厅长马新高任组长的机关、事业单位工人技术等级岗位考核工作领导小组。

河南省林业干部学校总体规划获批

7 月 17 日　河南省计委以豫计农经字[1995]822 号文批复河南省林业干部学校基本建设可行性研究报告，同意省林业干部学校重建校舍，建设规模及内容为培训规模 300 人，总建筑面积控制在 9 000 平方米以内，总投资 1 050 万元。

滑县龙虎省级森林公园建立

7 月 17 日　河南省林业厅批准在滑县龙虎堤分场建立滑县龙虎省级森林公园，经营面积为 5 442 亩。公园与林场实行“两块牌子，一套班子”的管理体制，原隶属关系、林地权属和经营范围均保持不变。

成立河南省生物防火林带工程建设规划领导小组

7 月 18 日　河南省林业厅成立河南省生物防火林带工程建设规划领导小组，负责组织全省生物防火林带工程建设规划的编制工作。规划领导小组办公室设在省护林防火办公室，工作人员由省林业勘察设计院和省护林防火办公室抽调人员组成，负责规划工作的具体事宜。

16 个林业工作站获全省综合实力百强站称号

7 月 18 日 经过逐级推荐和综合评选，全省共评出淮阳县白楼乡林业工作站、太康县马厂乡林业工作站、太康县常营镇林业工作站、项城县丁集镇林业工作站、商水县舒庄乡林业工作站、商水县固墙镇林业工作站、周口市北郊乡林业工作站、信阳县董家河乡林业工作站、信阳县李家寨镇林业工作站、信阳市五星乡林业工作站、新县卡房乡林业工作站、商城县达权店乡林业工作站、罗山县朱堂乡林业工作站、罗山县涩港乡林业工作站、潢川县双柳树镇林业工作站为全省乡(镇)林业工作站综合实力百强站。

河南丹霞山省级森林公园建立

7 月 24 日 省林业厅批准在南召县丹霞寺林场建立河南丹霞山省级森林公园，公园经营面积 1.4 万亩，由县林业局直接管理，并与林场实行“两块牌子、一套班子”的管理体制，原隶属关系、山林权属和经营范围均保持不变。

世界银行贷款森林资源发展和保护项目签字仪式举行

7 月 24 日 河南省世界银行贷款森林资源发展和保护项目签字仪式在郑州举行。河南省林业厅马新高厅长代表河南省人民政府同 8 个项目县(市)人民政府的代表签订了森林资源发展和保护项目执行协议书，张守印副厅长出席了签字仪式。

尉氏县跨入标准化林业站建设合格县行列

7 月 24 日 河南省林业厅作出关于表彰尉氏县“标准化林业站建设合格县”的决定，表彰尉氏县林业部门严格按照部颁 5 项 19 条标准进行乡(镇)林业工作站标准化建设，取得的显著成绩，确认尉氏县为“标准化林业站建设合格县”，并授予“河南省标准化林业站建设合格县”奖牌。

省野生动物救护繁殖中心可行性研究报告获批

8 月 4 日 林业部以林计批字[1995]88 号文批复，同意在郑州市郊河南省林业科学研究所试验林场内建设河南省野生动物救护繁殖中心。中心占地面积 90 亩，核定基建投资 460 万元，其中林业部投资 160 万元，其余 300 万元由河南省安排。

李健庭任省纪委驻林业厅纪律检查组组长

8 月 5 日　河南省委组织部以豫组干[1995]76 号文：省委同意，调李健庭任中共河南省纪委驻林业厅纪律检查组组长、厅党组成员。

淮河流域防护林体系建设示范县获批

8 月 9 日　河南省林业厅批准桐柏县、新县、信阳县、汝阳县、登封市、固始县、淮滨县、泌阳县、长葛市、光山县、商城县、罗山县、信阳市、确山县、禹州市、潢川县、息县、鲁山县、宝丰县、汝州市 20 个县（市）为河南省淮河流域防护林体系自我启动建设示范县。"九五"期间，省林业厅将根据淮河流域防护林体系建设计划，优先对示范县安排有关项目。

世界银行林业项目检查组到河南检查工作

8 月 11～14 日　以世界银行官员、林业经济专家理查德·斯考比先生为组长、环保专家苏珊·沈女士、林业繁育专家诺曼·琼斯先生为成员的世界银行林业项目检查组，在林业部项目中心主任屈树业、副主任宋士奎、计划处处长刘瑾的陪同下，来河南省检查项目执行情况。检查组一行在省林业厅厅长马新高、副厅长张守印的陪同下，分别赴武陟、叶县、商水、淮阳等地实地检查了项目造林、育苗及林木生长情况。

王庭训退休

8 月 16 日　河南省委组织部下文，省委同意河南省林业厅副厅长、党组成员王庭训退休。

两区域新增省级风景名胜区

8 月 17 日　河南省政府公布第五批省级风景名胜区名单（豫政[1995]53 号），驻马店地区的薄山湖风景名胜区、平顶山市的昭平湖风景名胜区被列入第五批省级风景名胜区。

孟津黄河省级湿地水禽自然保护区建立

8 月 18 日　河南省政府豫政文[1995]170 号批准建立"孟津黄河省级湿地水禽自然保护区"。该保护区面积 84 平方公里，其中核心区 24 平方公里，缓冲区 12 平方公里，实验区 48 平方公里。在保护区外围划定保护带

78 平方公里。

成立省林业系统工业普查领导小组

9 月 1 日 河南省林业厅研究决定，成立河南省林业系统工业普查领导小组，以科学、有效地组织全省林业系统工业普查，确保普查工作的顺利实施，圆满完成各项普查任务。

全国薪炭林建设现场会在河南召开

9 月 5～8 日 林业部在泌阳召开全国薪炭林建设现场会，向全国推广“材薪经营型”造林模式。河南省政府办公厅副主任王春生出席会议并讲话，省林业厅副厅长张守印汇报了河南省薪炭林的建设情况，泌阳县委书记徐群才介绍了发展薪炭林的经验，泌阳县林业局的技术人员向会议代表介绍了薪炭林的综合开发情况。

全国银杏研讨会在河南召开

9 月 6～8 日 全国第四次银杏学术研讨会暨银杏研究会第二次年会在河南省新县召开。马忠臣省长致信大会，希望通过会议认真总结交流经验，探索银杏开发新途径，进一步调动广大干部群众发展银杏的积极性。省林业厅马新高厅长介绍了河南省银杏发展情况。来自河南省大专院校、科研院所、银杏栽培和加工企业的学者、专家、教授、工程技术人员及企业家近 200 名代表参加了会议。会议收到论文 70 多篇。会议还组织代表对新县银杏发展情况进行了考察、论证和评价。

全省国有林场工作会议召开

9 月 17～18 日 全省国有林场工作会议在栾川龙峪湾林场召开。会议的主要任务是：深入贯彻国家和省关于加快国有林场改革和发展、加强国有林地保护和管理的文件精神，交流经验，进一步解放思想，强化措施，深化改革，努力开创我省国有林场建设的新局面。

林业中级专业技术职务评审委员会组成

9 月 20 日 经河南省林业厅研究并报省职称改革办公室批准，组成林业厅工程、科研和教师系列中级专业技术职务评审委员会。

省政府批准林业厅职能配置内设机构和人员编制方案

9 月 20 日　省政府办公厅以豫政办[1995]85 号文印发《河南省林业厅职能配置内设机构和人员编制方案的通知》。根据通知，省林业厅内设 10 个职能处室，分别为办公室、造林经营处、计财处、资源林政管理处、野生动植物保护处、林业公安处、森林防火办公室(河南省人民政府护林防火指挥部办公室)、科技外事处、林业产业处、人事教育处、老干部处。机关行政编制为 90 名。其中，厅长 1 名、副厅长 3 名、纪检组长 1 名；处级领导职数 26 名(含机关党委专职副书记、纪检组副组长兼监察室主任各 1 名)；工勤人员不超过 9 名。

省政府发出整顿林区治安秩序的通知

9 月 21 日　河南省政府发出《整顿林区治安秩序　严厉打击破坏森林资源违法犯罪活动的通知》(豫政[1995]59 号)。通知强调：充分认识林业的重要作用，切实加强森林资源保护和林区治安管理工作；坚持依法治林，严厉打击破坏森林资源的违法犯罪活动；采取有力措施，加强林区社会治安综合治理；建立和完善森林资源保护体系，稳定林业执法队伍。

林业部认定洛阳林业学校为全国优秀中等林业学校

9 月 27 日　林业部林人通字[1995]114 号文确定河南省洛阳林业学校为全国优秀中等林业学校。

信阳木工机械厂专用刀具小组获林业部优秀质量管理小组称号

10 月 11 日　林业部授予河南省信阳木工机械厂加工二分厂专用刀具质量管理小组为 1995 年度全国林业系统优秀质量管理小组称号，并颁发了证书和奖状。

全国林业第四届健康杯门球赛在河南举行

10 月 15 ~26 日　全国林业第四届“健康杯”门球赛在郑州举行。来自全国林业系统 31 支由离、退休干部组成的门球队参加了比赛。河南省副省长张世英，全国政协常委、林业部原副部长刘广运，林业部离退休干部局副局长程庆礼，河南省林业厅厅长马新高、副厅长张守印、纪检组长李健庭等领导出席了开幕式。经过比赛，湖南省林业厅二队获本届门球赛第一名，吉林省延边林业管理局队获第二名，黑龙江大兴安岭松岭队获第三名，河南省林业厅一、二队等 10 支球队获“体育道德风尚奖”。

河南省木片生产领导小组成立

10 月 20 日 河南省林业厅成立“河南省木片生产领导小组”。领导小组下设办公室，办公室办公地点设在厅林产工业办公室。

全国太行山绿化工程现场经验交流会在河南召开

10 月 21～24 日 全国太行山绿化工程现场经验交流会在河南省鹤壁市召开。河北、山西、北京、河南等 4 省(市)的林业厅(局)长、主管处长和部分地、县领导、林业局局长及有关方面的专家、学者参加了会议。林业部副部长祝光耀、河南省副省长张世英、省长助理杨光喜出席会议并讲话。会议期间，与会人员参观了鹤壁市郊区、淇县、辉县市、林州市的太行山绿化工程。林业部造林司司长朱俊凤、林业厅厅长马新高、鹤壁市委书记韩天经等看望了绿化功臣靳月英。

省林业厅奖励 1994 年度育林基金上交和周转金归还完成任务单位

10 月 26 日 省林业厅作出决定，对 1994 年度育林基金上交完成任务较好的郑州市、洛阳市、三门峡市、平顶山市、许昌市、安阳市、鹤壁市、新乡市、焦作市、濮阳市、商丘地区、驻马店地区、南阳市、信阳地区，从 1995 年起按上交额的 20% 给予优先安排的奖励(此款用于市、地育苗生产)，对如期归还周转金的信阳地区、周口地区、商丘地区、焦作市、鹤壁市、安阳市、三门峡市按还款总额应收占用费的 15% 奖励。

全省林业调查规划设计工作座谈会召开

11 月 8～10 日 全省林业调查规划设计工作座谈会在南阳市召开。各市(地)林业局主管局局长、分管科科长及 5 个市(地)林调队队长参加了会议，河南省林业厅马新高厅长出席会议。会议传达了全国林业调查规划设计工作座谈会精神；总结了“八五”期间河南省林业调查规划设计工作所取得的成绩；研究探讨了新形势下调查规划设计工作如何适应全省林业总体改革，更好地为建设“两大体系”服务等问题；提出了下一步林业调查规划设计的主要任务，讨论了《河南省十年和五年林业调查规划设计工作发展规划》。马新高厅长作了题为《提高认识，加强领导，开创林业调查规划设计工作的新局面》的讲话，提出要提高认识，明确任务，加强对林业调查规划设计的领导；建立健全调查设计队伍，更好地为林业建设服务；理顺管理体制，明确资金渠道，确保林业调查规划设计任务的顺利完成。

周口地区被评为1995年林业育苗先进单位

11月12日 经河南省林业厅检查评比，周口地区被评为“林业育苗先进地区”，林州市、淇县、桐柏县和济源市被评为“林业育苗先进县(市)”，并给予以奖代补资金奖励。

郑州上街区等单位入选全国林业站建设合格县

12月4日 林业部公布了265个全国林业站建设合格县，河南省郑州市上街区、郑州市中原区、汝阳县、濮阳市市区、平顶山市西区、平顶山市湛河区、宝丰县、原阳县、新乡市北站区、卢氏县、西峡县、新乡市郊区、舞钢市、长葛市、邓州市、商丘县、信阳县和信阳市榜上有名，被评为1994年全国林业站建设合格县。

省护林防火指挥部领导成员实行分片负责制

12月5日 河南省政府护林防火指挥部印发《关于明确省护林防火指挥部成员森林防火责任区的通知》，明确省政府护林防火指挥部指挥长、副省长李成玉负责全面工作；副指挥长、省军区副司令员纪英田，成员、省林业厅副厅长李德臣，省财政厅副厅长赵江涛，省交通厅副厅长张圣城，省旅游局副局长赵国成负责洛阳市、三门峡市的护林防火工作；成员、省人事厅副厅长刘联超，省城乡建设环境保护厅副厅长邬学德，郑州铁路局副局长朱武宪，省民航局副局长韦成祥负责新乡市、郑州市、许昌市的护林防火；副指挥长、省林业厅厅长马新高，成员、省计委副主任范保国，省广播电视厅副厅长翟宗洲，省商贸厅副厅长王玉英，省物资集团公司副董事长宋俊杰负责南阳市、平顶山市的护林防火；副指挥长、省政府农业办公室主任卫斌，成员、省经贸委副主任马平安，省农业厅副厅长张敬增，省气象局副局长庞天荷，省邮电管理局副局长孔德义负责焦作市、鹤壁市、安阳市的护林防火；副指挥长、省公安厅副厅长江峰，成员、省科学技术委员会副主任黄兴维，省民政厅副厅长邱佩华，省司法厅副厅长许林章，省卫生厅副厅长徐晖负责信阳地区、驻马店地区的护林防火。

省林业厅批复河南省森林资源监测中心可行性研究报告

12 月 7 日 林业部委托省林业厅批复河南省森林资源监测中心可行性研究报告，并报林业部备案。河南省森林资源监测中心建设规模按国家有关规定和建设标准并根据河南省森林资源监测的实际需要合理确定，所需投资自筹解决。

全省平原绿化现场会在商丘召开

12 月 9 日 全省平原绿化现场会在商丘召开。16 个市（地）林业局局长，16 个重点平原县的主管领导、林业局局长参加了会议。河南省林业厅厅长马新高、副厅长张守印，商丘地委副书记张龙之等领导出席了会议。会议组织参观了商丘县秋冬植树造林的现场，学习推广了商丘县抓好平原绿化工作的经验。

郑州市苗木场等获 1995 年度十强国营苗圃称号

12 月 12 日 根据各市（地）林业主管部门推荐，并经河南省林业厅审查评选，决定授予郑州市苗林场、洛阳市郊区苗圃、开封县苗圃场、安阳市苗圃、永城县苗圃、罗山县中心苗圃、南乐县苗圃、淅川县苗圃、浚县苗圃、商水县苗圃“河南省 1995 年度十强国营苗圃”称号，并给予通报表彰。

省洛阳林业学校等获全国林业系统普法先进单位称号

12 月 19 日 林业部授予河南省洛阳林业学校、新密市林业局和河南省林业厅林政处“全国林业系统‘二五’普法先进单位”称号。授予刘树铮、齐满常、杨海军等 7 位同志“全国林业系统‘二五’普法先进个人”称号。

理顺林业公安管理体制

12 月 21 日 河南省公安厅、林业厅印发《关于理顺林业公安管理体制的通知》，明确林业公安机关的性质、职责权限：林业公安机关是公安机关的组成部分，是公安机关派驻林业部门保卫森林资源安全、维护林区社会治安的武装性质的治安行政和刑事执法力量，原则上行使地方同级公安机关的职责和权限。林业公安机关的管理体制：林业公安机关实行“双重领导、以地方为主”的管理体制。各级公安机关既是本级林业主管部门的职能机构，又列入同级公安机关的序列，受本级林业主管部门和公安机关的双重领导。业务上以同级公安机关和上级林业公安机关领导为主，行政上以林业主管部门领导为主。各级林业公安机关纳入同级公安机关编制序列。林业公安机关录用人民警察，主要从公安警察院校毕业生中录取，不足部分从国家统一分配的大中专毕业生、转业军官中按照人民警察的条件通过严格审核，择优录用。各级林业主管部门和公安机关，都要明确一位领导分管林业公安工作。

省林业产业协会成立

12 月 25 日　河南省民政厅批准成立河南省林业产业协会，协会具备全省性社会团体法人资格，业务主管部门为河南省林业厅。

河南省一般保护陆生野生动物名录公布

12 月 27 日　河南省林业厅公布了《河南省一般保护陆生野生动物名录》。

1996 年

信阳林业学校等增设新专业

1 月 8 日 河南省林业厅豫林科字[1996]1 号文同意信阳林业学校增设“森林旅游”专业，汝南园林学校增设“果蔬贮藏加工”专业和“林产品贸易”专业。

河南省林业科技大会召开

1 月 15～17 日 河南省林业科技大会在郑州召开。副省长张世英到会讲话，省林业厅厅长马新高作了题为《围绕两大体系建设，实施科教兴林战略，为推动全省林业建设再上新台阶而努力奋斗》的报告，省林业厅副厅长张守印作了会议总结。会上表彰了 59 个科教兴林先进单位和 112 名科技兴林先进工作者，8 名在科技兴林工作中有突出贡献的先进工作者受到了重奖，部分林业科技兴林先进单位和先进工作者代表在会上作典型发言。有突出贡献的先进工作者还向全省林业科技人员发出了题为《肩负起科教兴林的神圣使命》的提倡书。省政府办公厅副主任王春生、省科委副主任黄维兴和省林业厅副厅长李德臣、纪检组长李健庭等领导及各市(地)林业局局长、办公室主任、林业技术推广站站长、林业科学研究所所长、新闻单位的同志参加了会议。

全省市地林业局局长会议召开

1 月 18～20 日 全省市(地)林业局局长会议在周口地区召开。会议组织参观了商水县、项城市的冬季造林、整地现场，周口地区、信阳地区、焦作市、鲁山县、灵宝市介绍了当地大力开展造林绿化活动的经验。河南省林业厅厅长马新高在题为《突出重点、全面推进，力争“九五”林业建设有良好的开局》的讲话中，回顾了“八五”期间河南省林业建设的成就，指出了存在的问题，提出了“九五”期间全省林业建设的基本思路和主要目标，部署了 1996 年要突出抓好的重点工作。张守印副厅长为会议作总结。

河南省嵩山森林公园总体设计获奖

1 月 22 日 林业部公布 1995 年度部级优秀工程勘察设计获奖项目名单

（林计通字［1996］13 号），共评出优秀工程勘察设计（包括计算机软件）奖 33 项。其中由河南林业勘察设计院完成的《河南省嵩山森林公园总体设计》被评为三等奖。

焦作省级森林公园建立

1 月 29 日 河南省林业厅批复建立焦作省级森林公园（豫林场［1996］14 号），总经营面积为 14 055 亩。

省人事厅批复省林业厅公务员制度实施范围

2 月 1 日 河南省人事厅对省林业厅《推行国家公务员制度实施方案实施范围及非领导职务设置意见》进行批复（豫人函［1996］4 号），同意将厅领导成员、办公室、造林经营处、计划财务处、资源林政管理处、野生动植物保护处、林业公安处、森林防火办公室、科技外事处、林业产业处、人事教育处、老干部处、机关党委、纪检监察室列入实施国家公务员制度范围（上述机构中工勤人员不列入实施公务员制度范围）。省林业厅机关设置 81 个公务员职位。其中处长级领导职位 13 名，副处长级领导职位 13 名，调研员 7 名，助理调研员 6 名，主任科员 18 名，副主任科员 11 名，科员、办事员 7 名。

省林业厅表彰林政管理先进单位和先进工作者

2 月 1 日 河南省林业厅发出表彰 1994～1995 年度林政管理先进单位暨先进工作者的决定（豫林政［1996］21 号），授予三门峡市林业局林政科等 43 个单位为林政管理先进单位、王治卿等 102 名同志为林政管理先进工作者称号。

长葛等县荣获全国乡村林场建设先进单位称号

2 月 9 日 林业部对河南省荣获“全国乡村林场建设先进单位”的长葛市、汝阳县和光山县给予通报表彰并颁发了证书与奖牌。

省政府通报 1995 年度造林绿化情况

2 月 27 日 河南省政府发出关于 1995 年度造林绿化情况的通报，决定对 27 个造林绿化先进单位给予表彰、奖励。对 1995 年按期或提前完成灭荒造林规划任务的西峡县，桐柏县，唐河县，义马市，新密市，荥阳市，宝丰县，舞钢市，焦作市解放区、山阳区、马村区，平顶山市新华区、卫东区给予表彰，授予“全省荒山造林绿化先进县(市、区)”称号；并根据省政府与各市(地)政府、行署签订的山区造林目标责任书的有关规定，给予资金奖励。对1995年度整体推进荒山造林和平原绿化，取得突出成绩的鹤壁市、周口地区给予表彰，授予鹤壁市“1995年度造林灭荒工作整体推进先进市”称号，授予周口地区“1995年度平原绿化工作整体推进先进地区”称号。对1995年度完成荒山造林合格面积5万亩以上并超额完成年度荒山造林目标任务的淇县、卢氏县、修武县、鹤壁市郊区、渑池县、鲁山县、卫辉市、陕县、林州市、泌阳县、灵宝市、淅川县给予通报表扬，授予“1995年度山区造林绿化先进单位”称号。对15个造林绿化工作差的单位给予批评。对到1995年底未按期完成《河南省山区造林目标责任书》有关目标任务的伊川县、偃师市、襄城县给予黄牌警告。对1995年未完成年度荒山造林目标任务且任务完成合格率在40%以下的郏县、洛宁县、汝州市、镇平县、新安县、焦作市中站区、栾川县、内乡县、登封市、南召县提出通报批评。其中对1994年、1995年连续两年受到通报批评的洛宁县、新安县、登封市给予黄牌警告；对平原绿化滑坡严重，经复查林网间作控制率低于部颁标准的上蔡县、濮阳县给予黄牌警告。

李文训等被授予全国绿化先进工作者称号

3月1日 全国绿化委员会、林业部、人事部作出决定(全绿字[1996]5号)：授予河南省商城县、新县，商丘县、鹿邑县、西峡县、洛阳石化厂、河南石油勘探局、郑州煤炭集团公司、漯河市公路管理总段、平顶山高压开关厂“全国绿化先进单位”称号；授予李文训、佟超然、张武曾、唐云龙、李志海、孔令晨、王长立和卢礼圣等8位同志“全国绿化先进工作者”称号。李启龙、靳月英两人被评为全国绿化劳动模范。全国绿化劳动模范和先进工作者享受省(部)级劳动模范和先进工作者有关待遇。

王淑英等获三八绿色奖章

3月1日 河南省绿化委员会、省林业厅、省妇女联合会联合作出关于表彰1995年度“河南省三八绿色奖章”获得者的决定(豫妇字[1996]6号)，对王淑英、李桂萍、刘文会等30名全省造林绿化先进妇女代表进行表彰，授予“河南省三八绿色奖章”，省妇联同时命名为“河南省三八红旗手”。

全省林业工作会议召开

3 月 6 ~7 日 河南省委、省政府在周口市召开全省林业工作会议。会上，省委办公厅副秘书长杨子江宣读了省委书记李长春、省长马忠臣致会议的信和《中共河南省委、河南省人民政府关于在全省开展造林绿化决战年活动的决定》。林业部副部长祝光耀、省委副书记任克礼、副省长张以祥出席会议并作重要讲话。省绿化委员会副主任、省林业厅厅长马新高汇报了 1995 年的河南省林业工作情况及 1996 年在全省开展造林绿化决战年活动的意见。省委常委、常务副省长李成玉，副省长张以祥分别主持了 7 日上午和下午的会议。省政府办公厅副主任王春生宣读了《河南省人民政府关于 1995 年底造林绿化情况的通报》，表彰了先进，对未完成工作或完成情况差的单位提出了批评。与会代表参观了淮阳县、郸城县、鹿邑县、太康县高标准农田防护林网建设现场。周口地区行署介绍了“加大力度，整体推进，大打植树造林翻身仗”的做法和经验；桐柏县、林州市政府作了典型发言。17 个市（地）主管农村工作的副书记、副市长、副专员、林业局局长，受到通报批评、黄牌警告或表彰奖励的有关县（市、区）的县（市、区）长，省直有关单位的负责同志及中央、省部分新闻单位的记者出席了会议。

靳月英等获全国三八绿色奖章

3 月 7 日 全国妇女联合会、林业部作出表彰全国“三八绿色奖章”获得者、“三八绿色工程活动先进单位”和“三八绿色优质工程”的决定（妇字[1996]5 号），授予河南省刘桂婷、靳月英、杭焕娥和胡玉兰四同志全国“三八绿色奖章”，授予信阳地区林业局、新县妇女联合会、郑州市林业局、鹤壁市妇女联合会全国“三八绿色工程活动先进单位”称号，授予博爱县吴窑村“三八”果园、禹州市磨街乡南金山“三八”绿色工程全国“三八绿色优质工程”称号。

省党政军领导参加植树活动

3 月 12 日 河南省党政军领导、省绿化委员会全体成员同郑州市党政军领导以及 300 多名干部职工、解放军战士在郑州新郑机场参加植树活动。林炎志、李成玉、刘广祥、张德广、张以祥、纪英田等领导同大家一起，按照机场规划，在公路两侧栽植柳树。植树活动结束后，在新郑机场会议室召开了省绿化委员会第十八次全体会议。省军区副司令员、省绿化委员会副主任纪英田主持会议。副省长、省绿化委员会主任张以祥作重要讲话。

云梦山省级森林公园建立

3 月 18 日 河南省林业厅批复成立淇县云梦山省级森林公园(豫林场[1996]41 号),经营面积为 4.5 万亩。

省绿化委员会表彰造林绿化先进单位

3 月 19 日 河南省绿化委员会作出表彰全省造林绿化“五佳”单位的决定(豫绿[1996]6 号),授予西峡县等 9 个县(区)“河南省造林绿化十佳县”称号,授予新乡县古固寨乡等 10 个乡“河南省造林绿化十佳乡”称号,授予息县小茴乡李甲道村等 100 个村“河南省造林绿化百佳村”称号,授予洛阳耐火材料厂等 10 个单位“河南省造林绿化十佳单位”称号,授予濮阳市“河南省造林绿化最佳城市”称号。

河南省经济林协会成立

3 月 20 日 河南省民政厅对省经济林协会筹备组《关于成立河南省经济林协会的申请》作出批复。批复指出:根据《社会团体登记管理条例》的有关规定,河南省经济林协会具备全省性社会团体法人资格,特此批准成立,其业务主管部门为河南省林业厅。

郑州煤炭集团公司等单位荣获全国造林绿化奖

3 月 26 日 《中州绿化》[1996]第 2 期报道,在全国绿化委员会第十五次全体(扩大)会议上,河南省郑州煤炭集团公司等单位荣获全国部门造林“400 佳单位”称号,濮阳市荣获全国造林绿化十佳城市称号;商城县等荣获百佳县称号,新县苏河乡荣获全国造林绿化百佳乡称号;商丘县西刘村荣获全国造林绿化千佳村称号。

孙金钟等具备研究员任职资格

3 月 26 日 接河南省人事厅豫职改字[1996]27 号、36 号、88 号文件通知,孙金钟、刘翠峰具备研究员任职资格;黄照清、朱延林、樊巍具备副研究员任职资格;方铁庄、岳当珠具备高级讲师任职资格;王书欣、张雪梅、田光合具备高级工程师任职资格。

王颖君被国务院批准享受政府津贴

3 月 27 日　国务院批准，人事部以人发[1996]22 号文同意王颖君享受政府特殊津贴。河南省林业厅在 1995 年以豫林人[1995]173 号文推荐王颖君享受 1995 年政府特殊津贴。

省林业厅确定全省狩猎区

4 月 5 日　河南省林业厅以豫林[1996]64 号文确定全省狩猎区域，以规定狩猎活动。根据规定，山区为开展狩猎活动的区域，栾川等 25 个县(市)为狩猎区。文件同时对有关狩猎活动作出了 7 条规定。

李祖强等获林业部等部门表彰

4 月 16 日　林业部办公厅、中国农林工会全国委员会农林工字[1996]2 号文授予河南省信阳木工机械厂李祖强等 5 人“1994 年至 1995 年度全国林业系统合理化建议和技术革新先进个人”称号，授予信阳木工机械厂“先进集体”称号。

全省林业系统纪检监察工作会议召开

4 月 25 ~27 日　全省林业系统纪检监察工作会议在郑州召开。会议传达了中纪委六次全会、省纪委二次全会和全国林业系统纪检监察工作会议精神，学习了江泽民在中纪委六次全会和李长春在省纪委二次全会上的重要讲话，河南省林业厅厅长马新高代表厅党组对全省林业系统党风廉政建设和反腐败工作提出了要求；省纪委、监察厅的领导到会讲话，省林业厅党组成员、纪检组组长李健庭在会上作了工作报告和会议总结。副厅长李德臣、张守印参加了会议。会上，先进单位和个人介绍了经验。

朱延林获第四届中国林业青年科技奖

4 月 29 日　河南省林业科学研究所副研究员朱延林获得第四届中国林业青年科技奖(林人通字[1996]62 号)。

省政府批转林业厅关于严格执行九五期间年森林采伐限额的报告

5 月 2 日　河南省人民政府下发《批转林业厅关于严格执行“九五”期间

年森林采伐限额的报告的通知》(豫政[1996]33 号),将国务院批准下达河南省“九五”期间年森林采伐限额 800 万立方米的指标分解下达各地,并要求严格执行。

育林基金征收管理暂行办法出台

5 月 6 日 河南省林业厅印发《“九五”期间育林基金征收管理暂行办法》。办法依据“九五”期间河南省的森林采伐限额,针对平原、山区、国有林、集体林的具体情况制定,从 1996 年开始执行。

伏牛山自然保护区管理局筹备处成立

5 月 8 日 河南省林业厅发出成立伏牛山自然保护区管理局筹备处的通知(豫林[1996]190 号)。伏牛山自然保护区包括 1982 年经省政府批准建立的西峡老界岭、南召宝天曼、栾川老君山、嵩县龙池漫、鲁山石人山等 5 个省级自然保护区,总面积 84.04 万亩,跨 3 个市。新成立的伏牛山自然保护区管理局筹备处,负责建设管理局的各项前期准备工作。同时,加强伏牛山保护区的保护、科研、管理等协调组织工作。

全省林业公安机关严打工作会议召开

5 月 10 日 河南省林业公安处在郑州召开全省林业公安机关“严打”工作会议,部署全省林业公安“严打”工作。17 个市(地)林业局主管局长和林业公安科科长参加了会议。省林业厅副厅长李德臣对全省林业公安“严打”斗争做了统一部署。会议传达了省委“严打”工作会议精神以及全国林业公安处(局)长会议和省第二十次公安会议精神,宣布了对 1995 年度林业公安先进集体和优秀人民警察嘉奖的通令。

林业部抽查河南省标准化林业站建设合格县

5 月 8～15 日 林业部组织抽查河南省 1995 年申报的 29 个“标准化林业站建设合格县”中的宁陵和南召县,分别实地查看了 2 县 18 个乡(镇)的林业站。检查结果,两县都达到或超过了林业部要求的标准。根据检查办法,林业部认定河南省 1995 年申报的 29 个“标准化林业站建设合格县”全部符合部颁标准,给予验收。至此,河南省已完成“标准化林业站建设合格县”49 个,占全省任务的 35%。

全省森林资源和林政管理工作会召开

5 月 22 ~ 23 日　河南省林业厅在新密市召开由各市(地)林业局主管局长、资源林政科科长和部分县(市、区)林业局局长参加的全省森林资源和林政管理工作会。省政府副省长张以祥出席会议，省林业厅副厅长李德臣作《再接再励，开拓创新，推动我省森林资源和林政管理工作再上新水平》的讲话，厅长马新高作总结讲话，省人大农工委副主任李寿章及省政府纠风办公室、省高级法院行政审判庭负责人参加会议并发表讲话。会议传达了全国森林资源和林政管理工作会议精神，总结了“八五”期间河南省森林资源和林政管理工作，确定了河南省“九五”期间森林资源和林政管理的指导思想与工作目标，安排部署了 1996 年重点抓好的工作，表彰了全省林政管理的先进单位和先进工作者。

全省设置 100 处木材检查站

5 月 27 日　河南省人民政府下发《关于在全省设置木材检查站的通知》(豫政[1996]42 号)，决定在全省设置 100 处木材检查站。通知指出：木材检查站是林业基层行政执法单位。其主要职责是依法检验过往运输车辆的木材运输证、松香运输证、野生动物运输证和森林植物检疫证。通知要求：木材检查站设置后，全省原有森林资源管理站同时撤销。各级林业主管部门要加强对木材检查站的领导和管理，要搞好木材检查站的标准化建设，提高检查人员的政治素质、业务能力和执法水平。木材检查站要有正式编制，所需人员编制从林业系统现有人员中调剂解决。木材检查站必须是经岗位培训的合格的国家正式职工，其中站长应是国家干部，其工作经费和人员工资、编制按照国家规定执行。木材检查站要建立健全岗位责任制等各项制度，建立完善执法监督机制，搞好基础设施建设。

嵩北省级森林公园建立

5 月 30 日　河南省林业厅批复建立河南省嵩北省级森林公园(豫林场[1996]97 号)，经营面积为 7 389 亩。

卢氏县杜关木材检查站等受到林业部表彰

6 月 6 日　林业部通报表彰全国木材检查先进单位和先进个人，授予河南省卢氏县杜关木材检查站、信阳县李家寨木材检查站、栾川县潭头木材检查站“全国木材检查先进单位”称号，授予卓卫华等 8 人“全国木材检查先进个人”称号。

林业部公安局局长谢大发检查河南林业公安工作

6 月 6～10 日 林业部公安局局长谢大发在河南省林业厅副厅长李德臣陪同下，检查河南省林业公安“严打”斗争工作情况，看望战斗在“严打”斗争一线的林业公安干警并合影留念。

省林业厅召开科技进步奖评审和项目论证会

6 月 18～19 日 河南省林业厅组织有关专家，在郑州召开 1996 年厅科技进步奖评审和项目论证会，对申报厅科技进步奖成果进行评审，对申报厅科学研究、科技开发项目进行论证。

1996 年林业科学技术进步奖揭晓

6 月 28 日 省林业厅发布 1996 年科学技术进步奖公报(豫林科[1996]116 号)，全省 12 个项目获 1996 年林业科学技术进步奖。其中：信阳木工机械厂完成的“BJ1526 正弦波剪板机”等 4 个项目获得一等奖；省林业科学研究所等 7 个单位完成的“泡桐大袋娥防治技术的研究”等 5 个项目获得二等奖；省林业科学研究所等 11 个单位完成的“石灰岩低山区经济林营造模式研究”等 3 个项目获得三等奖。

省林业技术推广站分家

7 月 2 日 河南省林业厅同意厅“三站”人员及财产分配协调组制定的《林技站、种苗站、森防站人员和财产分配方案》。方案显示：在这次机构改革中，省林业技术推广站将分为 3 个独立的事业单位，即林业技术推广站、经济林和林木种苗工作站、森林病虫害防治检疫站，人员编制分别为 25、20 名和 15 名。同时，方案还对人员、财务及物品分配做了具体规定，列出了分配清单。

省林业厅设置助理巡视员

7 月 4 日 接省委组织部、省人事厅《关于设置助理巡视员的通知》，经省委、省政府同意，河南省林业厅设置助理巡视员 1 名。

新密市米村乡林业工作站等受到林业部表彰

7月10日　林业部通报表彰全国林业工作站和林业工作站先进工作者(林站通字[1996]90号)，河南省新密市米村乡林业工作站等16个单位被授予“全国林业先进工作站”称号，刘玉礼等11位同志被授予“全国林业工作站先进工作者”称号。

马忠臣省长为林业公安题词

7月10日　马忠臣省长为全省林业公安机关题词：加强林业公安队伍建设，依法保护森林资源安全。

全省雨季造林现场会召开

7月28~30日　河南林业厅在洛宁召开全省雨季造林现场会，向全省推广洛宁的经验和做法。省林业厅厅长马新高部署全省雨季造林工作，洛阳市市长刘典立到会祝贺并讲话，洛宁县县长李金来介绍实行“帽子工程”抓绿化的经验，与会代表进行了参观和学习。

郭真荣、王芳获“河南省先进会计工作者”称号

7月30日　经河南省人民政府同意，河南省财政厅、河南省人事厅决定：授予郑州电缆(集团)股份有限公司财务处等100个单位“河南省先进财会工作集体”称号，授予河南省林业厅物资站郭真荣、洛阳林校王芳等298名同志“河南省先进会计工作者”称号。

林业分类经营改革领导小组成立

8月13日　根据《林业部关于开展林业分类经营改革试点工作的通知》(林策通字[1996]69号)要求，河南省林业厅决定成立以省林业厅厅长马新高任组长、副厅长张守印任副组长的林业分类经营改革领导小组(豫林营[1996]151号)。领导小组下设办公室，办公室设在河南省林业厅造林经营处。

成立和调整省林业厅文明建设领导小组等部门

8月16日　河南省林业厅成立和调整“河南省林业厅文明建设领导小组”等8个领导小组(豫林字[1996]201号)。成立以马新高任组长、李健庭

任副组长、王学会等为成员的厅文明建设领导小组，领导小组下设办公室，办公室设在厅机关党委。成立以马新高任组长、张守印任副组长、乔新江等为成员的厅社会治安综合治理领导小组，领导小组下设办公室，地点在纬五路40号院综合办公楼二楼。成立以马新高任组长、李健庭任副组长、王学会等为成员的厅计划生育领导小组，领导小组下设办公室，地点设在厅机关党委。成立以马新高任组长、李健庭任副组长、任朴等为成员的厅廉政建设领导小组。成立以马新高任主任、张守印任副主任、乔新江等为成员的厅爱国卫生运动委员会，委员会下设办公室，地点设在纬五路40号院综合办公楼二楼。成立以李德臣为组长，李铁柱、乔文斌为副组长，曹冠武、杨文培等为成员的厅消防工作领导小组。成立以李德臣为组长、蒋克勤为副组长、刘占军等为成员的厅拥军优属领导小组，领导小组下设办公室，地点设在厅人事处。成立以李德臣任组长，蒋克勤、王学会、乔新江任副组长，刘占军、乔文斌、张顺生等为成员的厅民事调解领导小组，领导小组下设办公室，地点设在厅人事处。

表彰杰出青年农民和优秀青年农民

8月26日 河南省委宣传部、团省委、省农业厅、省林业厅、省水利厅、省财政厅、省广播电视厅、河南日报社、省青年联合会联合表彰全省杰出青年农民和优秀农民，授予吴忠相等10位同志第二届“河南省杰出青年农民”荣誉称号；授予徐明喜等10位同志“河南省优秀青年农民”荣誉称号。

省林业厅国有林场和森林公园管理办公室成立

9月2日 河南省林业厅决定成立“河南省林业厅国有林场和森林公园管理办公室”(豫林人[1996]182号)，办公地点在省林业厅野生动植物保护处，以加强对全省国有林场、森林公园和森林旅游的管理，

林业部批复同意南湾森林公园更名

9月9日 林业部对河南省林业厅《关于花果山等三处森林公园更名的请示报告》(豫林场字[1992]268号)作出批复(林场批字[1996]87号)，同意将南湾森林公园确定为国家森林公园，隶属关系和经营范围不变，名称改为南湾国家森林公园。

全省平原绿化规划会议召开

9 月 11～12 日　河南省林业厅在民权县召开全省平原绿化规划会议。17 个市(地)林业(农林)局局长，30 个平原、半平原县(市、区)林业局局长，17 个重点县(市、区)主管领导，厅有关处室和单位的负责人参加了会议。省林业厅厅长马新高、副厅长张守印、商丘地委副书记张龙之、商丘地区行署副专员李海涛等领导出席会议并讲话。这次会议的主要内容是：研究制定关于搞好平原绿化规划的意见，交流推广搞好平原绿化规划工作的经验，分析河南省平原绿化工作的现状，进一步统一思想、提高认识、努力搞好全省平原绿化的第二次创业。会议讨论通过了《河南省林业厅关于搞好平原绿化规划的意见》，商丘地区和民权县介绍了抓好平原绿化规划的经验。马新高厅长在总结讲话中强调：各地要认真学习推广商丘地区、民权县搞好平原绿化规划的经验和做法，结合本地实际，找出工作中存在的问题，提出下一阶段工作打算，向当地党委、政府做好汇报，进一步统一思想，提高认识，及早动手，认真抓好规划的制定和实施工作，推动全省平原绿化工作再上新台阶。

省委书记李长春为林业公安题词

9 月 16 日　省委书记李长春为河南省林业公安机关题词：加强林业公安建设，巩固造林绿化成果。

省林业公安处通知要求学习省领导题词精神

9 月 28 日　省林业厅林业公安处发出《关于认真学习贯彻李长春书记、马忠臣省长题词精神的通知》，要求全省林业公安机关及其干警充分认识肩负的重要历史使命，把党和政府的关怀变成强大的动力，努力工作，拼搏进取，加快林业公安机关革命化、正规化建设步伐。

全省林业工作站工作会议召开

9 月 17～18 日　全省林业工作站工作会议在商丘召开，林业部林业工作站管理总站站长徐洪到会指导，商丘地委、行署、政协等部门的有关领导到会讲话，河南省林业厅副厅长张守印为会议作总结。

全省经济林管理现场会召开

9 月 24～25 日 河南省林业厅在濮阳召开全省经济林管理现场会，要求加强经济林管理工作。

中国林业年鉴 1996 年评奖结果揭晓

10 月 4 日 《中国林业年鉴》1996 年评奖结果揭晓，河南省林业厅乔新江等撰写的《河南省大搞公路绿化》获《中国林业年鉴》1994 年度优秀条目奖，乔新江、柴明卿获得年鉴事业贡献奖。

洛阳林业学校机构编制方案批准

10 月 9 日 河南省机构编制委员会批准河南省洛阳林业学校机构编制方案(豫编[1996]51 号)。河南省洛阳林业学校机构规格相当于处级；主要任务是贯彻党的教育方针、政策，做好以林业、森林保护、林业经济等专业为主的有关专业的教学工作。核定事业编制：1996 年为 220 名，1997 年为 256 名。单位领导职数 5 名。人员结构为：行政管理人员不超过 18%，专业技术人员不低于 65%，工勤人员不超过 17%，经费实行全额预算管理。

野生动物保护宣传月记者座谈会召开

10 月 10 日 河南省林业厅召开 1996 年野生动物保护宣传月记者座谈会，向省会多家新闻单位介绍全省野生动物资源概况，发布有关野生动物保护的信息。

省林业厅开展野生动物保护宣传工作

10 月 15～25 日 省林业厅以多种形式开展野生动物保护宣传工作，先后在省电视台黄金时间打出了“请您保护野生动物”，“全社会都来保护野生动物”的公益广告；和省野生动物保护协会联合印制了以“拯救野生动物创造美好明天”为题的宣传单，发到郑州各学校及郑州市动物园，同时在宣传月期间，随门票一同散发给游客。

郑州市动物园举行野生动物保护宣传月游园会

10 月 19 日 郑州市动物园举行 1996 年省会野生动物保护宣传月游园会，10 所中学的 600 余名师生参加了游园活动，制作了数百米长的以保护野生动物为主题的横幅；省林业厅机关及厅直单位部分职工和离退休老干部也踊跃参加了游园活动。游园会上，李德臣副厅长发表了讲话。游园会后，省电视台、《河南日报》、《大河文化报》都及时作了报道。

省造林绿化奖惩工作学习考察组
赴山东和安徽考察学习

10月8～24日　由河南省委组织部、省纪律检查委员会、省人事厅等单位主管考核奖惩工作的负责人组成的河南省造林绿化奖惩工作学习考察组，对山东、安徽两省的造林绿化奖惩工作进行了学习、考察。

聘请虎文珍为省林业厅法律顾问

10月28日　河南省林业厅决定(豫林[1996]221号)：聘请虎文珍为省林业厅法律顾问，参与或代理林业厅经济项目谈判、经济法律文书审查，参与重大林业案件的研究，代理参加诉讼、仲裁和其他法律性较强的专门事务工作，以加强林业法律服务工作。

聘请林业行政执法监督员

10月28日　河南省林业厅以豫林[1996]222号文决定：在林业系统内部聘请林业行政执法监督员，对全省木材检查站和林政稽查队的执法活动进行监督。其职责是：监督、指导全省各木材检查站、林政稽查队的行政执法活动；纠正违法行政行为。对拒不接受监督指导的木材检查人和林政稽查人员，有权提请有关主管部门给予行政处理。

组建河南省林产品流通改革试验中心

11月4日　根据河南省机构编制委员会豫编[1995]52号文件精神，中共河南省林业厅党组研究决定(豫林党[1996]21号)：组建河南省林产品流通改革试验中心。

成立河南省野生动物救护中心

11月6日　河南省林业厅印发成立河南省野生动物救护中心有关问题的通知(豫林办[1996]251号)。明确河南省野生动物救护中心为正处级建制，事业编制30名，经费实行差额预算管理；河南省林业科学研究所原试验林场整体转移为野生动物救护中心；同时还对原试验林场机构、资产、人员、债务等问题作出了规定。

鸡公山自然保护区工程建设领导小组成立

11 月 7 日 河南省林业厅作出决定，为加强鸡公山自然保护区二期工程规划设计和项目管理工作，成立由省林业厅副厅长李德臣任组长的工程建设领导小组(豫林[1996]234 号)。

省林业厅组成中级专业技术职务评审委员会

11 月 8 日 河南省林业厅组成林业工程、科研、教师系列中级专业技术职务评审委员会(豫林人[1996]第 238 号)。工程系列中级专业技术职务评审委员会由王树选等 20 人组成，科研系列中级专业技术职务评审委员会由李焕章等 20 人组成，教师系列中级专业技术职务评审委员会由李当彬等 20 人组成。

教师和工程系列初级职务评审委员会成立

11 月 8 日 根据《河南省专业技术职务评审委员会组织办法》，河南省林业厅同意成立由刘进社等 13 人组成的洛阳林校教师系列初级职务评审委员会和由邢铁牛等 13 人组成的省林业勘察设计院工程系列初级职务评审委员会。

世界银行三期项目认定组专家考察河南林业

11 月 8 ~ 13 日 世界银行三期项目认定组 3 位专家在林业部世界银行办公室和河南省林业厅有关负责人的陪同下，考察新县、商城等地造林绿化、林业产业等方面的情况，对豫南山区发展林业的条件给予了很高的评价。

省林业厅表彰林业公安先进集体和优秀人民警察

11 月 12 日 河南省林业厅、公安厅豫林[1996]243 号文作出决定：为了弘扬正气，表彰先进，树立典型，进一步激发广大公安民警的工作积极性，推进河南省林业公安工作和队伍建设，授予博爱县林业公安派出所等 2 个单位“全省林业公安队伍建设先进单位”称号；授予南召县林业公安派出所等 6 个单位“全省林业公安严打斗争先进单位”称号；授予新密市林业公安派出所等 10 个单位“全省林业公安装备建设先进单位”称号；授予南阳市公安局等3个单位"全省林业公安工作先进单位"称号；授予程建德等20名同志"林业公安机关优秀人民警察"称号。同时，给灵宝市林业公安派出所等6个集体和王大勇等12名同志分别记三等功一次。

河南省林业厅火灾扑救指挥部成立

11月19日　省林业厅成立"河南省林业厅火灾扑救指挥部"和"河南省林业厅青年义务灭火队"(豫林办[1996]280号)。指挥部的工作职责是：负责对厅综合办公大楼及40号院防火及火灾扑救工作的指挥、协调、联系等。青年义务灭火队的职责是：在火灾扑救指挥部的指挥下，积极奋力扑救辖区内发生的一切火灾，做到平时有组织、有准备、有训练，战时上得去、下得来。

省林业厅明确科技外事处等部门有关职责

11月20日　河南省林业厅下发豫林办[1996]252号文，对科技外事处和省林业技术推广站的有关职责进行了明确。林业科技推广计划管理工作由科技外事处负责，按照林业部的有关要求，按时上报林业科技推广项目计划。关于林业科技推广项目资金管理，科技外事处负责协调、管理20%的林业科技推广项目资金；省林业技术推广站负责协调、管理80%的林业科技推广项目资金，经科技外事处汇总后由计划财务处下达。关于林业技术推广项目的实施：部里下达的林业科技推广项目，采取两种形式交省林业技术推广站实施；省林业技术推广站主持的项目由站里负责实施，下达给其他单位的项目由科技外事处负责协调，省林业技术推广站参加人员，共同实施。科技外事处负责全省林业科技推广项目落实情况的监督检查。

蒋超逝世

11月25日　河南省林业厅原党组副书记、副厅长、正厅级离休干部蒋超因病逝世，享年81岁。

张以祥副省长要求进一步加强林业公安正规化建设

11月底　河南省副省长张以祥针对全省林业公安工作面临的严峻形势，致信林业公安机关，要求各级林业公安进一步从严治警，加强林业公安的正规化建设。张以祥在信中指出：河南林业公安机关自1991年组建以来，在各级党委、政府的领导下，紧紧围绕保卫森林资源安全、维护林区社会治安稳定、打击违法犯罪活动这一中心，坚持一手抓工作、一手抓队伍和“从严治警”的方针，取得了显著成绩，圆满完成了各项林业公安保卫任务。张以祥要求全省林业公安机关及广大干警，发扬成绩，再接再厉，奋发进取，务实创新，为保护全省森林资源安全、维护林区社会治安稳定、促进全省经济发展作出更大的贡献。

省林业厅成立宣传工作领导小组

12 月 4 日　河南省林业厅成立宣传工作领导小组(豫林[1996]260 号)。其工作任务是：负责拟定全省林业宣传工作的指导思想、重要原则和宣传要点；研究解决宣传工作中的重大问题，组织重大宣传活动，总结推广宣传工作的经验；指导、协调全省林业宣传工作。省林业厅党组书记、厅长马新高任宣传工作领导小组组长，厅党组成员、副厅长张守印，党组成员、纪检组长李健庭任副组长。宣传领导小组设办公室，与河南林业杂志社合署办公。

河南省林业厅农业综合开发办公室成立

12 月 16 日　河南省林业厅成立“河南省林业厅农业综合开发办公室”(豫林计[1996]282 号)，以加强国家农业综合开发林业建设项目的管理。办公室设在省林业厅计划财务处。其职责是：负责河南省国家农业综合开发林业建设项目的收集，可行性研究报告的审查、论证；项目的立项和申报，计划编制、审批，以及省级配套资金的落实等工作。

省林业产业协会成立大会召开

12 月 15 日　河南省林业产业协会在南阳召开成立大会。省林业厅厅长马新高当选为名誉会长，副厅长张守印当选为会长。

禹州森林植物园建立

12 月 3 日　河南省林业厅批准在国有禹州林场建立“禹州森林植物园”，经营面积 1 000 亩。

1997 年

成立省林业厅机关生活服务工作协调小组

1 月 15 日　省林业厅成立厅机关生活服务工作协调小组，厅纪检组长李健庭任组长，有关处（室、局）负责人为成员，以加强厅机关生活服务工作，加大生活服务协调力度，强化生活服务保障作用，不断提高机关生活服务的质量和水平。协调小组下设厅机关生活服务中心。

省林业厅表彰种苗工作先进单位和个人

1 月 22 日　河南省林业厅表彰 1996 年度全省种苗工作先进单位和个人。授予洛阳市等 33 个单位为林业育苗工作先进单位称号；授予郑州市苗木场等 10 个单位为全省十强国有苗圃称号；授予卢氏县东湾林场等 5 个单位为先进林木良种基地称号；授予信阳地区林木种子站等 4 个单位先进林木种子站称号；授予张顺民等 86 位同志为全省林木种苗工作先进个人称号。

洛阳林校等新增专业

1 月 22 日　河南省林业厅批复：同意洛阳林校增设“多种经营”专业和“法律”专业；汝南园林学校增设“园林”专业和“经济法律事务”专业；信阳林校增设“林业财会”专业。

省政府通报 1996 年度造林绿化情况

1 月 25 日　河南省人民政府下发豫政［1997］5 号文，对全省 1996 年造林绿化情况进行了通报。通报指出：全省共完成造林合格面积 511.06 万亩，其中山区人工造林合格面积 400.61 万亩，比 1995 年净增 113.23 万亩；有 29 个县（市、区）实现了基本绿化宜林荒山，其中有 17 个县（市、区）提前实现了基本绿化宜林荒山。全省新建和完善农田林网 2 000 多万亩，比 1995 年翻一番。为了表彰先进，鞭策落后，进一步加快全省造林绿化步伐，确保 1997 年实现基本绿化全省宜林荒山和完善提高平原绿化的目标，省政府决定：对 1996 年按期或提前完成灭荒造林规划任务的林州市、安阳县、安阳市郊区、博爱县、沁阳市、修武县、焦作市中站区、辉县市、登封市、鲁山县、南召县、淅川县、方城县、镇平县、确山县、泌阳县、陕县、内乡县、新乡市北站区给予表彰，授予“全省荒山造林绿化先进县（市、区）”称号，并给予奖励；对1996年度超额完成年度荒山造林目标任务的洛宁县、汝州市、卢氏县、灵宝市、栾川县、济源市、嵩县、淇县给予通报表扬，授予“1996年度山区造林绿化先进单位”称号；对7个造林绿化工作差的单位给予批评；对1996年未完成年度荒山造林目标任务的鹤壁市郊区、叶县给予黄牌警告；对平原绿化滑坡严重，经复查林网间作控制率低于部颁标准的南阳市宛城区、封丘县、长垣县、汤阴县提出通报批评，并限期半年恢复到部颁绿化标准，到期仍达不到标准，给予黄牌警告或暂时收回奖牌；对平原绿化滑坡特别严重、经复查林网间作控制率低于20%的郾城县暂时收回“全国平原绿化先进单位”奖牌，并限期一年内恢复到部颁绿化标准。同时撤销对禹州市、遂平县、新乡县、伊川县、偃师市、襄城县等6个县（市）的警告，并对郸城县、虞城县、襄城县等3个县发还奖牌。

林业部副部长祝光耀考察河南林业

1月26～28日 林业部副部长祝光耀在河南省林业厅副厅长余学友的陪同下，先后考察了郑州、驻马店、周口、许昌等4市（地）的平原绿化工作，对新郑市的治沙造林，西平、上蔡县的冬季造林，西华、扶沟、商水县的农田林网、枣粮间作，鄢陵县的花卉基地建设等，给予了高度评价。

省委省政府表彰荒山造林绿化先进单位

1月28日 河南省委、省政府作出《关于表彰荒山造林绿化先进市（地）的决定》（豫文[1997]9号），对实现基本绿化宜林荒山的安阳市、焦作市、郑州市、许昌市、南阳市、驻马店地区给予表彰，授予“全省荒山造林绿化先进市（地）”称号。省委、省政府号召全省各地认真学习荒山造林绿化先进市（地）的经验，进一步提高认识，加强领导，明确目标任务，强化工作措施，艰苦创业，奋力拼搏，狠抓落实，努力实现省委、省政府提出的1997年基本绿化全省宜林荒山的目标。

全省十年造林绿化规划实施情况普查工作领导小组成立

1月29日 河南省林业厅成立了以厅长马新高任组长，副厅长李德臣、张守印、纪检组长李健庭和副厅长余学友任副组长的全省十年造林绿化规划实施情况普查工作领导小组。

省委省政府召开全省林业工作会议

1 月 29 日　河南省委、省政府在郑州召开全省林业工作会议。省委书记李长春、省长马忠臣致信全省林业工作会议，要求全省各级党委、政府进一步提高认识，切实把林业建设摆上重要位置，采取有力措施，坚持不懈地把造林绿化工作抓紧抓好。林业部副部长祝光耀到会祝贺并讲话，副省长张以祥出席会议并作工作报告。省委副书记范钦臣、省人大常委会副主任胡廷积、省政协副主席刘玉洁、省政府办公厅副主任王春生等领导出席了会议。省林业厅厅长马新高向会议报告了 1996 年全省的林业工作情况及 1997 年的工作安排意见。会议高度评价了 1996 年造林绿化决战年取得的成果，决定把 1997 年作为全省绿化攻坚年；同时表彰、批评了一批造林绿化先进单位和后进单位。

世界银行贷款贫困地区林业发展项目准备工作领导小组成立

1 月 30 日　河南省林业厅成立由副厅长张守印任组长的世界银行贷款贫困地区林业发展项目准备工作领导小组，以加强对世界银行贷款项目工作的领导。

全省林业职工思想政治工作研究会第三次年会召开

1 月 30 日　全省林业职工思想政治工作研究会第三次年会召开，会议确定了今后一个时期河南省林业行业思想政治工作的主要任务；要求紧紧围绕林业改革和建设的中心任务，全面贯彻落实党的十四届六中全会《决议》，努力建设有理想、有道德、有文化、有纪律的“四有”职工队伍，充分调动广大干部群众的积极性和创造性，为实现林业生态和林业产业两大体系的跨世纪战略目标提供强有力的思想保证。

第二届政治工作研究会领导机构产生

1 月底　经在郑常务理事讨论，并报河南省林业厅党组同意，河南省第二届林业行业政治工作研究会会长、副会长和正副秘书长产生。新产生的第二届政治工作研究会会长由李健庭担任。

河南省林业厅山区综合开发领导小组成立

2 月 17 日 河南省林业厅决定成立由厅长马新高任组长，副厅长张守印、余学友任副组长的河南省林业厅山区综合开发领导小组，以加强对山区综合开发试点工作的领导。领导小组办公室设在省林业厅计划财务处。

成立河南省林业厅宣传办公室

2 月 18 日 河南省林业厅厅长办公会议研究决定，成立河南省林业厅宣传办公室，与河南林业杂志社合署办公。

河南省林业基金管理站成立

2 月 25 日 河南省林业厅成立“河南省林业基金管理站”，以加强全省林业系统预算外资金的征收、管理、使用和监督工作。管理站隶属厅计财处，为非常设机构，计财处负责人兼任站长。

马新高等获得全国绿化奖章

2 月 27 日 全国绿化委员会第十六次全体会议决定：向在 1996 年植树造林、绿化祖国的伟大事业中作出突出贡献的 539 名同志颁发“全国绿化奖章”。河南省的马新高、郭国明、王延明、段运劳、李占安、梁永钊、连子恒、李根生、杨成武、王全乐、常法武、谢振生、徐泽民、石扶生、马玉生、周宗良、傅文灿、卢留杰、桑智卿等 19 名同志获得“全国绿化奖章”。

省林业厅表彰 1996 年度先进市地林业局

2 月 《河南林业》[1997]第 1 期报道，河南省林业厅党组研究决定：授予信阳地区、焦作市、洛阳市、许昌市、周口地区、商丘地区、郑州市、濮阳市林业局“1996 年度先进市(地)林业局”称号；授予南阳、驻马店两市林业局 1996 年冬季造林先进单位称号，并给予受到表彰的市(地)林业局局长每人 1 500 元奖励。

全省山区造林现场会召开

3 月 8～10 日 河南省绿化委员会第十九次全体(扩大)会议暨全省山区造林现场会在卢氏召开。会议的主题是：总结交流 1996 年全省造林绿化情况，安排部署 1997 年造林工作，动员全省人民迅速行动起来，打好造林灭荒和完善平原绿化攻坚战。省绿化委员会主任、副省长张以祥出席会议并讲话。省军区副司令员纪英田主持会议。省林业厅厅长马新高通报了1996年全省造林绿化情况，安排了1997年工作。会议组织参观了卢氏县春季植树造林现场，全体与会人员参加了义务植树活动。省绿化委员会各成员单位、省直各有关部门的负责人，各市、地林业(农林)局局长，18个重点山区县(市、区)的县(市、区)长，林业局局长和新闻单位记者共200多人参加了会议。

曾昭洪荣获全国林业审计先进工作者称号

3月13日　林业部授予河南省国营新县林场曾昭洪"全国林业审计先进工作者"称号。

省林业科学研究所试验林场整体转移到河南省野生动物救护中心

3月19日　经省编委批准，"河南省野生动物救护中心"成立。根据文件精神和野生动物救护中心承担的工作任务，河南省林业厅党组研究，将省林业科学研究所原试验林场整体转移到河南省野生动物救护中心，土地主要用于野生动物救护的"场、馆、笼、池"基建设施和多种经营工程项目建设。

省林业厅表彰1996年度先进单位

3月20日　河南省林业厅作出关于表彰1996年度先进单位的决定。授予厅办公室、人事教育处、老干部处等9个单位"1996年度先进单位"称号。

木材运输证管理工作规定出台

3月24日　河南省林业厅制定了木材运输签证和检查若干具体规定。规定根据河南省实际，在木材运输签证、木材运输检查、行政处罚文书主要内容及安全检查和文明执勤等4个方面作出了具体规定，进一步加强了木材运输证发放管理，规范了木材检查站执法行为。

洛宁县被列入全国山区综合开发示范县

3月24日　全国山区综合开发协调小组办公室研究决定，同意将洛宁县列入全国山区综合开发示范县，开展以"改土、治水、植树、修路、通电"为基本内容的开发建设。

刘启慎等 27 人具备高级或中级专业技术职务任职资格

3 月 27 日 省林业厅发文公布，经河南省农业科学研究系统高级专业技术职务评审委员会 1996 年 12 月 5 日至 7 日评审通过，并经省职称改革领导小组审查同意，刘启慎具备研究员任职资格，赵北林、赵忠懿具备副研究员任职资格；经河南省中等专业学校教师高级专业技术职务评审委员会 1996 年 11 月 25 日至 30 日评审通过，并经省职称改革领导小组审查同意，刘荣森、姚方、刘进社、王立新、崔玲华具备高级讲师任职资格；经河南省卫生系列高级专业技术职务评审委员会 1996 年 11 月 27 日至 12 月 6 日评审通过，并经省职称改革领导小组审查同意，马金凤具备副主任医师任职资格；经河南省工程系列高级专业技术职务评审委员会 1996 年 12 月 22 日评审通过，并经省职称改革领导小组审查同意，张超英、李建祥、张玉洁、艾书田具备高级工程师任职资格；经河南省林业科研、工程、教师系列中级专业技术职务评审委员会 1996 年 11 月 11 日至 15 日评审通过，并经审查同意张新胜、贺德留具备助理研究员任职资格，冯俐丽、姚国明、刘纪兰、李笑峰、钟浩然、尚中海、申富勇、赵蔚、冯松具备工程师任职资格，刘军、陈成林、王磊具备讲师任职资格。

河南省林业系统依法治省领导小组成立

4 月 7 日 河南省林业厅研究决定成立以副厅长李德臣任组长的河南省林业系统依法治省领导小组，以进一步搞好全省林业系统依法治省工作。领导小组下设办公室。办公室主任由林政处负责人担任。

调整泡桐叶甲综合治理工程领导组和技术指导组

4 月 9 日 河南省林业厅对泡桐叶甲综合治理工程领导组和技术指导组成员进行调整。调整后的泡桐叶甲综合治理工程领导组组长由副厅长李德臣担任；副组长由商丘行署副专员连子恒、周口行署副专员薛显林和开封市副市长黄东民担任。泡桐叶甲综合治理工程技术指导组组长由省森林病虫害防治检疫站负责人担任。副组长由省森林病虫害防治检疫站及开封、商丘、周口等地区(市)林业局有关人员担任。

河南省陆生野生动物资源调查与监测工作专家顾问组成立

4 月 11 日 经河南省野生动物资源调查领导小组研究决定，成立以河南大学教授王才安任组长，河南师范大学教授瞿文元，河南教育学院教授葛荫榕，河南省林业勘察设计院总工程师赵体顺，河南师范大学副教授李延娟为成员的河南省陆生野生动物资源调查与监测工作专家顾问组，为全省野生动物资源调查与监测提供技术咨询，审议各种文件及技术指导和监督。

1997 年林业科学进步奖评选结果揭晓

4 月 18 日　省林业厅发布 1997 年科技进步奖评选结果。经厅科技进步奖评审委员会评审，共评出 17 个获奖项目。其中：由省林业科学研究所等 6 个单位完成的“楸树速生丰产技术研究”、河南省经济林和林木种苗站等 11 个单位完成的“油松种子园优质高产的速传基因和管理技术的研究”、河南农业大学林学系等 11 个单位完成的“泡桐丛枝病病原检测及应用技术研究”、河南省林业科学研究所等 12 个单位完成的“沿黄背河洼地与盐碱地生态林业工程技术研究与推广”和信阳木工机械厂完成的“年产 1.5 万立方米刨花板生产线”分别获得一等奖；由信阳地区林业技术指导站等 11 个单位完成的“应用松毛虫病毒 CPV 防治马尾松毛虫的技术推广”等 9 个项目获得二等奖；由河南省信阳林业学校等 3 个单位完成的“河南省信阳地区鸟类资源调查与区系研究”等 2 个项目获得三等奖。

省林业厅录用国家公务员

4 月 24 日至 10 月 20 日　省林业厅录用国家公务员工作结束。该工作历时 6 个月，经资格审查、报名、笔试、面试、体检、组织考察、厅党组研究决定、省人事厅批准等环节，有 12 名人员被录用。同时，根据考察结果和工作需要，省林业厅党组决定增录 2 名，总录用人数为 14 人。这次录用的 14 名人员中，男 12 人，女 2 人；年龄最大 35 岁、最小的 26 岁，平均年龄 30 岁；党员 8 名，团员 2 名；具有大学文化程度的 9 人，大专 5 人；有 7 位已分别担任科级领导职务，13 位具有中级或初级专业技术职务。

太行山猕猴自然保护区申报国家级自然保护区

4 月　省政府批准申报太行山猕猴自然保护区为国家自然保护区。

河南省林业科技工作领导小组成立

5 月 12 日　河南省林业厅研究决定，成立河南省林业科技工作领导小组，统筹协调全省林业科技工作。省林业厅厅长马新高担任组长，省林业厅副厅长张守印、余学友任副组长。领导小组下设办公室，办公室设在厅科技处。

全省林业科技工作会议召开

5 月 20 日　全省林业科技工作会议在桐柏县召开。会议传达了有关会议精神方针、政策，安排部署了今后的林业科技工作。与会人员参观了桐柏科教兴林示范县建设现场。

河南省森林防火专业委员会成立大会召开

5 月 22 日　河南省政府护林防火指挥部办公室举行河南省森林防火专业委员会成立大会。大会选举产生了第一届河南省林学会森林防火专业委员会主任、副主任、秘书长、副秘书长、常委，并设立了南、北部 2 个学组。省森林防火专业委员会是河南省林学会下属的森林防火学术性、专业性的群众团体，受省护林防火办公室、省林学会的领导，办事机构挂靠在省护林防火办公室。南部学组机构暂时挂靠在南阳市护林防火办公室，北部学组机构暂时挂靠在焦作市护林防火办公室，分别负责组织河南省南、北部的森林防火科研攻关和宣传教育等活动。

省林业厅调整住房制度改革领导小组成员

5 月 27 日　“河南省林业厅住房制度改革领导小组”成员进行调整。厅党组成员、纪检组长李健庭任组长，厅办公室主任乔新江、厅计划财务处处长万运龙任副组长，王学会、乔文斌等任成员。领导小组下设办公室，办公室设在纬五路 40 号院办公楼 2 楼 214 号。

省林业厅成立陆生野生动物资源调查技术组

6 月 6 日　省林业厅成立由林业勘察设计院院长任技术总负责的陆生野生动物资源调查技术组，负责全省陆生野生动物资源调查工作的技术指导，制定《河南省陆生野生动物资源调查与监测工作细则》及有关技术规定，审查、处理全省调查技术资料，编制成果材料。

濮阳黄甫省级森林公园建立

6 月 9 日　河南省林业厅批复同意在濮阳市市区建立“濮阳黄甫森林公园”，总面积为 17 968. 17 亩。

河南太行山猕猴自然保护区管理委员会成立

6 月 16 日　省林业厅研究并与有关市(地)协商，成立河南太行山猕猴自然保护区管理委员会，负责太行山猕猴自然保护区的保护、科研、管理、组织协调等工作。河南太行山猕猴自然保护区位于济源、沁阳、修武、辉县及焦作市境内，由“河南济源猕猴省级自然保护区”、“河南沁阳白松岭省级自然保护区”、“太行山禁猎禁伐区”、“辉县石门沟自然保护区”、国有焦作林场、国有修武林场等组成，总面积 100 万亩，是河南省面积最大的森林和野生动物类型自然保护区，跨越济源、焦作、新乡三个市。

孟津县雷河木材检查站等获
全国木材检查站文明执法示范单位称号

6 月 27 日　林业部确定北京市怀柔县汤河口等 50 个木材检查站为全国木材检查站文明执法示范单位，河南省的孟津县雷河木材检查站、鄢陵县柏梁木材检查站榜上有名。

王镇兴任助理巡视员

7 月 22 日　河南省委下发豫组干[1997]104 号文，同意王镇兴任河南省林业厅助理巡视员。

省木材检查站建设检查评定标准出台

7 月 24 日　省林业厅印发《全省木材检查站建设检查评定标准》，划分出合格木材检查站、基本合格木材检查站、可以开展工作的木材检查站和暂不能开展工作的木材检查站等 4 个标准，以加快全省木材检查站标准化建设，促进规范化管理。

省林工商开发公司林业试验基地项目获批

7 月 30 日　河南省林业厅对省林工商开发公司《关于建设林业高新试验基地的立项申请》进行批复，提出同意进行试验基地的建设意见。

省委省政府召开全省雨季造林工作会议

7 月 31 日　河南省委、省政府在平顶山市召开全省雨季造林工作会议，要求各级党委、政府高度重视 1997 年的雨季造林工作，采取有力措施，打好雨季造林攻坚战，确保顺利通过国家对河南省实施十年造林规划的检查验收。副省长张以祥出席会议并作重要讲话，省政府副秘书长王春生主持会议并就会议的贯彻落实提出要求，省林业厅厅长马新高通报了实施十年造林绿化规划情况并安排部署了雨季造林工作。

新增三个省级综合开发示范县

8 月 11 日 林业部函复河南省人民政府办公厅《关于增加山区综合开发示范县的请示》(豫政文[1997]147 号)指出：河南省已有新县、卢氏和洛宁三县列入全国山区综合开发示范县，建议河南省政府比照其他有关省的做法，将新县、卢氏和洛宁三县作为省级示范县，自行启动，本着不等不靠的原则，动员和组织山区干部群众开展山区综合开发，林业部将视情况和可能，在其林业建设方面予必要的扶持。

省政府发出关于加强森林资源保护管理工作的通知

8 月 13 日 河南省政府印发《关于进一步加强森林资源保护管理工作的通知》(豫政[1997]45 号)，强调要抓好四项工作。一要高度重视林业的重要地位，切实加强对森林资源保护管理工作的领导。二要严格执行森林限额采伐和木材流通管理制度，坚决控制林木资源过量消耗。三要认真执行使用林地许可证制度，坚决制止随意侵占、破坏林地行为。四要切实加强对野生动物和珍稀植物的保护管理工作。

洛宁县连山林业希望小学落成

8 月 由河南省林业厅投资兴建的洛宁县连山林业希望小学落成并投入使用。省林业厅副厅长张守印及厅机关有关处室负责人参加了挂牌仪式。

建立河南省林木种苗质量监督检验站

8 月 21 日 河南省林业厅批复同意建立河南省林木种苗质量监督检验站，监督检验站内设质量监督检验科，与站种苗科合署办公。

专业森林消防队建设标准出台

9 月 1 日 林业厅印发《专业森林消防队伍建设标准》，进一步提高全省专业森林消防队伍的综合素质和整体水平，增强防火、扑火的综合控制能力。标准将专业森林消防队伍分为一、二、三级，实行百分制考核。对通过省护林防火办公室验收认定的，发给证书，并采用以投代奖的方式进行奖励；对升为一级队的奖励2万元，依次递增2万元。奖金只能用在森林防火基础设施建设上。

省林业高新技术试验基地项目获批

9月17日　河南省计委豫计农经[1997]1066号文批复：同意河南省林工商开发公司建设河南省林业高新技术试验基地项目，地址选在新郑市孟庄村，建设规模为450万亩。

省林木良种委员会成立

9月26日　省林业厅成立由河南农业大学教授蒋建平、省科学技术委员会高工赵宝璋担任顾问，省林业厅副厅长佘学友任主任委员的河南省林木良种审定委员会。委员会由林业科研、教学、生产及种苗管理部门的代表和专家组成，下设用材林、经济林和花卉三个专业委员会。办公室设在省经济林木种苗工作站。

全省市地林业局局长座谈会召开

9月27日　河南省林业厅召开全省市(地)林业局局长座谈会，组织林业系统的主要领导干部学习贯彻党的十五大精神和江泽民总书记、李鹏总理关于植树造林、绿化荒漠、建设生态环境的重要批示精神。省林业厅厅长马新高在会上强调：进一步加快林业生态建设步伐；强化森林资源的保护和管理；加速林业产业体系建设；坚持科教兴林，努力提高林业建设中的科技含量；深化林业改革，扩大林业开放。

鄢陵县柏梁木材检查站挂牌仪式举行

9月28日　河南省政府纠风办和省林业厅在鄢陵县为获得林业部首批全国木材检查站文明执法示范单位称号的鄢陵县柏梁木材检查站和孟津县雷河木材检查站举行挂牌、授牌仪式。

省树木改良中心成立

10月16日　河南省林业厅成立河南省树木改良中心。办公地点设在省经济林和林木种苗工作站。其主要职责：负责全省国内外、省内外优良林木树种的引进、驯化、改良等具体工作，承担全省平原绿化和山区造林最佳替代树种的选择和苗木繁育示范工作，承担全省林业生态工程、经济林基地和项目造林等重点林业工程建设的苗木繁育等项工作。

省护林防火指挥部等
联合表彰森林防火先进集体和个人

10 月 28 日 河南省护林防火指挥部、河南省人事厅和河南省林业厅对近 5 年来在森林防火工作中作出突出贡献和取得优异成绩的先进集体与先进工作者进行了表彰。授予平顶山市人民政府护林防火指挥部等 51 个单位“全省森林防火先进集体”称号，授予丁荣耀等 80 位同志为“全省森林防火先进工作者”称号。

省林业产业项目论证委员会成立

10 月 29 日 省林业厅成立由副厅长张守印任主任、助理巡视员王镇兴任副主任的河南省林业产业项目论证委员会，以进一步提高河南省林业产业建设水平，规范项目立项程序，强化林业资源保护，提高资源利用率和资金使用率。

河南省林业周转金管理办法出台

10 月 30 日 河南省林业厅印发《河南省林业周转金管理办法》(豫林计[1997]271 号)，对林业周转金规范管理作了具体的规定，明确林业周转金的资金来源和占用费的收取、周转金投放与回收和资金管理等内容。

林业部副部长李育材考察河南林业

11 月 5 ~6 日 林业部副部长李育材在河南省林业厅厅长马新高、副厅长张守印陪同下，考察了治沙造林、黄河防护林工程、林产品加工和省林业干部学校建设等工作。

省林业厅党组扩大会议在巩义召开

11 月 6 ~9 日 河南省林业厅党组在巩义召开扩大会议。会议的主要内容是学习十五大精神和江泽民总书记、李鹏总理的两个“批示”，总结前几年林业工作的成绩和问题，制定下一步全省林业发展战略。省林业厅厅长马新高，副厅长李德臣、张守印、余学友，纪检组长李健庭，副巡视员王镇兴出席了会议，省林业厅各处室、厅直单位的主要负责人参加了会议。

林业中级专业技术职务评审委员会成立

11 月 18 日　河南省林业厅分别组建由 20 人组成的林业工程系列中级专业技术职务评审委员会、科研系列中级专业技术职务评审委员会和教师系列中级专业技术职务评审委员会。

设立林产品流通改革试点单位

11 月 26 日　河南省林业厅研究决定，兰考县林业局、西华县林业局、信阳县林业局、信阳市豫西南林产品市场、南阳市宛城区林产品市场、鹤壁市果品批发市场、洛阳人造板厂、郑州林产品市场和郑州木材市场为试验区试点单位。通过在试点单位开展林产品流通改革试验课题研究，为全省林产品流通改革提供试验数据和改革经验，探索在社会主义市场经济条件下林产品流通规律，促进全省林产品市场体系建设，加快林业产业化进程。

鸡公山国家级自然保护区森林旅游总体设计获批

11 月 28 日　林业部对河南省林业厅上报的《关于鸡公山国家级自然保护区开展旅游的请示》作出批复，原则同意鸡公山国家级自然保护区管理局按照报批的《河南鸡公山国家级自然保护区森林旅游总体设计》方案，在保护区实验区内开展森林旅游活动等 5 条意见。

铜山森林公园建立

11 月 28 日　河南省林业厅对驻马店地区林业局《关于马道林场建立铜山森林公园的请示》作出批复，同意在国有马道林场建立“铜山森林公园”，规划区域为国有马道林场的全部，总经营面积为 109 635 亩。

省林业厅对省野生动物救护中心总体设计作出批复

12 月 2 日　省林业厅对省野生动物救护中心总体设计作出批复，同意省野生动物救护中心占地面积由 90 亩调整为 50 亩；办公用房、职工住宅选建在救护区以外；将省野生动物救护中心划分为 6 大区，即爬行、两栖类区，草食性区，杂食性区，水禽、鸟类区，肉食性区和灵长类区，自南而北分布等。

全省野生动物资源调查暨保护管理工作会召开

12 月 3 ~5 日 全省野生动物资源调查暨保护管理工作会在郑州召开，各市(地)林业局主管领导和技术负责人及有关专家等 50 余人参加了会议，河南省林业厅副厅长李德臣出席会议并讲话。会议就各地野生动物资源调查及保护管理情况进行了交流。省野生动物资源调查办公室的技术人员和河南师范大学的专家讲授了《河南省水鸟资源专项调查实施方案》，与会人员到郑州市动物园水禽区进行了实地水鸟调查训练，省野生动物资源调查办办公室通报了全省野生动物资源调查的进展情况。

河南省伏牛山自然保护区升为国家级自然保护区

12 月 8 日 国务院发布芦芽山等 18 处国家级自然保护区名单，河南省伏牛山自然保护区晋升为国家级自然保护区。

常永贤等获林业系统优秀财务人员称号

12 月上旬 林业部授予河南省常永贤等 10 位同志“1994 ~1996 年度林业系统优秀财务人员”称号。

省宝石桥林化有限责任公司筹建领导小组成立

12 月 16 日 省林业厅成立河南省宝石桥林化有限责任公司筹建领导小组，以加强对河南省宝石桥林化有限责任公司的领导，组织协调松脂资源、建设资金及有关政策的落实和实施。组长由副厅长张守印担任；副组长由厅产业处、计财处、保护处、林政处、省林工商开发公司及信阳市政府和信阳林业局等有关人员担任。

开展打击破坏野生动物资源违法犯罪活动专项斗争

12 月 20 日 省林业厅作出决定，在全省范围内统一行动，开展打击破坏野生动物资源违法犯罪活动的专项斗争。活动为期一个月，到 1998 年 1 月20 日结束。

河南省新郑林业高新技术试验场成立

12 月 23 日 河南省林业厅分别成立“河南省新郑高新技术试验场”和由副厅长张守印任组长，纪检组长李健庭、助理巡视员王镇兴任副组长的“河南省新郑林业高新技术试验场开发工作协调小组”。

通许等县被列入全国林业工作站建设合格县

12 月 29 日 林业部公布 1996 年全国林业工作站建设合格县名单，河南省通许县、宜阳县和沁阳市等 21 个县(市、区)被列入全国林业工作站建设合格县，受到通报表彰。

全省京九绿色长廊工程建设现场会召开

12 月 21～30 日 河南省绿化委员会在淮滨县召开全省“京九绿色长廊”工程建设现场会。

河南省冬季造林整地现场会召开

12 月 28～30 日 河南省冬季造林整地现场会在武陟县召开。

中国林学会第九届学术工作委员会第一次会议在河南召开

12 月 中国林学会第九届学术工作委员会第一次会议暨林业新科技革命研讨会在郑州市召开。林业部副部长刘于鹤出席大会并作重要讲话；河南省副省长张世英到会祝贺并讲话。

全国林业分类经营研讨会在河南召开

12 月 全国林业分类经营研讨会在郑州召开，各省(市、区)林业厅(局)主管造林营林的负责人出席会议并就分类经营问题进行了深入的研讨与交流。

1998 年

省人造板专业委员会成立

1 月 5 日 河南省林业产业协会——人造板专业委员会成立。

多部门联合表彰三八绿色优质工程

1 月 6 日 河南省妇联、省绿化委员会和省林业厅联合作出关于表彰 1997 年度“河南省三八绿色优质工程”的决定，对孟津县铁炉村“三八梨园”、中牟县马陵岗“三八绿色工程”和濮阳市区吴家村“三八苹果园”等 10 个绿色工程进行表彰，并命名为“河南省三八绿色优质工程”。

省林业厅明确铁路林政稽查站职责范围

1 月 6 日 河南省林业厅副厅长李德臣主持召开由厅林政处、省森林病虫害防治检疫站、郑州市林业局、郑州铁路分局林业管理所、管城区农委园林科等负责人参加的会议，明确郑铁分局林业管理所林政稽查站、管城区农委的职责范围，并形成纪要。铁路林政稽查站受省林业厅委托对铁路木材运输依法实施检查。铁路林政稽查站郑州东站点，对通过铁路运输的木、竹材及其制品在站内查验铁路货运大票的同时，查验木材运输证、检疫证，对手续齐全的予以放行：对无运输证、无检疫证或货证不符的，铁路林政稽查站跟踪依法查处 。对于合法放行或查处后放行的，其管理工作由管城区负责；经铁路二次运输木、竹材及其制品，需签发运输证、检疫证的，由管城区负责。纪要还要求管城区农委与铁路林政稽查站应严格履行职责，相互配合、相互支持，不得重复检查和处罚。

1997 年全省林业综合统计年报完成

1 月上旬 1997 年全省林业综合统计年报汇审完毕，结果显示：1997 年全省完成造林面积 210. 645 万亩。其中人工造林 163. 245 万亩，工程造林 30. 015 万亩；主要经济林产品产量 3 176 097 吨；林业固定资产投资完成额 11 990 万元；全省林业系统产业总产值 944 500 万元。

省林业厅植物新品种保护领导小组成立

2月6日　河南省林业厅根据《林业部办公厅关于成立林业部植物新品种保护领导小组的通知》(厅科字[1997]101号)精神，决定成立以副厅长余学友任组长的河南省林业厅植物新品种保护领导小组，副组长由厅科技处、省经济林和林木种苗工作站主要负责人担任。厅植物新品种保护领导小组办公室设在厅科技处。

省森林资源连续清查领导小组成立

2月12日　省林业厅请示省政府同意，成立以河南省绿化委员会副主任、厅长马新高任组长，林业部华东规划设计院院长傅宾岭，省军区后勤部副部长杨玉增，省农业厅副厅长张敬增，省水利厅副厅长冯长海，郑州铁路局副局长朱武宪，省林业厅副厅长李德臣和余学友任副组长的河南省森林资源清查领导小组，负责全省森林资源清查的领导协调工作。具体工作由省林业厅负责。

洛阳林业学校更改校名

2月12日　河南省教育委员会批复：同意河南省洛阳林业学校更名为河南省林业学校。更名后，学校隶属关系不变。

省林业厅表彰先进市地林业局

2月19日　河南省林业厅作出表彰决定，对在1997年全省造林绿化攻坚年中围绕造林灭荒和完善提高平原绿化的目标任务，创造性地开展各项工作，涌现出的一批先进典型进行表彰：授予郑州等8个市(地)林业局“1997年度先进市地林业局”称号，颁发奖牌，并给予受到表彰的市(地)林业局局长以资金奖励。

省林业厅表彰林业宣传工作先进单位和个人

2月19日　河南省林业厅作出表彰决定，授予郑州市等31个单位“全省林业宣传工作先进单位”称号，授予石学峰等51名同志“全省林业宣传先进工作者”称号。

全省林业宣传工作会议召开

2 月 21 日 河南省林业厅在郑州召开全省林业宣传工作会议。各市(地)林业(农林)局的局长和办公室主任、省会有关新闻单位的记者、省林业厅宣传工作领导小组全体成员等出席了会议。省委宣传部副部长常有功到会并讲话。郑州、商丘、洛阳、南阳等市林业局的局长代表先进单位介绍了搞好林业宣传工作的体会和经验。

表彰林业公安先进集体和优秀人民警察

2 月 26 日 河南省林业厅对在 1997 年度保护森林资源，打击违法犯罪活动，维护林区治安稳定工作中做出成绩的一批先进集体和优秀人民警察予以表彰，授予洛宁县林业公安派出所等 18 个单位"全省林业公安先进集体"称号，授予王大勇等 28 名林业公安民警"优秀人民警察"称号。

部省合建国有示范苗圃建设标准出台

2 月 26 日 河南省林业厅印发《河南省部省合建国有示范苗圃建设标准》和《河南省省市(地)合建国有中心苗圃建设标准》。规定示范苗圃通过国家、省、市和地方投资，5 年内达到管理科学化、育苗良种化、苗木质量标准化 8 项目标。中心苗圃要通过省、市 3 年的建设，到 2000 年达到苗圃经济状况明显好转，自给有余，苗圃年产值达 200 万元以上；生产责任制完善，生产经营结构合理；育苗树种全部良种化，具有名、特、优、新特点等 5 项目标。

徐枫逝世

2 月 26 日 河南省林业厅原副厅长、正厅级离休干部徐枫因突发性脑溢血，经抢救无效，在郑州逝世。

第四次森林资源连续清查办公室成立

2 月 27 日 河南省林业厅研究决定，成立以副厅长李德臣任主任、厅有关单位主要负责人及厅监察部门负责人和总工程师任副主任的河南省第四次森林资源清查办公室。办公室设在河南省林业勘察设计院，负责清查的具体工作。

洛阳市等单位获林业育苗工作先进单位称号

2 月 27 日　河南省林业厅对 1997 年度全省林木种苗工作先进单位和先进个人进行表彰，授予洛阳市等 37 个单位“林业育苗工作先进单位”称号；授予新密市国有苗圃等 10 个单位“全省十强国有苗圃”称号；授予栾川县老君山林场等 3 个单位“先进林木良种基地”称号；授予西峡县林木种子站等 3 个单位“先进林木种子站”称号；授予丁荣耀等 72 位同志“全省林木种苗工作先进个人”称号。

省林业厅专题研究郑州林产品市场管理委员会代收费问题

3 月 2 日　河南省林业厅副厅长张守印主持召开研究郑州林产品市场管理委员会代收费有关事项会议，就郑州林产品市场代收费问题形成纪要。明确提出管理委员会受省林业厅资源林政处、省森林病虫害防治检疫站、林产工业处、省林业基金站等 4 家单位委托具体办理林业保护建设费、木材运输许可证和植物检疫证书工本费、森林植物检疫费等行政事业性收费和育林基金的收取工作。对收取的资金必须全部按规定足额分别上交省林业基金站和森林病虫害防治检疫站，然后由两站上交省财政专户存储，保证专款专用。

全省春季平原绿化现场会召开

3 月 2 ~3 日　全省春季平原绿化现场会在漯河市召开，会议分析、总结了当前全省植树造林和平原绿化工作的形势，安排、部署了下一阶段全省的造林绿化工作。各市(地)的林业局局长，30 个平原绿化重点县的主管县(市)长和林业局局长参加了会议。河南省政府副省长王明义到会并讲话，强调要认真总结学习漯河市的经验，推动全省平原绿化工作快速发展；进一步提高认识，增强抓好平原绿化工作的自觉性和责任感；明确工作重点，切实把今年平原绿化工作抓出成效；加强领导，狠抓落实，推动河南省平原绿化再上新台阶。省人大副主任亢崇仁出席了会议。

淅川等县被列入全国山区综合开发示范县

3 月 6 日　全国山区综合开发协调办公室批准：淅川县、商城县和确山县被列入全国山区综合开发示范县。至此，河南省已有 6 个县列为全国山区综合开发示范县。

河南省联合木业发展有限公司成立

3 月 6 日 河南省林业厅批复，同意郑州华森实业公司与“康迪亚国际贸易南美有限公司”(以下简称“外方”)合作成立“河南省联合木业发展有限公司”，并要求对“外方”资信情况做进一步考察后，按照国家有关法规与“外方”签订合作协议，制定措施，确保协议条款的顺利履行。

王明义副省长发表植树节电视讲话

3 月 11 日 河南省政府副省长王明义发表题为《全民动手 绿化中州大地》植树节电视讲话，要求切实搞好全民义务植树运动。

范国强获中国林业青年科技奖

3 月 12 日 林业部表彰张方秋等 16 位获得第五届中国林业青年科技奖人员，河南农业大学林学园艺学教授范国强获此殊荣。

省委书记省长在《河南日报》发表关于林业的署名文章

3 月 12 日 河南省委书记李长春、省长马忠臣在《河南日报》发表题为《以十五大精神为指针，加速绿化中州大地》的署名文章，要求全省广大人民群众发扬艰苦创业精神，坚持不懈地抓好植树造林，为重塑山川秀美的中州大地作出贡献。

省领导参加义务植树活动

3 月 12 日 河南省委副书记宋照肃，省委常委郑增茂，副省长李志斌、王明义，省军区政委张建中等领导和各界群众数千人，到新密市黄帝宫参加第 20 个植树节义务植树活动。

省森林消防专业委员会成立

3 月 20 日 河南省林学会对省护林防火指挥部办公室关于组建河南省林学会森林消防专业委员会的报告进行批复：同意成立河南省林学会森林消防专业委员会。该专业委员会属学术性、专业性的群众团体，办事机构挂靠在省护林防火办公室，受省护林防火办公室和省林学会双重领导。

全省春季山区造林暨林业育苗现场会召开

3 月 20 ~ 21 日　全省春季山区造林暨林业育苗现场会在新安县召开。王明义副省长发表书面讲话，省人大常委会副主任亢崇仁出席会议并讲话。各市(地)林业局局长，20 个造林重点县主管县长、林业局局长，省林业厅有关处室、单位的负责人和有关新闻单位的记者共 100 余人参加了会议。省政协常委、农工委副主任、省林业厅原厅长马新高，省林业厅厅长张敬增，省林业厅副厅长李德臣、余学友以及洛阳市政府副市长张松涛和新安县委、县政府的领导出席会议，并与代表一起参观了新安县的造林和林业育苗现场。

全省森林防火工作电视电话会议召开

3 月 30 日　河南省政府召开全省森林防火工作电视电话会议，要求各地认真贯彻全国森林防火工作电视电话会议精神，狠抓各项防范措施的落实，确保不发生大的森林火灾。省政府副省长王明义通报了森林防火形势，部署了 1998 年的森林防火工作。

首批河南省乡镇林业工作站示范站获命名

3 月 30 日　河南省林业厅公布了首批河南省乡(镇)林业工作站示范站，确认新密市牛店乡林业工作站等 100 个乡(镇)林业工作站为首批“河南省乡镇林业工作站示范站”，并给予通报表彰。

全国林业财务管理会计决算分析会议在河南召开

4 月 14 ~ 17 日　国家林业局(1998 年 3 月 10 日,九届全国人大一次会议通过国务院机构改革方案,林业部改为国务院直属机构国家林业局)在河南省郑州市召开全国林业财务管理、会计决算分析会议。各省(自治区、直辖市)林业厅(局)计财处处长和主管人员参加了会议，国家林业局财务司副司长单吉儒、河南省林业厅副厅长张守印出席会议并讲话。会议对林业专项资金的投入、使用、管理情况进行了总结和经验交流，讨论分析了 1997 年全国森工企业、国有林场、苗圃、地方林业事业费、育林基金财务状况，并就全国森工企业、国有场圃、地方林业事业费、育林基金年度财务报表作了深入、广泛的讨论和研究，表彰了 1997 年度林业财务报表先进单位。

1998 年爱鸟周游园活动在郑州市动物园举行

4 月 19 日 由郑州市林业局、市科学技术协会主办，郑州市教委和市环境保护局协办的郑州市 1998 年“爱鸟周”游园活动在郑州市动物园举行。省、市林业主管部门的有关人员和郑州二中、八中等 12 所中学的 800 多名师生代表参加了这项活动。

长防林工程人工造林实绩核查及平原绿化达标县农田林网控制率抽查结果揭晓

4 月 22 日 河南省 1996 年度“长防林”工程人工造林实绩核查和平原绿化达标县农田林网控制率抽查结果揭晓。这项抽查工作是由林业部组织的，省林业厅对抽查情况进行了通报。根据通报：林业部对“长防林”工程抽查的 11 个省(市)33 个县中，河南省有两个县，即南阳市的西峡县和方城县，面积核实率为 100%，核实合格率为 98.8%，“两率”平均值为 99.4%，高于全国“两率”平均水平，在 11 个省(市)中排名第六。平原绿化工程抽查了河南省漯河市的临颍县和驻马店地区的上蔡县，分别调查了 17 和 30 个样方，两个县的农田林网控制率分别为 89.9% 和 85.3%，均达到部颁标准。

全省林业公安工作会议召开

4 月 26 ~ 28 日 河南省林业厅在郑州召开全省林业公安工作会议。省林业厅厅长张敬增、副厅长李德臣，省公安厅副厅长江峰、政治部主任刘国庆等出席了会议。会议的主要议题是：总结 1997 年冬和 1998 年春的“严打”工作，分析当前林区治安形势；部署下一步工作任务，安排民警“双考”和基层派出所装备达标及验收工作；表彰 1997 年度全省林业公安先进集体和优秀人民警察；李德臣副厅长同各市地主管林业公安工作的局长签订了目标管理责任书。江峰副厅长从加大执法力度、强化基础工作和从严治警等方面提出了要求。

玉皇尖森林公园建立

5 月 4 日 河南省林业厅批复：同意在国有淇河林场建立玉皇尖森林公园，面积为 44 730 亩，森林公园与国有林场实行“两块牌子，一套班子”的管理体制。

省政府调整绿化委员会成员

5 月 6 日 河南省政府对河南省绿化委员会成员作适当调整，组成了由省政府副省长王明义任组长，省军区副司令员于怀谋、省政府副秘书长兼办公厅主任王春生、省林业厅厅长张敬增和省建设厅厅长蒋书铭任副组长，省计委等 22 个单位的副厅级干部为委员的省绿化委员会。省绿化委员会办公室挂靠在省林业厅。办公室主任由张敬增兼任，办公室副主任由余学友兼任。

洛宁等县获全省荒山造林绿化先进县称号

5 月 19 日 河南省政府作出关于表彰荒山造林绿化先进县的决定，对按期完成荒山造林规划任务的洛宁县、栾川县、嵩县给予表彰，并授予“全省荒山造林绿化先进县”称号；同时，按照省政府与各市（地）签订的山区造林绿化目标责任书的有关规定，给予资金奖励。

省林业厅解除与省兰桐林业有限公司的挂靠关系

5 月 20 日 河南省林业厅根据省委办公厅、省政府办公厅《关于彻底清理挂靠省直机关的经济实体的紧急通知》（豫办[1998]16 号）精神，决定自即日起，解除河南省兰桐林业（集团）有限公司与省林业厅的挂靠关系。

全省国有森工企业增值税即征即退会议召开

6 月 2～3 日 全省国有森工企业增值税即征即退工作会议在郑州召开。

表彰全省森防体系建设先进单位和先进工作者

6 月 3 日 河南省林业厅授予信阳县等 8 个县（区）森林病虫害防治检疫站“全省森防体系建设先进单位”称号；授予栗纪轩等 67 位“全省森林病虫害防治先进工作者”称号；对在 1997 年森林病虫害防治检疫站标准化建设活动中达到省颁建站标准的南阳市森林病虫害防治检疫站等 11 个单位为达标单位，并给予通报表扬。

洛阳市荣获全省荒山造林绿化先进市称号

6 月 9 日 河南省委、省政府作出表彰决定，对 1997 年认真组织开展造林绿化攻坚年活动，整体实现了基本绿化宜林荒山，成绩显著的洛阳市给予表彰，并授予“全省荒山造林绿化先进市”称号。

全省森林病虫害防治工作会议召开

6 月 11 ~ 12 日 全省森林病虫害防治工作会议在信阳县召开，河南省林业厅副厅长李德臣、纪检组长李健庭出席会议并讲话。

多部门联合组织 严厉打击破坏森林资源违法犯罪活动

6 月 12 日 河南省林业厅、省公安厅、省高级人民法院和省人民检察院联合发出《关于开展严厉打击破坏森林资源违法犯罪活动的通知》，要求各公安、司法机关分三个阶段对各种乱占滥用林地，乱砍滥伐林木，乱捕滥猎野生动物的违法犯罪行为进行专项治理和严厉打击；对组织、策划、煽动、破坏森林资源的首要分子要依法严惩。

青龙山森林公园建立

6 月 16 日 河南省林业厅作出批复：同意国有巩义林场与大峪沟镇民权村联合建立巩义青龙山森林公园。该森林公园总面积 34 755 亩，其中国有巩义林场面积 22 584 亩，大峪沟镇民权村 12 171 亩，双方林地的权属关系不变。

学习贯彻新森林法座谈会召开

6 月 17 日 河南省人大常委会、省林业厅、河南日报社联合举办学习贯彻新森林法座谈会，省有关方面的领导、专业人员和知名学者共 40 多人参加了座谈会。

1998 年林业科技进步奖评选结果揭晓

6 月 24 日 1998 年林业科技进步奖评选结果揭晓。根据河南省林业厅科技进步奖评审委员会评审，并报厅科技进步奖领导小组审定，共评出 1998 年科技进步奖 13 项。其中，由河南农业大学生物工程学院等 11 个单位组织完成的“河南省林木寄生蜂种类调查研究”、省林业科学研究所等 11 个单位组织完成的“果树高效设施栽培综合技术研究”和省林业勘察设计院等 11 个单位组织完成的“利用 GPS 卫星定位导航系统进行飞播造林试验与推广”等 3 个项目获一等奖；由省林业科学研究所等 11 个单位完成的“河南省油松种源选择研究”等 8 个项目获二等奖；由唐河县林业局完成的“梨新优良种引进观察研究与推广”等 2 个项目获三等奖。

省绿化委员会第二十次全体会议召开

7 月 3 日 河南省绿化委员会第二十次全体（扩大）会议在郑州召开，河南省委副书记范钦臣和副省长王明义及各成员单位的领导出席会议。会议传达了全国绿化委员会第十七次全体（扩大）会议的精神，总结了 1997 年的造林绿化工作，交流了经验，表彰了先进。王明义副省长作了重要讲话。省绿化委员会副主任、林业厅厅长张敬增就 1997 年全省造林绿化情况和今后的工作安排作了工作报告。王明义副省长在总结讲话中强调：要进一步提高认识，增强搞好造林绿化工作紧迫感和使命感；依靠全社会力量，全方位搞好河南省的国土绿化；采取有力措施，切实加强对造林绿化工作的领导。

调整厅精神文明建设指导委员会等机构

7 月 14 日 根据工作需要和人员变动情况，河南省林业厅对“河南省林业厅精神文明建设指导委员会”、“河南省林业厅爱国卫生运动委员会”、“河南省林业厅社会治安综合治理领导小组”、“河南省林业厅计划生育领导小组”和“河南省林业厅廉政建设领导小组”等 5 个机构组成人员进行了调整。厅党组书记、厅长张敬增，厅党组成员、纪检组长李健庭分别担任以上机构的主任和副主任。

省林业厅厅长张敬增在鹤壁检查造林绿化工作

7 月 16 日 河南省林业厅厅长张敬增在鹤壁市副市长刘银锁、副秘书长杨文玉及林业局主要负责人的陪同下，对鹤壁市郊区和淇县 1995 年以来的造林工作及 1998 年雨季造林情况进行了检查并听取了鹤壁市造林绿化汇报。

代省长李克强考察林业工作

7 月 18～19 日 河南省委副书记、代省长李克强在信阳地委书记李中央、行署专员刘怀廉和地委秘书长化有勋的陪同下，到新县、罗山考察林业生产。在新县万亩银杏基地，李克强重点察看了吴陈河乡放牛山银杏基地。在新县国有林场山石门林果开发区，李克强察看了县外资项目办承包建造的 800 亩银杏园，对银杏地里套种经济作物的种植模式给予了肯定。在罗山县楠杆镇李寨村，李克强察看了面积为 1 050 亩的银杏园、板栗骨干苗圃和沿淮河滩的板栗丰产林。李克强考察后勉励信阳在保证粮食生产稳定的基础上，大力发展多种经营，进一步开发山区林业资源，尽快将资源优势转化为经济优势，加快老区人民脱贫致富步伐。

省林业厅表彰森林资源林政管理先进单位和个人

7 月 20 日　河南省林业厅分别授予许昌市林业局资源林政管理科等 54 个单位和吴宝在等 111 位同志“全省资源林政管理先进单位”、“ 全省资源林政管理先进工作者”称号。

1998 年度飞播造林工作结束

7 月 27 日　1998 年度飞播造林工作全部结束，全省共完成飞播造林作业面积 43.1 万亩，飞行 176 架次 230 个小时。

确认工程师和助理研究员

7 月 27 日　河南省林业厅向省林业技术推广站职称改革领导小组行文：经林业厅工程系列中级职务评审委员会评审通过，并经林业厅职称改革领导小组审核同意，确认郝猛进、张雪梅、谢春景、吴理安、田光合、林晓安、马永平、卢云凤、耿月英、李建祥等 10 人具备工程师任职资格；省林业厅向省林业科学研究所职称改革领导小组行文：经林业厅工程、科研系列中级职务评审委员会评审通过，并经林业厅职称改革领导小组审核同意，确认吕久儒、廉秀荣等 2 人具备工程师任职资格，冯述清、徐祯祥、李云典、赵北林、樊魏等 5 人具备助理研究员任职资格。

洛宁县楼梯山狩猎场建立

8 月 3 日　河南省林业厅作出批复：同意建立洛宁县楼梯山狩猎场，狩猎场隶属国有吕村林场，由洛宁县林业局进行业务监督和指导。狩猎场建在国有吕村林场的吕村林区楼梯山分区，面积 1.28 万亩。

省委副书记范钦臣在《河南日报》发表林业署名文章

8 月 5 日　省委副书记范钦臣在《河南日报》发表题为《把一个绿色更浓的河南带入 21 世纪》的署名文章，希望河南林业要发扬“愚公移山”和“红旗渠”精神，坚持不懈地抓好造林绿化工作，整治国土，改造山河，把一个绿色更浓的河南带入21世纪。

省委副书记范钦臣考察山区林业工作

8月4~7日　河南省委副书记范钦臣带领省直有关部门负责人，深入嵩县、栾川、卢氏、灵宝等地考察山区林业工作。范钦臣在考察中指出：林业既是改善生态环境、提高人类生存质量的重要公益事业，又是增加农民收入、使山区农民脱贫致富的重要途径。加快林业发展，对促进全省经济和社会可持续发展具有重要意义。他强调要继续深入林业改革，加大绿化工作力度，加快林业产业化进程，推动和促进河南省林业建设和农村经济持续、快速、健康发展。

一批单位和个人受到全国绿化委员会表彰

8月　《河南林业》[1998]第4期报道，全国绿化委员会第十七次全体(扩大)会议通过了《关于表彰全国造林绿化“四佳”单位和全国部门造林绿化“400佳”单位的决定》以及《关于颁发1997年度“全国绿化奖章”的决定》。河南省张松涛等20名同志获全国绿化奖章，南阳市获十佳城市称号，林州等3市(县)获百佳县称号，桐柏县大河乡等2个乡获百佳乡称号，光山县凉亭村获千佳村称号，洛阳石油化工总厂聚丙烯厂等10个单位获全国造林绿化“400佳”单位称号。

全省市地林业局局长会议召开

8月14日　全省市(地)林业(农林)局局长会议在郑州召开，主管林业工作的市(地)林业(农林)局局长和林业厅各处室单位的负责人参加了会议。省林业厅厅长张敬增主持会议；副厅长余学友传达了省委副书记范钦臣在豫西考察林业时的谈话要点和交办的有关事项，通报了8个县(市、区)造林规划抽查情况，安排部署了雨季造林工作；副厅长张守印总结了全省上半年的林业工作，并就当前的林业工作提出了具体意见。

河南太行山猕猴国家级自然保护区建立

8月18日　经国务院批准，建立河南太行山猕猴国家级自然保护区。该保护区面积84.9万亩，地跨济源、焦作、新乡3市的5个县(市)，是河南省目前面积最大的自然保护区。保护区建成后，将把太行山南麓保存较好的温带森林及猕猴栖息地连结成为一个整体。该区域内生物资源丰富，区系成分复杂，猕猴资源具有重要的保护和科研价值。

省荒漠化监测领导小组成立

8 月 18 日 河南省林业厅根据《国家林业局关于开展全国荒漠化监测工作的通知》(林造通字[1998]40 号)要求，成立了由副厅长余学友任组长的河南省荒漠化监测领导小组，以加强对全省荒漠化工作的领导。领导小组下设办公室，挂靠在造林处，负责处理日常工作。

调整信访工作领导小组和成立依法治林领导小组

8 月 24 日 河南省林业厅调整信访工作领导小组，成立依法治林领导小组。调整后的信访领导小组组长由省林业厅党组书记、厅长张敬增担任，副组长由副厅长李德臣、张守印和纪检组长李健庭担任。领导小组下设办公室，信访接待室设在政三街二号楼 435 号房间。成立由林业厅党组书记、厅长张敬增任组长，厅党组成员、副厅长李德臣任副组长的依法治林领导小组，领导小组下设办公室，办公室设在林政处。

省人大副主任亢崇仁赴东北三省进行林地立法调研

8 月 6 ~26 日 河南省林业厅李德臣副厅长陪同省人大常委会副主任亢崇仁一行 6 人赴东北三省进行林地立法调研。

黄河经济协作区林业专业会议召开

8 月 26 ~31 日 黄河经济协作区省(区)负责人第十一次会议在郑州黄河迎宾馆召开。青海、甘肃、宁夏、陕西、山西、内蒙古、河南、山东和新疆生产建设兵团、黄河水利委员会等省(区、兵团)的主要负责人和农业、林业、水利、乡镇企业、交通、旅游、经贸、计划等部门的负责人参加了会议。会议期间，召开了沿黄省(区、兵团)林业专业会议，国家林业局赵良平司长、沿黄省(区、兵团)林业主管部门负责人，新华社河南分社、河南日报社、大河报社、河南商报社、河南信息台、中国绿色时报社、森林与人类杂志社等新闻单位的记者参加了会议。河南省林业厅党组书记、厅长张敬增主持会议，副厅长张守印宣读了会议文件，国家林业局赵良平司长作讲话。出席会议的沿黄省(区、兵团)林业主管部门的负责人代表沿黄 31.2 万名林业工作者发出倡议，呼吁全社会《积极行动起来，绿化黄河，拯救黄河》。会议审议通过了《关于加强黄河沿岸林业生态工程建设和滩区综合开发的意见》，签订了《沿黄九省(区)林业信息技术交流协议书》和《沿黄九省(区)林木良种交换协议书》，原则通过了《沿黄九省(区)森林旅游联合开发意向书》。

国家林业局和省委省政府主要领导对杨树食叶害虫作出批示

8 月 19 ~ 30 日　河南省部分地区杨树食叶害虫暴发成灾，全省共发生杨树食叶害虫 2 亿株(折合 330 万亩)，占杨树总数的一半以上。有 3 000 万株杨树叶被吃光。新华社《国内动态清样》反映了这一情况。国家林业局局长王志宝、河南省委书记马忠臣、河南省代省长李克强、副省长王明义等领导分别在新华社《国内动态清样》上作出重要批示，要求尽快采取措施，遏制杨树害虫危害。

省政府印发加强森林资源保护管理工作的通知

9 月 3 日　河南省政府为贯彻国务院《关于保护森林资源制止毁林开垦和乱占林地的通知》(国发明电[1998]8 号)精神，结合河南省实际，印发了《关于加强森林资源保护管理工作的通知》(豫政[1998]43 号)，提出四项要求：一高度重视保护和培育森林资源工作；二采取有力措施，停止一切毁林开垦和乱占林地行为；三切实做好退耕还林工作，严格实施林地用途管制；四切实加强对林地保护管理工作的领导。

省政府要求加强国有林场管理和建设工作

9 月 16 日　河南省政府印发《关于加强国有林场管理和建设工作的通知》(豫政[1998]45 号)，要求：充分认识国有林场的重要作用，切实加强国有林场的管理工作；依法治林，维护国有林场的合法权益；增加投入，加大对国有林场的扶持力度；解放思想，加快国有林场的改革和发展；进一步加强国有林场干部职工队伍建设。

建设嵩山索道和嵩山三皇寨索道

9 月 16 日　河南省林业厅对登封林场《关于建设嵩山索道的请示》和《关于建设嵩山三皇寨索道的请示》作出批复：认为两个项目符合林业部《关于国家森林公园总体设计的批复》(林计字[1998]419 号)要求，同意建设。

全省国有林场工作会议召开

9 月 17 ~18 日 全省国有林场工作会议在栾川龙峪湾林场召开。会议的主要任务是：深入贯彻国家和省关于加快国有林场改革与发展、加强国有林地保护和管理的文件精神，交流经验，进一步解放思想，强化措施，深化改革，努力开创全省国有林场建设的新局面。河南省林业厅厅长张敬增、副厅长李德臣出席会议并讲话。

全省制止毁林开垦乱占林地工作会议召开

9 月 18 ~19 日 河南省林业厅在栾川县龙峪湾林场召开全省制止毁林开垦乱占林地工作会议。会议由厅长张敬增主持，李德臣副厅长作了题为《坚决制止毁林开垦和乱占林地，切实加强森林资源保护管理工作》的讲话。

郑州铁路分局林业管理所开展木材运输检查监督

9 月 23 日 根据《中华人民共和国行政处罚法》第 19 条规定，河南省林业厅委托郑州铁路分局林业管理所林政稽查站在郑州铁路分局所辖的郑州东站、西站和开封、新乡、许昌等车站依法实施木材运输检查监督。委托期限自 1998 年 9 月 1 日至 2001 年 8 月 31 日止。

河南省中等林业学校工作座谈会召开

9 月 28 ~29 日 河南省中等林业学校工作座谈会在郑州召开。与会代表就中等林业学校在改革与发展中存在的问题及对策、林业实践生招生、专业调整等方面的问题进行了讨论。

省林业厅考核 1998 年度森防工作目标完成情况

10 月 6 ~14 日 河南省林业厅组成 4 个考核组，对焦作、新乡、洛阳、郑州、平顶山、南阳、周口、驻马店等 8 个市(地)17 个县(市、区)1998 年度的森林病虫害防治工作目标任务完成情况进行了抽查考核。

省林业厅理顺直属公司隶属关系

10 月 7 日 河南省林业厅下发《关于理顺直属企业隶属关系的通知》，明确河南省林工商开发公司、河南省银林技术开发公司、河南省兴林科技开发公司和河南省“三林”公司为一级法人单位。河南省林业厅物资站、河南省(新郑)林业高新技术试验场和郑州华森实业公司分别为河南省林工商开发公司、河南省银林技术开发公司和河南省兴林科技开发公司的二级法人单位。强调今后省林业厅只对以上 4 个一级法人单位(公司)进行监督，二级法人单位由其隶属于的一级法人单位负责管理。

新印制的陆生野生动物或其产品出省运输证明启用

10 月 15 日　按照国家林业局要求，河南省启用全国统一新印制的《陆生野生动物或其产品出省运输证明》，铁路、民航、交通等运输单位严格凭新证承接野生动物运输业务。

1998 年度长防林工程人工造林实绩抽查结果揭晓

10 月 19～25 日　河南省林业厅组织检查组对南阳市“长防林”工程 1998 年人工造林实绩进行了抽查。抽查了内乡和淅川两个县。核查结果是：内乡县的面积核实率 94.83%，上报合格率 89.22%，核实合格率 94.09%，作业设计率、建档率和自查验收率均为 100%，幼林抚育率 23%；淅川县的面积核实率 94.8%，上报合格率 90.64%，核实合格率 95.93%，作业设计率、建档率和自查验收率均为 100%，幼林抚育率 13%。

谭运德等获全国农业科技推广先进个人称号

10 月 20 日　国家林业局对在 1997 年中央、国务院确定的“农业科技推广年”活动中作出成绩的单位和个人进行表彰，河南省信阳地区林业局、省林业科学研究所分别被授予“农业科技推广年活动先进集体”称号；赵丰璞、谭运德和许时钦等 3 人被授予“农业科技推广先进个人”称号。

全省森林防火工作会议召开

10 月 24 日　全省森林防火工作会议在淇县召开。会议总结了 1997 年冬和 1998 年春的森林防火工作，部署了 1998 年冬和 1999 年春的森林防火工作。河南省林业厅李德臣副厅长在会上要求做好以下几项工作：坚持“预防为主，积极消灭”的方针，全面落实森林防火行政领导和部门分工负责制；切实抓好以火源管理为中心的各项防火扑火措施的落实；加强生物防火林带工程等基础设施建设；提高森林消防队伍的整体素质；依法治火，强化森林防火法制建设，努力减少森林火灾损失，力争不发生大的森林火灾。

开展打击破坏森林资源违法犯罪活动专项斗争

10 月 31 日 河南省高级人民法院、人民检察院、林业厅、公安厅、监察厅联合下发《关于开展打击破坏森林资源违法犯罪活动专项斗争的通知》，并结合实际，制订了周密的专项斗争行动计划和方案。

省林业厅派督察组督察全省制止毁林开垦和乱占林地情况

10 月 河南省林业厅派出 11 个督察组，对全省 18 个市(地)贯彻落实国务院《关于保护森林资源制止毁林开垦和乱占林地的通知》、国家林业局《关于认真落实〈国务院关于保护森林资源制止毁林开垦和乱占林地的通知〉的通知》、省政府《关于加强森林资源保护管理工作的通知》、省林业厅《关于保护森林资源制止毁林开垦和乱占林地的实施意见及行动方案的通知》情况进行监督检查。

组建林业中级专业技术职务评审委员会

11 月 12 日 河南省林业厅成立了由王树选担任主任委员的林业工程系列中级专业技术职务评审委员会。教师系列中级专业技术职务评审委员会由李当彬担任主任委员。

全省森林资源保护工作协调会召开

11 月 18 日 河南省副省长王明义主持召开全省森林资源保护工作协调会，省直 20 多个部门的有关领导参加会议，专题研究森林资源保护工作。

全省森林资源保护暨森林防火工作电视电话会议召开

11 月 19 日 河南省政府召开全省森林资源保护暨森林防火工作电视电话会议，部署“严打”和森林防火工作。省政府副省长、公安厅厅长王明义，省委政法委副书记李连魁出席会议并作重要讲话。省林业厅厅长张敬增通报了全省林业“严打”专项斗争情况，公安厅党委委员、纪委书记何云岐宣布了严厉打击破坏森林资源违法犯罪活动专项斗争行动方案。

严厉打击破坏森林资源违法犯罪活动专项斗争首次联席办公会议召开

11 月 20 日 河南省委政法委召集省法院、省检察院、林业厅、公安厅、监察厅有关领导召开严厉打击破坏森林资源违法犯罪活动专项斗争首次联席办公会议召开。省委政法委副书记李连魁主持会议并作重要讲话，省高级人民法院副院长杨聚章、省人民检察院副检察长王田海、省林业厅副厅长李德臣及省林业厅、公安厅、监察厅有关处室的负责人参加会议。会上，省林业厅公安处处长谢晓涛汇报了全省排查的重大疑难林业案件处理情况。会议研究确定了专项斗争办公室的人员、职责、制度及近期工作事项。

河南省林业与社会可持续发展战略研讨会召开

11 月 28 ~ 29 日　河南省林业厅和省经济战略学会在郑州联合举办“河南省林业与社会可持续发展战略研讨会”。省人大常委会副主任张世英出席会议并作重要讲话。全省各(地)的林业、环保专家到会就林业可持续发展及生态环境建设问题作了学术报告，进行了论文交流。专家们呼吁：发展绿色植被，是改善生态环境、维持人类生存发展的最根本的保障措施。在发展绿色植被中，发展森林，提高森林覆被率，是重中之重。

全省市地林业局局长会议召开

11 月 29 日　河南省林业厅召开全省市(地)林业局局长会议，对全省的“双清”、“严打”工作作了进一步安排。省林业厅张敬增厅长要求各地林业部门抓住当前的有利时机，深入开展清理清查和“严打”工作。李德臣副厅长对“严打”工作作了具体部署。

省政府护林防火指挥部成员单位职责出台

12 月 7 日　《河南省人民政府护林防火指挥部成员单位森林防火职责》经全省森林资源保护协调会讨论通过，正式印发。职责要求各有关部门要在党委、政府的统一领导下，围绕森林防火这一共同目标，各司其职，各负其责，同心协力，做好工作

省林业厅张敬增厅长到河南林业杂志社现场办公

12 月 8 日　河南省林业厅张敬增厅长到河南林业杂志社现场办公，同全体工作人员座谈，并就如何办好《河南林业》发表了意见。张敬增厅长在听取了杂志社人员及知识结构、工作情况的汇报后指出：要充分利用《河南林业》这一阵地，宣传林业，唤起全社会的绿化意识。他强调：要加强与林业系统各单位的联系，取得多方支持，齐心合力把《河南林业》办成同类期

刊中的佼佼者。

建立新县金兰山森林公园

12 月 8 日 河南省林业厅作出批复：同意在国有新县林场建立新县金兰山森林公园，经营面积 5 万亩。森林公园与国有林场实行“两块牌子、一套班子“的管理体制，原隶属关系、山林权属和经营范围均保持不变。

省林业厅自学考试管理中心成立

12 月 8 日 河南省林业厅决定成立“河南省林业厅自学考试管理中心”（挂靠在省林业学校），以加强全省高教自学考试“林业生态环境管理专业”的管理工作，适应林业行业开展自学考试工作的需要。

建立经济林组织培养和工厂化育苗基地

12 月 11 日 河南省林业厅作出批复：同意省“三林”公司申请建立经济林组织培养和工厂化育苗基地，项目规模为年产苗木 120 万株，项目总投资为 300 万元。

省林业厅印章使用管理办法出台

12 月 11 日 河南省林业厅印发《印章使用管理办法》，规定厅发正式文件及上报材料、报表等，需经林业厅领导签发后，才能加盖厅印章。这是林业厅第一次对厅印章的使用管理作出规定。

河南省林业厅天然林保护工程领导小组成立

12 月 21 日 河南省林业厅成立以副厅长张守印任组长的河南省林业厅天然林保护工程领导小组，以切实加强对天然林保护工作的领导，确保顺利实施天然林保护工程。领导小组下设办公室，负责日常工作。办公室主任由林政处主要负责人王树选兼任。

河南省第四次森林资源清查通过验收

12 月 22 日 河南省第四次森林资源清查圆满结束，顺利通过了国家林业局组织的验收。

省林业厅表彰第四次森林资源清查先进单位

12 月 22 日　河南省林业厅对全省第四次森林资源清查先进单位和先进个人进行表彰。授予林州市林业局等 31 个单位“第四次森林资源连续清查先进单位”称号；授予李国奇等 114 位同志“第四次森林资源连续清查先进个人”称号。

新密市等获全国林业工作站建设合格县称号

12 月 28 日　国家林业局公布 1997 年全国林业工作站建设合格县名单，河南省新密市、荥阳市和兰考县等 25 个县(市、区)榜上有名，受到表彰。

1999 年

中国林业科学院院长江泽慧考察河南林业

1 月 16～18 日　国家林业局党组成员、中国林科院院长江泽慧一行在河南省委、省政府领导陪同下，先后考察了河南省平原绿化、防沙治沙和花卉产业，并参加了中国林业科学院经济林研究开发中心揭牌仪式。考察期间，江泽慧与省委书记马忠臣、省长李克强进行了亲切交谈，并与河南省林业厅党组成员座谈，研究河南林业发展问题。

成立重点保护野生植物资源调查领导小组和技术组及专家顾问组

1 月 20 日　省林业厅成立河南省重点保护野生植物资源调查领导小组和技术组及专家顾问组，以加强对重点保护野生植物资源调查工作的领导、技术监督和咨询指导。领导小组由河南省林业厅副厅长李德臣任组长，下设办公室，办公地点设在省林业勘察设计院；技术组由林业勘察设计院副院长任组长，负责制定技术文件、技术指导和技术监督以及调查成果质量的审定；专家顾问组由河南农业大学教授卢炯林任组长，河南农业大学叶永忠、省林业勘察设计院总工程师赵体顺、河南农业大学林学院副院长苏金乐任成员，为全省野生植物资源调查提供技术咨询，审核各种技术文件，对重大技术问题进行指导和监督。

郑州等 9 市地获 1998 年先进林业局称号

1 月 28 日　河南省林业厅作出表彰决定，授予郑州市、洛阳市、安阳市、焦作市、许昌市、商丘市、周口地区、驻马店地区、信阳市林业局“1998 年度先进市(地)林业局”称号。

省林业厅表彰 1998 年度林业工作先进单位

1 月 28 日　河南省林业厅作出表彰决定，对 1998 年度河南林业工作先进单位予以表彰，分别授予开封市农林局“防沙治沙先进单位”称号、鹤壁市林业局“全民义务植树先进单位”称号、濮阳市林业局“经济林建设先进单位”称号、新乡市林业局“林业育苗先进单位”称号、三门峡市林业局“林业宣传先进单位”称号、漯河市林业局“林业产权制度改革先进单位”称号、平顶山市林业局“城郊绿化先进单位”称号、南阳市林业局“林业严打专项斗争先进单位”称号、济源市林业局“森林防火先进单位”称号。

林业厅办公室等8个单位获先进单位称号

2月9日　河南省林业厅作出表彰1998年度先进单位的决定，授予厅办公室、计财处和人事处等8个单位“1998年度先进单位”称号。

表彰三八绿色工程和三八红旗手

3月5日　河南省妇女联合会、省林业厅联合表彰“三八”绿色基地建设工程及个人，命名商城县冯店乡石关口村“三八绿色基地”等10个工程为“三八绿色优质工程”；王红梅等19人为“三八绿色奖章”获得者，同时授予她们“三八红旗手”称号。

石振邦逝世

3月6日　河南省林业厅原副厅长、离休干部石振邦因患脑溢血，在洛阳逝世，享年90岁。

全省林业工作会议召开

3月8日　河南省委、省政府在郑州召开全省林业工作会议，会议总结了河南省实施十年造林绿化规划的成绩、经验和存在的问题，制定和部署了下一步林业的发展方向和工作方案，表彰了先进，通报批评了3个平原绿化滑坡的县(区)。河南省委副书记范钦臣发表书面讲话，省委副书记黄晴宜出席会议并颁奖，副省长王明义作工作报告，省人大、省政协、省军区的领导，省绿委成员单位的负责人，各市(地)主管农村工作的副书记或副市长(副专员)、林业局局长，重点县(市、区)的书记或县(市、区)长出席了会议。省委副书记范钦臣在书面讲话中强调：一要进一步提高对新形势下林业地位与作用的认识；二要采取有力措施，确保河南省跨世纪林业生态环境建设目标的如期实现；三要切实加强造林绿化工作的领导。王明义副省长在报告中总结了河南省十年造林绿化规划的实施情况，强调要突出抓好林业生态体系建设，按照治山、治水、兴林相结合，水旱风沙灾害综合治理的原则，建立起重点突出、布局合理、内涵丰富的林业生态体系，使全省的生态环境有较明显的改善。抓好林业产业体系建设，搞好林业立法和执法工作。

河南省绿色通道工程建设会议召开

3 月 9 ~ 10 日 河南省绿色通道工程建设会议在商丘市召开。河南省副省长王明义出席会议并作重要讲话，省绿化委员会副主任、林业厅厅长张敬增作工作报告。有关市(地)主管绿化工作的副书记或副市长(专员)，18 个市(地)的林业局局长，公路、铁路、城建、水利等有关部门的负责人出席会议。会议代表参观了商丘市绿色通道工程建设的现场。王明义副省长在讲话中着重强调：一要充分认识通道绿化和城乡绿化一体化建设的重要作用；二要明确事权、各负其责，加快工程建设进度；三要因地制宜，讲究实效，认真编制工程建设规划；四要整体推进，重点突破，多出精品工程；五要完善监督检查机制，一级抓一级，层层狠抓落实；六要及早动手，抓紧做好绿化执法检查准备工作。

省委书记省长发表加强林业生态环境建设的署名文章

3 月 12 日 河南省委书记马忠臣、省长李克强在《河南日报》上发表《加强林业生态环境建设，促进全省可持续发展》的署名文章。文章指出：河南省地处中原，是人口大省，保护生态环境、治理生态环境恶化的任务十分繁重。经过多年努力，特别是实施《河南十年造林绿化规划》以来，全省林业生态环境建设有了长足发展。强调：各级党委、政府和全省人民要积极响应江泽民总书记关于“发扬艰苦创业的精神，齐心协力地大抓植树造林，绿化荒漠，建设生态农业”的伟大号召，弘扬“愚公移山”和“红旗渠”精神，一届接着一届干，按照党中央、国务院的部署，一张蓝图绘到底，努力实现中原大地山川秀美的宏伟目标。

郑州市军民共建生态防护林揭牌仪式举行

3 月 12 日 郑州市军民共建生态防护林揭牌仪式及植树活动在郑州市二七区侯寨乡罗沟村大外环东侧举行。河南省委副书记黄晴宜，省人大常委会副主任张世英，副省长张洪华、李志斌、王明义，省政协副主席姚如学，省军区副政委廖双全及省市机关干部职工、驻郑解放军、武警部队官兵、军事院校师生、省会学生代表、河南省青年志愿者义务植树队等共 1 200 多人参加揭牌仪式和植树造林活动，栽泡桐、毛白杨等 8 万余株。副书记黄晴宜、副省长张洪华在植树现场分别接受了记者采访。黄晴宜强调，植树造林不但经济效益明显，为群众增加收入，而且对改善生态环境、提高城乡人民生活质量起着重要作用，是一项造福于人民、造福于子孙后代的宏伟工程。各级党委、政府都应该提高认识，坚持不懈地把这项工作抓紧抓好。张洪华说：郑州市启动的环城生态防护林工程，既是生态工程，也是形象工程，是绿化美化郑州、提高市民生活质量、恢复“绿城”形象的重要举措，广大军民要积极响应，尽快把这项工程建好。

省林业学校等新增专业

3 月 15 日　经河南省林业厅研究，并报省教委备案，同意河南省林业学校增设“森林旅游”专业；信阳林业学校增设“林产品加工”专业；汝南园林学校增设“环境管理”专业。省林业学校、信阳林业学校、汝南园林学校专业设置分别达到了 11 个、8 个、8 个，所设专业包括了工、农、林、财经、管理 6 科 12 类 18 个专业，为各校适应河南省林业职业教育发展的需要奠定了基础。

全省林业育苗现场会召开

3 月 15 日　全省林业育苗现场会在灵宝市召开。会议总结了 1998 年全省林木种苗工作，部署了 1999 年全省林木种苗任务。河南省林业厅副厅长余学友在会上讲话，指出 1999 年林木种苗要重点抓好以下工作：一是不折不扣地完成大田育苗 20 万亩、容器育苗 2.5 亿袋的育苗任务；二是进一步做好林种、树种结构调整，加大良种繁育推广力度；三是全面启动种苗工程；四是建立健全林木种苗执法体系，加大执法力度；五是进一步深化国有苗圃改革，加快国有苗圃脱贫步伐。

长防林工程受到国家林业局有关部门表彰

3 月 29 日　国家林业局长防林工程办公室通报表彰 1997 年“长防林”工程建设人工造林实绩突出的省份，河南省位列表彰通报中。在国家林业局于 1998 年组织的对全国 11 个省 1997 年“长防林”工程建设人工造林实绩核查中，河南省的面积核实率和核实合格率的平均值都超过了全国“两率”平均值，在 5 个“两率”超平均值的省份中列第二名。

省林业厅举办全省中等林校教师优质课竞赛活动

4 月 1 日至 5 月 15 日　河南省林业厅组织举办首届全省中等林校教师优质课竞赛活动。河南省林业学校、信阳林业学校、汝南园林学校对此项活动非常重视，认真选拔优秀选手参赛。三所林业学校共有100余名教师参加了选拔和竞赛活动。经过决赛，信阳林业学校的许雅玲获得一等奖；河南省林业学校的杨建萍、李芳、聂淑媛，汝南园林学校的丁林、张晓翰，信阳林业学校的金艺获得二等奖；马占营、王二梅、申明海、付蕾、孙丹萍、刘中华、刘夏斐、陈爱静、匡春临、庞仿洲、涂心环等11名选手获得三等奖。

第一批全省木材检查站文明执法示范单位公布

4月6日 河南省林业厅公布第一批全省木材检查站文明执法示范单位名单。经各市(地)林业主管部门推荐和河南省林业厅验收，首批确定的全省木材检查站文明执法示范单位为南乐县乔崇町站、卢氏县杜关站、栾川县潭头站、嵩县何村站、西峡县袁店站、息县岗李站。

1999年爱鸟周联合行动河南站在三门峡市举行

4月15日 1999年“爱鸟周”联合行动河南站在三门峡市举行。此次活动是中国野生动物保护协会与北京、山西、河南、河北4省(市)野生动物保护协会借“爱鸟周”之机联合开展的以“让鸟儿与人类共享蓝天”为主题的爱鸟护鸟联合行动的一部分。联合行动首先于4月10日在北京市动物园启程，4月12日抵达山西太原、忻州，4月14日到达三门峡。河南站活动的重点是普及鸟类知识，讲解鸟类益处，介绍鸟类救护方法，宣传动物保护方面的法律知识，剖析典型案例等。4月15日上午9点30分，活动在三门峡市街心花园拉开帷幕。活动内容有儿童画鸟作品展，中小学生现场作画，爱鸟科普知识图片展，专家咨询，现场观鸟、爱鸟、护鸟万人签名，电视专题片播放，赠送动物徽章等。

成立省林业厅计划生育专项治理领导小组

4月15日 河南省林业厅成立计划生育专项治理领导小组。党组书记、厅长张敬增任组长，纪检组长李健庭任副组长，厅有关处室负责人为小组成员。领导小组办公室设在厅机关党委。

李军等具备高级专业技术职务任职资格

4月20日 经河南省工程系列高级专业技术职务任职资格评审委员会1998年12月15日至24日评审通过，并经省职称改革领导小组审查同意，李军、唐秀军、邢铁牛等9人具备工程系列高级工程师专业职务任职资格。

同年12月8日至10日，丁向阳等2人通过河南省农业科学研究系列高级专业技术职务任职资格评审委员会评审，并经省职称改革领导小组审查批准，具备副研究员任职资格。

省林业厅人大代表建议和政协委员提案办理工作领导小组成立

4月28日 按照省政府的有关要求，河南省林业厅成立了以厅长张敬增任组长、副厅长张守印任副组长的人大代表建议和政协委员提案办理工作领导小组。领导小组下设办公室，办公室主任由张守印副厅长担任，副主任由厅办公室负责人担任。

省林业厅厅长张敬增到濮阳市调研林业工作

5月5~7日 河南省林业厅厅长张敬增到濮阳市调研林业工作，先后到戚城公园、中心广场、世锦公司、筹集中的中原绿色庄园和范县、南乐及白条河进行了实地调查。

全省林业严打专项斗争总结表彰会召开

5月18日 全省林业“严打”专项斗争总结表彰会在郑州召开。各市(地)政法委、法院、检察院、林业(农林)局、公安局(处)、监察局的负责人参加了会议。省委政法委副书记李连魁、省林业厅厅长张敬增、省林业厅副厅长李德臣、省法院副院级巡视员张建仁、省检察院副检察长王田海、省公安厅副厅长王济晟、省监察厅副厅长董光峰出席会议。大会授予西峡县人民法院等45个单位“全省林业严打专项斗争先进集体”称号，授予济源市政法委副书记周祥林等40名同志“全省林业严打专项斗争先进个人”称号。省委政法委副书记李连魁在会上作重要讲话，要求各地要继续坚持“严打”方针，巩固专项斗争成果，并以这次专项斗争为契机，着手建立一个由司法、林业、监察、环保等有关部门共同参与的森林资源保护机制，最大限度地预防和控制森林案件的发生。

河南省林地保护管理条例通过省人大审议

5月30日 《河南省林地保护管理条例》经河南省第九届人民代表大会常务委员会第九次会议审议通过，并于1999年7月1日起施行。条例涵盖了林地权属管理、林地管理、林地保护、林地占用和征用等内容。条例的出台，对于切实保护河南省林地，加强林地管理和合理利用林地资源，保障林业发展，改善生态环境，促进社会经济的可持续发展有着十分重要的意义。

建立全宝山和新安小浪底库区森林公园

6 月 14 日 河南省林业厅分别对洛阳市林业局《关于建立全宝山森林公园的请示》和《关于建立新安小浪底库区森林公园的请示》作出批复：同意建立全宝山森林公园和新安小浪底库区森林公园，经营面积分别为 14 370 亩和 629 040 亩。全宝山森林公园与全宝山国有林场实行“两块牌子、一套班子”的管理体制，原隶属关系、山林权属和经营范围均保持不变。新安小浪底库区森林公园由新安县林业局负责行业管理，辖区国有新安郁山林场的法人地位不变，原隶属关系、山林权属和经营范围均保持不变。

30 名护林员获得全国优秀乡村护林员称号

6 月 25 日 国家林业局授予陶立轩等 30 名同志全国优秀乡村护林员称号，并颁发了全国优秀乡村护林员奖牌和证书。

省林业勘察设计院党总支等获先进党组织称号

6 月 30 日 河南省林业厅厅直党委对在 1997～1998 年度“创先争优”活动中涌现出来的先进党组织、优秀党务工作者和优秀共产党员进行表彰。授予省林业勘察设计院党总支等 3 个单位先进党组织称号，授予王学会等 2 人优秀党务工作者称号，授予袁黎明等 29 人优秀共产党员称号。

1999 年省林业厅科技进步奖评选结果揭晓

7 月 2 日 河南省林业厅公布了 1999 年厅科技进步奖获奖名单。本年度全省共评出获奖项目 15 项。由省经济林和林木种苗工作站等 11 个单位、河南省森林病虫害防治检疫站等 17 个单位、河南省林业勘察设计院等 11 个单位、河南省经济林和林木种苗工作站等 6 个单位分别完成的“日本落叶松高级种子园营建及优良无性系选择利用研究”、“泡桐叶甲综合治理技术研究”、“河南日本落叶松人工林生态效应及丰产模式研究”、“中国牡丹基因库的建立与新品种选育研究”等 4 个项目荣获一等奖；由河南农业大学林学园艺学院等 11 个单位完成的“板栗矮密早优综合丰产技术研究”等 8 个项目分别荣获二等奖；由河南内乡宝天曼国家级自然保护区管理处等 11 个单位完成的“内乡宝天曼自然保护区生物多样性与生物标本采集制作技术研究”

等3个项目分别荣获三等奖。

河南省林业公安督察委员会成立

7月6日　河南省林业厅决定成立河南省林业公安督察委员会，以进一步加强林业公安队伍建设和林业公安工作，强化林业公安内部监督制约机制。督察委员会成员由公安部统一制发证件，按照《公安机关督察条例》的规定，负责对全省林业公安机关及其人民警察依法履行职责，行驶职权和遵守纪律的情况进行监督。

全国森林病虫害防治工作会议在河南召开

7月21～22日　全国森林病虫害防治工作会议在郑州召开，国家林业局副局长李育材、造林司司长雷加富、副司长郝燕湘、森林病虫害防治检疫总站副总站长陈凤学及有关单位负责人出席了会议，各省（区、市）林业（农林）厅（局）主管森林病虫害防治检疫工作的厅（局）长和森林病虫害防治检疫站站长参加了会议。会议传达了国务院副总理温家宝关于森林病虫害防治工作的重要批示，李育材副局长就全面贯彻温家宝副总理批示精神和进一步做好森防工作作重要报告，强调做好五个方面工作：一是必须把病虫害防治工作提到保障林业健康发展和生态环境建设顺利进行的战略高度来认识；二是必须明确各级政府对森林病虫害防治工作的领导责任；三是各项防治措施必须全面加强；四是必须依靠科技，科学开展防治；五是必须加强依法防治。会议代表参观了开封市尉氏县杨树食叶害虫防治现场。河南省政府王明义副省长出席会议，并代表省委、省政府向大会致辞。

启用河南省松香运输专用章

8月2日　河南省林业厅印发关于启用河南省松香运输专用章的通知，标志着全省各地木材检查站即日起开始对松香运输凭证进行检查。松香产品出省运输凭证委托各市（地）林业（农林）局办理，省内松香运输凭证由各市（地）林业（农林）局自行办理。

两林业学校被誉为林业成人教育先进单位

9月7日　国家林业局授予河南省林业学校和信阳林业学校“全国林业成人教育先进单位”称号；授予吴玉洲“优秀教师”称号；授予刘占军“优秀教育工作者”称号。

国家林业局副局长李育材到河南调研

9 月 8～10 日 国家林业局副局长李育材、植树造林司副司长郝燕湘一行 4 人，在河南省人大常委会副主任亢崇仁、省林业厅厅长张敬增等陪同下，对河南平原绿化进行了专题调研。李育材一行先后考察了周口地区的林业育苗、枣农间作、木材加工，许昌市的花卉生产、沙区综合开发，开封市的沙区综合治理、农田综合防护林建设，商丘市的农条(白蜡)间作、农桐间作等，对河南平原绿化取得的成绩给予了高度赞扬。

林业公安十五计划及 2015 年规划出台

9 月 河南省林业厅印发《河南省林业公安(检、法)机关“十五”计划及 2015 年规划》。根据该规划，2000 年至 2015 年河南林业公安(检、法)工作的总体目标是：紧紧围绕林业发展大局，正确分析未来形势，立足资源保护，着眼林业长远发展，为改善人类生存环境作出贡献；在建立健全机构，完善执法体系的同时，逐年增加经费投入；加强林业公、检、法队伍建设，建立一支强有力的森林保护队伍。

孟津梨基地等受到全国妇联和国家林业局表彰

10 月 15 日 全国妇女联合会、国家林业局授予孟津县“妇字号”孟津梨基地等 3 个工程全国“三八绿色优质工程”称号，授予左孝慈等 5 人“三八绿色奖章”。

省林业厅表彰林业科技推广工作先进单位和个人

10 月 18 日 河南省林业厅作出表彰决定，对在林业科技推广工作中取得突出成绩的巩义市林业技术指导站等 50 个单位予以表彰，并授予“河南省林业科技推广先进单位”称号；对田清杰等 100 名同志授予“河南省林业科技推广先进工作者”称号。

省公安厅和林业厅领导检查林业公安工作

11 月 2～5 日 河南省公安厅副厅长王济晟、林业厅副厅长李德臣与治安处、林业公安处的负责人一起，对三门峡和洛阳的治安状况和林业公安工作进行了检查。

表彰河南省野生动物保护先进集体和先进个人

11 月 7 日　河南省林业厅对在野生动物保护工作中取得突出成绩的 46 个单位和 182 名个人予以表彰，授予信阳市林业局等 16 个单位“河南省野生动物保护管理先进单位”称号，授予荥阳市林业局等 30 个单位“河南省野生动物资源调查先进单位”称号；授予蒋新建等 65 名人员“河南省野生动物保护管理先进工作者”称号，授予李明乾等 117 名人员“河南省野生动物资源调查先进工作者”称号。

一批国有林场及个人获表彰

11 月 7 日　河南省林业厅对国有三门峡河西林场等 12 个国有林场、李法等 39 名国有林场管理者、崔保治等 85 名职工进行表彰，分别授予“国有林场先进典型”、“国有林场管理先进个人”、“国有林场建设优秀职工”称号。

组建中级专业技术职务任职资格评审委员会

11 月 10 日　河南省林业厅成立了由省林业厅科技处主要负责人任组长的林业工程中级专业技术职务任职资格评审委员会和省林业学校校长任主任委员的中专教师中级专业技术职务任职资格评审委员会。

省林业厅表彰一批先进集体和个人

11 月 10 日　河南省林业厅对 1979 年到 1999 年期间在飞播造林工作中做出突出成绩的洛阳市林业局等 21 个先进集体和尹富起等 60 位先进个人给予了表彰。

郑州市华森实业公司变更经营性质

11 月 16 日　河南省林业厅以豫林产［1999］212 号文批复《关于变更郑州市华森实业公司经济性质的请示》。根据公司现有状况，同意将企业经济性质变更为国有企业，按照政策规定与有关部门联系办理企业性质变更手续。要求依照国家全民所有制企业有关规定，建立健全有关国有企业管理制度。

河南省飞播造林 20 周年纪念大会召开

11 月 18 日 河南省林业厅在栾川县召开河南省飞播造林 20 周年纪念大会。李德臣副厅长出席纪念大会并讲话。20 年来，全省飞播造林工作取得了显著成绩，全省共完成飞播造林作业面积 718.9 万亩，成效面积 325.9 万亩，其中成林面积 264.5 万亩。在播区及其附近补播补植 79.1 万亩，人工直播造林 146.1 万亩。

省林业厅向三位省优秀专家颁发荣誉证书

11 月 24 日 河南省林业厅在省林业科学研究所举行颁证仪式。张敬增厅长向朱延林、吴理安、赵体顺三位省优秀专家颁发了荣誉证书，厅直单位主要负责人及科技人员代表共 30 人参加了颁证仪式。张敬增代表厅党组向三位优秀专家表示祝贺，希望全厅科技人员改变传统观念，充分认识科技对提高林业发展的质量和效益的重大作用，充分认识林业在区域经济发展、农村产业结构调整中的地位和作用，把科研与林业生产紧密结合、正确认识成绩与不足，努力学习，努力工作，促进科技兴林工作再上新台阶。

省林业厅重点工程稽查办公室成立

12 月 2 日 河南省林业厅印发《关于成立重点工程稽查办公室的通知》。通知指出，“稽查办”是省林业厅对重点林业工程代行稽查行政职能的专门机构，设在省林业厅林业基金管理站，与该站一套人马，两块牌子。业务工作归厅计划财务处领导。

南阳市等获林业统计先进单位称号

12 月 3 日 河南省林业厅对 1997～1998 年度林业统计工作作出突出成绩的南阳等 8 市和李富海等 22 人予以表彰，并分别授予先进单位和先进个人称号。

全省冬季造林整地暨天保项目区种苗工作会议召开

12 月 3 日 全省冬季造林整地暨“天保”项目区种苗工作会议在三门峡市渑池县召开，河南省林业厅副厅长张守印主持会议，副厅长余学友出席并讲话。与会代表参观了渑池县冬季整地造林现场，渑池、嵩县、平顶山市卫东区等县(区)介绍了开展冬季整地的做法与经验。会议对 1999 年冬和 2000

年春全省山区造林整地及林业育苗工作作出了具体部署与安排。

宋来生等荣获省造林绿化劳动模范称号

12月9日 河南省绿化委员会、河南省林业厅作出《关于表彰造林绿化劳动模范的决定》，授予宋来生等100名人员“河南省造林绿化劳动模范”荣誉称号，要求各地要广泛发动群众，加强宣传教育，迅速掀起向造林绿化劳动模范学习的热潮，营造出全社会热爱林业、发展林业的良好氛围。

全省林业宣传工作会议召开

12月13日 河南省林业厅召开全省林业宣传工作会议。会议传达贯彻了全国林业宣传工作会议精神，总结了1998年以来全省林业宣传工作的经验，部署了今后一个时期林业宣传工作的重点。会上张守印副厅长代表林业厅与各市(地)林业局签订了2000年林业宣传目标责任书并讲话。

全省造林绿化劳动模范表彰大会举行

12月13日 全省造林绿化劳动模范表彰大会在郑州举行。省人大常委会副主任亢崇仁、省政府副省长王明义到会向劳动模范表示祝贺。会议表彰了全省各地涌现出的100名造林绿化模范。全国十大绿化标兵、山西省靖边县农民牛玉琴专程赶到郑州与劳动模范们交流经验。4月13日下午，劳动模范们来到郑州市森林公园，栽下了“劳模纪念林”。

于燕等具备中级专业技术职务任职资格

12月21日 经河南省林业厅中专教师中级职务评审委员会1999年11月13日评审通过，于燕、穆冬梅、田润果具备讲师任职资格。

全省林权清查登记工作现场会召开

12月22日 全省林权清查登记工作现场会在新密市召开，河南省林业厅李德臣副厅长出席会议并讲话。

省政府印发河南省林业生态工程建设规划

12月22日 河南省政府印发《河南省林业生态工程建设规划》，规划显示：2000年至2010年全省新增有林地面积870万亩；森林覆盖率提高到25%；活立木蓄积量增加到1.7亿立方米；农田林网控制率达到85%以上；防沙治沙 79.5 万亩，流动半流动沙丘(地)基本上造林固定；退耕还林 261 万亩(16 度以上的坡耕地)；自然保护区占全省国土面积的比例提高到 2.1%；治理水土流失面积 2 340 万亩；城市绿化率达到 35%；铁路和干线公路绿化率达到 85%；累计林业育苗 210 万亩；木材综合利用率提高到 60%；果品总产量达到 35 亿公斤，优质果率达到 80% 以上，商品果率达到 90% 以上；全省农民人均纯收入中林果及加工业收入占 20% 以上，山区农民人均纯收入中林果及加工业收入占 35% 以上。根据规划：2011 年至 2030 年，新增有林地面积 750 万亩；森林覆盖率提高到 30%；活立木蓄积量增加到 3.5 亿立方米。2031 年至 2050 年，森林覆盖率提高到 35%；宜林荒山荒地全部被绿化，水土流失区全部被治理，林种、树种结构合理；建成起适应国民经济和社会可持续发展的良性生态环境，实现山川秀美，环境绿化美化的目标。

洛阳市郊区苗圃等单位入选全国花卉生产示范基地

12 月 23 日 国家林业局、中国花卉协会公布首批“全国花卉生产示范基地”名单，洛阳市郊区苗圃、鄢陵县锦花花木有限责任公司、濮阳市世锦现代农业发展有限公司和潢川花木生产基地(潢川县)榜上有名。

鸡公山自然保护区荣获先进集体称号

12 月 28 日 国家环境保护总局、国家林业局、农业部、国土资源部在北京人民大会堂联合召开“全国自然保护区管理先进集体、先进个人表彰会”，河南省鸡公山自然保护区荣获“先进集体”称号并派代表参加了表彰会。

2000 年

徐忠等获中国林业五十年编纂出版贡献奖

1 月 5 日　国家林业局发出表彰《中国林业五十年 1949 ~ 1999》编纂出版先进单位和先进个人的通报，河南省由徐忠、郝常伟和赵锐编写的《河南省周口地区建设高标准农田林网纪实》和徐忠、王学林二人编写的《河南省淇县在太行山麓发起造林绿化攻坚战纪实》被国家林业局收录到典型经验篇目，受到表彰；徐忠被国家林业局授予编纂出版贡献奖，并颁发荣誉证书。

河南省首次发现松树大小蠹虫

1 月 11 日　《河南林业信息》[2000]第 1 期披报，据河南省森林病虫害防治检疫站的调查，河南省首次发现松树大小蠹虫。大小蠹虫是松树蛀干害虫，蔓延快，防治困难，是油松的第一杀手，国家林业局把防治大小蠹虫列入重点治理工程。河南省目前发生大小蠹虫 28. 11 万亩，主要发生在安阳市的林州市，济源市，焦作市的沁阳、博爱、修武，新乡市的辉县，洛阳市的栾川，南阳市的淅川、西峡、南召等 9 县(市)13 个国有林场。受害面积 13. 1 万亩，死树 130. 3 万株，辐射面积 341 万亩。

表彰林业自学考试先进辅导站和先进工作者

1 月 19 日　经过认真考核评比，洛阳、新乡和南阳的 3 个辅导站分别被河南省林业厅评为先进辅导站，李世国等 24 人被评为先进工作者。

省林业厅确定 20 个林业精品工程

1 月 26 日　《河南林业信息》[2000]第 3 期报道：河南省林业厅确定 20 个林业精品工程建设项目。林业精品工程建设项目是河南省林业新时期在“加快工程建设，实施分类经营，突出质量效益，提高整体水平”的指导思想下，对促进林业再上新台阶的有益探索和尝试。这 20 个林业精品工程建设项目为：中牟县治沙精品工程建设项目；洛阳市邙山高效林业试验示范园区建设项目；封丘县境内 106 国道绿化工程建设项目；虞城县田庙乡林业精品工程建设项目；濮阳市市区中原绿色庄园精品工程建设项目；临颍县境内 107 国道绿色通道工程建设项目；鹤壁市山城区造林精品工程建设项目；沁阳市太行山高效林果开发精品工程建设项目；安阳县境内京珠高速公路绿化工程建设项目；开封县沙区治理工程建设项目；许昌县境内郑漯高速公路通道绿化工程建设项目；陕县虎头山造林工程建设项目；叶县境内郑南公路通道绿化工程建设项目；沈丘境内新蔡河河道绿化工程建设项目；鹿邑县高标准平原绿化精品工程建设项目；南阳卧龙区高效林果示范区建设项目；社旗县东大岗高效经济林开发园区建设项目；西平县老王坡高标准林网工程建设项目；信阳市平桥区绿色通道工程建设项目；济源市的小浪底公路专用线绿化工程建设项目。这些项目将于 2000 年启动，省林业厅精品工程建设领导小组将组织有关专家和技术人员对实施的林业精品工程不定期检查、验收，跟踪问效。

两市县获全国森林资源林政管理先进单位称号

2 月 12 日 国家林业局授予河南省南乐县乔崇町木材检查站、郑州市林业局林政管理处全国森林资源管理先进单位称号；授予卓山成、李国俊、徐银顶、段绍光、刘东亮、孙繁济、宋全义全国森林资源先进个人称号。

河南省 1998 年人工造林更新实绩核查结果披露

2 月 12 日 国家林业局于 1999 年组织对全国各省、自治区、直辖市(不含天津、上海、西藏)1998 年度的人工造林、更新实绩进行了核查。按核实率、合格率和作业设计率、抚育率、检查验收率、管护率、建档率等指标对各省进行综合评价，河南省成绩列入全国三个较差省份之一(其余两个是山东和湖北)，人工造林、更新核实率为 76.7%。

省林业厅表彰 1999 年度先进市地林业局

2 月 15 日 河南省林业厅作出表彰决定，经各市(地)林业局认真互评，省林业厅综合评选，决定授予濮阳市林业局、信阳市林业局、许昌市林业局、郑州市林业局、三门峡市林业局、洛阳市林业局、鹤壁市林业局“1999 年度先进市地林业局”称号。同日，省林业厅分别授予安阳市林业局、周口地区林业局“造林绿化先进单位”称号；授予济源市林业局“护林防火先进单位”称号；授予漯河市林业局、安阳市林业局“资源林政管理先进单位”称号；授予焦作市林业局“林业公安先进单位”称号；授予新乡市林业局“野生动植物保护先进单位”称号，授予开封市农林局、驻马店地区林业局“森林病虫害防治先进单位”称号；授予平顶山市林业局、开封市农林局“林业精品工程建设先进单位”称号；授予新乡市林业局、焦作市林业局“林业育苗先进单位”称号；授予南阳市林业局、济源市林业局“科教兴林先进单位称号；授予漯河市林业局“林业资金管理先进单位称号；授予周口地区林业局“林业产业先进单位”称号；授予平顶山市林业局、商丘市林业“全民义务植树先进单位”称号；授予南阳市林业局“林业外资项目管理先进单位”称号；授予商丘市林业局“林业宣传先进单位”称号；授予驻马店地区林业局“林业信息信访先进单位”称号。

全省林业工作会议召开

2 月 16～17 日　河南省政府在濮阳市召开全省林业工作会议。会议的主要议题为：总结 1999 年全省林业工作，安排部署 2000 年的林业工作和研究跨世纪林业生态建设任务。18 个市（地）主管林业工作的副市长（副专员）、林业局局长和 50 个重点造林绿化、防沙治沙、通道绿化县（市、区）的县（市、区）长参加了会议。王明义副省长出席会议并作重要讲话。与会代表参观了濮阳市造林绿化现场，王明义副省长代表省政府与各市（地）政府、省交通厅签订了 2000 年造林绿化、森林资源保护、护林防火目标责任书。大会表彰了濮阳、信阳、许昌、郑州、三门峡、洛阳、鹤壁等 7 个 1999 年度先进市（地）林业局和在造林绿化、林政资源管理、护林防火、林业宣传等方面取得显著成就的 11 个先进单位。王明义副省长在讲话中要求 2000 年加强重点林业生态工程建设，加大林业结构调整力度，搞好平原绿化和绿色通道工程建设，切实抓好防沙治沙工作，坚持科教兴林和依法治林，认真搞好森林防火和林木病虫害防治工作，进一步深化林业改革。

省林业厅派出 6 个督导组督导春季林业生产

2 月 20 日　河南省林业厅派出 6 个春季林业生产督导组，由厅党组成员挂帅，分赴各市（地），对春季造林、林业育苗、森林防火和森林病虫害防治等工作进行监督和指导。督导组成员全部由处级干部组成，时间为 1 个月。

洛阳市林业公安科等单位荣获林业公安先进集体称号

2 月 25 日　河南省林业厅发出关于表彰林业公安先进集体和优秀人民警察的通知。授予洛阳市林业公安科等 24 个单位“林业公安先进集体”称号，授予朱元生等 39 名林业公安民警“优秀人民警察”称号。

省林业厅确定禁猎区域

3 月 2 日 河南省林业厅将太行山、伏牛山、大别山和桐柏山区划为禁猎区域。首批确定栾川等 26 个县(市、区)为禁猎区，并包括上述 26 个县(市、区)以外的自然保护区、森林公园、国有林场、黄河滩区、水库及湿地、城镇市区及城市郊区、部队营区及军事禁区、风景名胜游览区等。

成立野生动植物保护法律法规执行年活动领导小组

3 月 7 日 河南省林业厅成立野生动植物保护法律法规执行年活动领导小组，厅长张敬增任组长，副厅长李德臣、张守印和余学友任副组长。领导小组下设办公室，办公室主任由李德臣担任，办公室设在厅野生动植物保护处。

平顶山市城郊基地入选全国义务植树示范基地

3 月 8 日 国家林业局公布全国义务植树示范基地名单，河南省平顶山市城郊基地被全国绿化委员会办公室评为全国义务植树示范基地。

全省造林绿化工作电视电话会议召开

3 月 10 日 河南省绿化委员会召开全省造林绿化工作电视电话会议，省绿化委员会成员，各市(地)绿化委员会成员及各级新闻单位记者参加了会议。会议由省政府副秘书长、省绿化委员会副主任李庆贵主持，省政府副省长、省绿化委员会主任王明义作重要讲话，省绿化委员会副主任、林业厅厅长张敬增传达了全国绿化委员会《关于贯彻国务院温家宝副总理批示精神，进一步推进绿色通道建设的通知》，省交通厅、郑州市、焦作市、开封县作了典型发言。

省党政军领导参加义务植树活动

3 月 12 日 河南省党政军领导、省直及郑州市市直部分干部职工、学生共 1 500 多人，前往郑州新郑国际机场参加义务植树活动。省委、省人大、省政府、省政协、省军区领导范钦臣、郑增茂、董雷、支树平、俞家骅、张以祥、王明义、杨显明、张建中等领导及省直单位工作人员、郑州市部分小学生共栽植银杏、三倍体毛白杨 5 000 多株。省委副书记范钦臣在接受记者采访时说，要把大规模的群众植树活动长期坚持下去，必须明确责任制，坚持质量第一，保证栽一棵，活一棵。要加强管理，并制定切合实际的政策，坚持谁栽植、谁管理、谁受益，这样才能把大家的积极性都调动起来。

河南省世纪之林植树活动在郑州举行

3月12日 “2000年神州世纪游——河南省世纪之林植树活动”在郑州举行。来自澳大利亚、美国、加拿大、德国、哈萨克斯坦、土耳其等国家及河南省有关单位的近500人参加了河南省世纪之林纪念碑揭幕仪式，并在郑州花园口黄河旅游区种植了1 000余棵杨树树苗。河南省副省长、省绿化委员会主任王明义为“河南省世纪之林”纪念碑揭幕，并向参加植树的外国友人颁发荣誉证书。自1995年以来，由中信旅游总公司、河南省人民政府、水利部黄河水利委员会牵头，15家单位组织的“跨世纪黄河植树活动”，是一项主要面向境外市场推出的集中国旅游、黄河文化和世纪环保为主体的沿黄河植树活动，吸引了日本，马来西亚及港、澳、台地区的大批游客前来河南旅游、植树，目前已栽种各类树木5 000棵。

全省林木种苗工作会议召开

3月14日 全省林木种苗工作(现场)会在洛宁县召开。18个市(地)林业局主管局长、经济林和林木种苗工作站站长及18个中心苗圃主任参加了会议。河南省林业厅副厅长余学友参加会议并作总结讲话。会议期间，与会人员参观了洛宁县苗木繁育基地、侧柏容器育苗基地、林木良种展示繁育基地、银杏基地，6个单位作了典型发言。

省林业厅同意两所林业学校新增专业

3月20日 河南省林业厅同意省林业学校、信阳林业学校2000年增设“家具设计及室内装饰”专业；信阳林业学校增设“经济法律事务”专业，以满足河南省林业经济建设对中等专门人才的需求及社会人才市场的供求形势。

省林业厅项目办公室等获国家林业局表彰

3月23～25日 在国家林业局召开的世界银行贷款国家造林项目总结表彰会上，省林业厅项目办公室和8位工作人员受到国家林业局表彰，被授予“项目管理先进单位”和“先进个人”称号。

省人大常委会审议十年造林绿化规划实施情况报告

3 月 27 日 河南省九届人大常委会第 15 次会议听取审议了《河南省十年造林绿化规划》实施情况的报告，认为规划所确定的目标任务已基本完成，造林绿化工作取得了显著成绩。据全国第四次森林资源清查和年度核查，规划实施十年来，全省累计完成大面积造林 2 219 万亩，为规划目标的 111%；成幼林面积达到 4 002 万亩，为规划目标的 100%。森林覆盖率超额完成 20% 的规划目标。活立木蓄积量达到 1.32 亿立方米，为规划目标的 110%。全省经济林总产量达到 33.5 亿公斤，为规划目标的 111.7%。全省林业总产值达到 127.8 亿元，为规划目标的 251%。

省林业厅办公室被评为全省史志工作先进集体

3 月 28 日 河南省政府召开全省地方志工作会议，对地方志编纂工作成绩突出的单位和个人进行表彰，省林业厅办公室被评为“全省史志工作先进集体”，徐忠被授予“河南省史志工作先进工作者”称号。

省人大常委会作出林业决议

3 月 30 日 河南省九届人大常委会第 15 次会议通过了《关于动员全省人民，大力植树造林，搞好生态环境建设的决议》。决议指出，党中央、国务院十分重视生态环境建设，当前，国家正在实施西部大开发战略，为了加强生态环境建设，省人民政府制定了《林业生态规划》，目标任务明确，符合河南省实际情况。决议要求，各级人民政府要切实加强对全民的生态环境意识和国策意识的宣传教育，把《林业生态规划》确定的目标任务纳入社会经济发展计划，继续深化林业产权制度改革，落实林业政策，保护和调动林业经营者的合法权益和造林积极性。决议号召，全省人民要发扬“愚公移山”精神，艰苦奋斗，持之以恒，讲究科学，真抓实干，为完成《林业生态规划》确定的目标任务而努力奋斗。

冯长有等获年度全国绿化奖章

3 月 30 日 全国绿化委员会为河南省冯长有、徐长军、李广庆、许守印、吴基铭、盛甲午、郑大文、路兴周、吕清海、刘兴国、王义军、赵文学、陈祥安、王平灿、王文同、张帆、孙宝存、关永波、赫连锡典等 19 名人员颁发了“全国绿化奖章”。

嵩县等荣获全国造林绿化400佳单位

3月30日　全国绿化委员会分别授予嵩县、渑池县、新密市全国造林绿化“百佳县”称号，授予鹿邑县唐集乡、尉氏县邢庄乡、温县黄庄镇全国造林绿化“百佳乡”称号，授予灵宝市寺河乡刘柏村、陕县店子乡湾子村、鹤壁市山城区鹿楼乡故县村等35个村全国造林绿化“千佳村”称号。

河南省陆生野生动物或其产品运输证明启用

4月4日　河南省林业厅下发启用《河南省陆生野生动物或其产品运输证明》的通知，规定自2000年4月20日起，凡在河南省境内运输、携、托运邮寄陆生野生动物或其产品出县境的，必须持有省林业厅统一印制的运输证明，这标志着《河南省陆生野生动物或其产品运输证明》在全省范围内正式启用。

成立省林业厅机构改革领导小组

4月19日　河南省林业厅成立机构改革领导小组，以贯彻落实省委、省政府机构改革会议精神，确保省林业厅机构改革工作的顺利进行。领导小组由厅长张敬增任组长，副厅长李德臣、张守印、李健庭和余学友等为成员，下设办公室，负责具体工作。办公室主任由人事处处长担任。

省市联合举办爱鸟周宣传暨游园活动

4月23日　河南省林业厅与郑州市林业局在郑州市动物园联合举办“爱鸟周”宣传暨游园活动。省政协副主席胡适积、郑州市有关领导、郑州市10所中学的部分师生参加了宣传活动。活动期间，林业工作人员向游园的人们散发宣传单，并现场讲解爱鸟护鸟的重要意义，来自10所中学的1 000余名师生现场绘制了鸟类图案，游人纷纷在保护鸟类宣传条幅上签名。

郑州市林业局林政处等单位获省林业厅表彰

4月26日　河南省林业厅作出关于表彰1998～1999年度全省资源林政管理先进单位和先进个人的决定，授予郑州市林业局林政处等49个单位先进单位称号、王西平等130名人员先进个人称号。

省林业厅被评为完成责任目标先进单位

5 月 6 日 河南省政府第 73 次常务会议研究决定：省林业厅为 1999 年度完成责任目标先进单位。

省政府印发河南省县级平原绿化高级标准

5 月 8 日 河南省人民政府以豫政[2000]23 号文印发《河南省县级平原绿化高级标准》的通知。通知指出：实现高标准平原绿化是保证《河南省生态工程建设规划》顺利实施的重要措施。各地要因地制宜制定实现平原绿化高级标准规划，采取有力措施，切实把这项活动搞好，努力将河南省平原绿化工作推上一个新台阶。标准的具体条件：一般平原农区县(市、区)林木覆盖率达到 15% 以上，沙区县(市、区)林木覆盖率达到 17% 以上；农田林网和农林间作面积之和占全县适宜林网间作面积的 90%；农田林网的网格面积一般农区在 300 亩以内，稻作区可在 400 亩以内，沙区乡(镇)不得超过 200 亩；农林间作株行距以不同树种分别确定，以不影响农作物生长为原则，农桐间作株距以 5 米 ×50 米 ~60 米为宜。乔、灌结合的农田林网应占 10% 以上(稻作区除外)。营造农田林网(含间作)的苗木必须是 1 级苗，且良种率在 85% 以上；造林成活率在 95% 以上，保存率在 90% 以上。全县(市、区)宜林沙荒、荒滩、荒地绿化率达到 95% 以上；重点沙区乡(镇)的流动、半固定得到全部固定；山区、丘岗乡(镇)的水土流失得到有效控制。村庄的林木覆盖率在 40% 以上；城镇绿化覆盖率在 25% 以上，主要街道行道树在两行以上。沟、河、路、渠绿化率在 95% 以上；凡县(市、区)境内涉及到的国家铁路、标准地方铁路、高速公路、国道、省道、县道两侧的植树，每侧至少栽两行以上；四大水系的主要支流两侧堤岸的植树，每侧至少栽 4 行以上。全县(市、区)林种、树种结构基本合理；主栽树种的某一品种不得超过 50%，全县(市、区)农业人口人均活立木蓄积量达到1.5立方米以上，或者全县农业人口中人均林木达到 26 株以上。

调整木材凭证运输范围

5 月 9 日 河南省林业厅公布木材凭证运输范围：将木材类的原木、原条(各种规格原木、小径木、坑木、电杆、桩木、造纸材、次加工原木、杉木条等)，锯材(各种规格板材、板条、板方、枕木等)，商品薪材、条、条编、杆和制品(人造板、地板块、集成材、木片、木屑、卫生筷、半成品木制家具、木炭、龙骨、木线以及各种木制工具把柄）和竹材类的原材（楠竹、淡竹、毛竹、杂竹等）、制品（胶合板、地板、卫生筷、竹席和竹帘等的竹制家具）列入凭证运输范围。

省林业厅通报太行山绿化工程人工造林实绩核查结果

5 月 10 日　河南省林业厅通报太行山绿化工程人工造林实绩核查结果。通报指出：1999 年国家林业局组织有关技术人员，对 1998 年 4 省（市）5 个县的太行山绿化工程人工造林实绩进行了核查，其中有河南省辉县市。河南省面积核实率、核查合格率分别为 84.2% 及 94.5%，“两率”平均值为 89.4%，比上年提高了 6.75 个百分点，高于全国“两率”平均值，在 4 个省（市）中排名第二。在被核查的 5 个县中，辉县市排名第三。在工程管理指标中，辉县市的作业设计率、建档率和自查验收率均达 100%，幼林抚育率为 65.3%。

陈砦等三个花卉市场被评为全国重点花卉市场

5 月 12 日　国家林业局和中国花卉协会公布第一批 41 个“全国重点花卉市场”名单，河南省郑州市陈砦花卉交易市场、（鄢陵县）中国北方花卉交易市场和安阳市龙泉豫北花卉交易市场位列其中，成为第一批“全国重点花卉市场”。

全省森林资源林政管理工作会议召开

5 月 13 ~ 14 日　全省森林资源林政管理工作会议在郑州召开。会议传达了全国森林资源林政管理工作会议精神，讨论修改了 5 个规范性文件，总结了 1998 ~ 1999 年度全省森林资源林政管理工作，表彰了 49 个先进单位和 130 个先进个人，安排部署了 2000 年及今后一个时期全省资源林政管理工作。河南省林业厅副厅长李德臣作了主体报告。

河南省林业厅职能配置内设机构和人员编制调整

5 月 26 日　省政府印发河南省林业厅职能配置内设机构和人员编制规定的通知。通知指出：根据中共河南省委、河南省人民政府《关于印发〈河南省人民政府机构改革实施意见〉的通知（豫文［2000］40 号），设置河南省林业厅。河南省林业厅是主管全省林业工作的省政府组成部门。通知对省林业厅的职能进行了调整，新增宜林地区以植树、种草等生物措施防治水土流失的职能，取消了组织提出上报统配木材的分配资源，参与和协调统配木材的分配、调拨工作，管理非统配木材和松香(含松脂)的经销和规划指导林产品市场建设的职能。省林业厅设办公室、植树造林处、资源林政管理处、野生动植物保护处、森林公安局、政策法规处、计划财务产业处、科学技术处和人事教育外事处(挂机关党委牌子)等9个职能处(室、局)。机关行政编制52名。通知还批准设置离退休干部工作处，负责厅机关离退休干部服务和管理工作；明确设置河南省人民政府护林防火指挥部办公室，负责指导、协调全省森林防火的职能，机构为正处级；省绿化委员会的有关具体工作，由省林业厅承担。

省人大常委会副主任亢崇仁等视察林业工作

5月27～30日　河南省人大常委会副主任亢崇仁率省人大部分常委视察嵩县白云山国家森林公园、栾川县龙峪湾国家森林公园和栾川县飞播林基地建设情况，并分别听取了省林业厅厅长张敬增和洛阳市人民政府、嵩县人民政府、栾川县人民政府负责人关于林业建设情况的汇报，对国有林场、自然保护区建设和森林旅游开发等方面提出了意见和建议。省人大常委会副主任亢崇仁结合当前林业建设的形势和任务，发表了重要讲话。

明确省铁路林业局机构设置

5月31日　河南省林业厅批复，同意河南省铁路林业局设技术科、林政科、公安科和办公室，具体职责范围和基层机构设置等与省厅相关处室、单位协商后办理。

7县乡入选中国花木之乡

6月1日　国家林业局和中国花卉协会公布首批59个“中国花木之乡”名单，河南省获嘉县张巨乡、安阳市郊区龙泉镇、鄢陵县和潢川县分别获得“中国花木之乡”荣誉称号；洛阳市郊区邙山镇获得“中国牡丹之乡”荣誉称号；南阳市卧龙区石桥镇获“中国月季之乡”荣誉称号；开封市郊区南郊乡获得“中国菊花之乡”荣誉称号。

濮阳市林业局等单位及个人获国家林业局表彰

6月14日　国家林业局授予河南省濮阳市林业局、渑池县林业局等7市(县)林业局“全国营造林工作先进单位”称号；授予张广友等15名人员

“全国营造林工作先进工作者”称号。

周口等市地获全国林业生态建设先进市地称号

6 月 14 日　国家林业局对在我国林业生态建设中取得突出成绩的衡水市等 18 市(地区)和密云县等 63 个县(市)进行了表彰，其中，河南省周口地区、信阳市和南阳市荣获“全国林业生态建设先进市(地)”称号；林州市荣获“全国林业生态建设先进县(市)”称号。

河南省林业学校获国家重点中等职业学校称号

6 月 19 日　《河南林业信息》[2000]第 25 期披露，教育部公布了首批国家重点中等职业学校名单，河南省林业学校榜上有名。

2000 年林业科学技术进步奖评选结果揭晓

7 月 18 日　河南省林业厅公布 2000 年科学技术进步奖名单，全省获奖项目共有 15 个。其中，由省经济林和林木种苗工作站等 11 个单位完成的“毛白杨三倍体优良无性系推广”、省林业科学研究所等 12 个单位完成的“枣树低产林改造与综合丰产技术研究”、省林业勘察设计院等 11 个单位完成的“河南省湿地调查保护利用技术研究”、省林业科学研究所等 11 个单位完成的“河南省油松飞播林经营技术研究”、省林业勘察设计院等 11 个单位完成的“河南省森林资源信息管理系统研究”等 5 个项目获得一等奖；由省森林病虫害防治检疫站等 11 个单位完成的桑天牛、光肩星天牛综合控制新技术推广等 9 个项目获得二等奖；由周口地区林业监测站等 8 个单位完成的“平原农田防护林体系建设技术研究与示范推广”获得三等奖。

2000 年飞播造林结束

7 月 31 日　2000 年飞播造林结束，全省共完成飞播造林 60.06 万亩。飞播造林作业涉及南阳市、洛阳市、三门峡市、焦作市、新乡市、安阳市、济源市的 17 个县(市、区)，飞行 267 架次，飞行时间 368.9 小时。总用种量 274 795 公斤，其中油松 237 168 公斤，侧柏 17 687 公斤，黄楝 11 000 公斤，臭椿 7 800 公斤，漆树 1 140 公斤。

开封市农林局试验苗圃等荣获全国无检疫对象苗圃称号

8 月 1 日　国家林业局授予开封市农林局试验苗圃、郑州市苗木场和南乐县马颊河苗圃"全国无检疫对象苗圃"称号。

设立省林业厅机关服务中心

8 月 11 日 河南省编委印发《关于省直机关服务中心机构编制的通知》。通知指出：根据《国务院办公厅转发国务院机关事务管理局、中央机构编制委员会办公室〈关于深化国务院各部门机关后勤体制改革的意见〉的通知》(国办发[1998]147 号)和省委、省政府《关于印发〈河南省人民政府机构改革实施意见〉的通知》(豫文[2000]40 号)精神，省直各部门的后勤服务职能从机关中分离出去，交由机关服务中心承担。省编委批准新设立河南省林业厅机关服务中心，编制数为 10 人。

田爱琴等获优秀教师荣誉称号

9 月 6 日 河南省林业厅对在林业教育战线上勤奋工作、成绩突出的田爱琴等 16 位优秀教师、王芳等 4 位优秀教育工作者进行了表彰，并分别授予优秀教师和优秀教育工作者称号。

设置省林业厅纪检监察机构

9 月 12 日 根据中共河南省委《关于印发〈中共河南省委机构改革实施意见〉的通知》(豫文[2000]39 号)和中共河南省委、河南省人民政府《关于印发〈河南省人民政府机构改革实施意见〉的通知》(豫文[2000]40 号)精神，中共河南省纪律检查委员会(简称省纪委)、省监察厅在省林业厅派驻纪律检查组和监察专员办公室，受省纪委、监察厅和所在部门党组(党委)、行政的双重领导，以省纪委、监察厅领导为主。纪检与监察机构合署办公。

调整天然林保护工程和退耕还林领导小组成员

9 月 15 日 河南省林业厅对天然林保护工程和退耕还林(草)领导小组成员进行了调整。新的成员组成为：厅长张敬增任组长，副厅长李德臣、张守印、余学友和纪检组长李健庭任副组长，有关处室局、厅直有关单位主要负责人为成员。

省政府成立黄河上中游天然林保护工程和退耕还林领导小组

9 月 19 日 河南省政府成立以副省长王明义任组长、省政府副秘书长、省发展计划委员会主任和省林业厅厅长任副组长及13个单位负责人为成员的河南省黄河上中游天然林保护工程和退耕还林（草）领导小组。领导小组办公室设在省林业厅，厅长张敬增兼任主任。

河南省林业公安处更名

9月25日 根据《河南省人民政府关于印发河南省林业厅职能配置内设机构和人员编制规定的通知》（豫政办［2000］53号）精神，河南省公安厅党委研究决定，将“河南省林业厅森林公安局”列入省公安厅业务处（局）序列，称“河南省公安厅森林公安局”，原“河南省公安厅十处”同时撤销。森林公安局实行双重领导的管理体制，业务上以省公安厅领导为主，行政上以省林业厅领导为主。

联合表彰全省林业公安系统先进集体和优秀人民警察

9月28日 河南省林业厅、公安厅作出关于表彰全省林业公安系统先进集体和优秀人民警察的决定。嵩县林业公安派出所等33个单位为“全省林业公安系统先进集体”；南召县林业公安派出所所长黄长英等38名民警为“全省林业公安系统优秀人民警察”。

黄河上中游地区退耕还林试点示范工作实施意见出台

9月29日 河南省政府印发《河南省黄河上中游地区退耕还林（草）试点示范工作实施意见的通知》（豫政［2000］60号）。通知指出，退耕还林（草）是减少水土流失、改善生态环境的关键措施，是优化农业生产要素配置，调整农村经济结构，从根本上扭转黄河流域水患灾害的治本之策，是党中央、国务院着眼于经济和社会可持续发展全局，面向新世纪作出的西部大开发战略的重要组成部分和切入点。通知强调：各级政府要深刻领会党中央、国务院关于实施退耕还林（草），加强西部生态环境保护和建设的重大意义，进一步提高认识，切实把退耕还林（草）试点工作列入重要议事日程，及时研究解决实施中的重大问题，保证退耕还林（草）工作健康有序地开展。

明确非国家重点保护陆生野生动物资源保护管理费收费标准

10月25日 河南省财政厅、省发展计划委员会和省林业厅根据国家计委、财政部计价格［1999］1707号文件精神，明确规定：凡在河南省范围内经批准出售、收购、利用省重点和国家一般保护的陆生野生动物及其产品，供货方必须向县级(含县级)以上林业行政主管部门缴纳野生动物资源保护管理费，同时对具体收费标准等有关方面作出了规定。

调整河南省林业厅国有林场和森林公园管理办公室成员

11 月 27 日 河南省林业厅作出决定：调整厅国有林场和森林公园管理办公室成员，由厅野生动植物保护处处长任主任、副处长任副主任。办公地点设在厅野生动物保护处。

20 个测报点被列入国家级森林病虫害中心测报点

12 月 5 日 国家林业局公布 510 个国家级森林病虫害中心测报点，河南省兰考县的大袋蛾、洛宁县的杨树蛀干害虫和商城县的松毛虫等 20 个测报点榜上有名。

省林业厅机关生活服务工作协调小组调整成员

12 月 11 日 根据机构改革后人员变动情况，调整省林业厅机关生活服务工作协调小组组成成员。河南省林业厅副厅长张守印任组长，李健庭、王树选任副组长。徐忠、万运龙、乔新江、师永全、汪万森、谢晓涛、王学会、李铁柱、赵海林、马国顺、段绍光为成员。调整后的机关生活服务工作协调小组职责任务不变。

省林业厅关于深化厅直企业改革的若干意见出台

12 月 22 日 河南省林业厅关于深化厅直企业改革的若干意见出台。意见明确了建立以聘任制为主的选人用人制度，下放了企业自主行使生产经营决策权，提出了逐步建立重实绩、重效益、重贡献、形式多样和自主灵活的分配激励机制。通过建立合理安置未聘人员制度，达到精减冗员，鼓励竞争，促进流动，提高素质的目的。

国家林业局公布人工造林更新实绩核查结果

12 月 26 日 国家林业局发布通报，公布 1999 年度全国人工造林、更新实绩核查结果。按核实率、合格率和作业设计率、抚育率、核查验收率、管护率、建档率等指标对各省进行综合评价，成绩较差的省份依次为辽宁、河南和山西。河南核实率较上年下降了 19.1 个百分点。

陕县甘山国家森林公园获批

12 **月** 28 **日**　国家林业局批复同意建立五岳山等 22 处国家森林公园，河南省陕县国有窑店林场投资建设的甘山国家森林公园名列其中，经营面积 5.7 万亩。

后　记

《河南林业大事记》全面概要地记述了1978～2000年河南省林业建设和发展的里程及其大事要事，希望能为林业工作者和关心林业建设事业的广大读者提供翔实的史料和有益的帮助。本书共载入河南林业大事、要事1 395条。

本书的编纂工作在编委会的直接领导下进行,得到各级领导、同事的大力支持和帮助。在此表示衷心的感谢。

本书收录了1978～2000年河南林业行业发展的大事、要事。此间正是我国改革开放的关键时间，林业工作同其他工作一样，也在不断深化改革，为尊重历史、实事求是地记录林业发展的历程，收录的资料保留了原始面貌，未作单位名称、计量单位和数据的统一校核。

本书撰稿者的分工是:徐忠为执行主编，负责全书的统编和定稿；袁黎明为执行副主编，负责全书的编辑工作。韩慧杰、徐霄妍分别编写了《河南林业大事记》的初稿，王翊、王一品、王英武、刘玉、李灵军、宋明伟、肖武奇、杨晓周、杨文培、张香红、张晓强、陈伟、胡建清、赵蔚(以上人员按姓氏笔画排序)等参加了编写工作。

由于文字记述量大，时间跨度长，收集资料、核实工作有一定的难度，加之编者经验不足、水平有限，错误或疏漏之处在所难免，敬请广大读者批评指正。

编　者

2011年1月